철학 듣는 밤 Ⅱ

그래도 최선을 다하는 삶에 대하여

철학 듣는 밤 II

초판 1쇄 2017년 06월 29일

지은이 김준산, 김형섭
발행인 최홍석

발행처 (주)프리렉
출판신고 2000년 3월 7일 제 13-634호
주소 경기도 부천시 길주로 77번길 19 세진프라자 201호
전화 032-326-7282(代) **팩스** 032-326-5866
URL www.freelec.co.kr

기획·편집 이희영
디 자 인 김혜정

I S B N 978-89-6540-177-3

이 책에 대한 의견이나 오탈자, 잘못된 내용의 수정 정보 등은 프리렉 홈페이지(freelec.co.kr)
또는 이메일(webmaster@freelec.co.kr)로 연락 바랍니다.

철학듣는밤2

김준산·김형섭 지음

프리렉

차례

4

메뚝씨 두 번째 인사드리네요. 글쟁이에겐 더 없이 기쁘고 설레는 일이죠. 제 문체가 있는 글은 아니라 아쉽기도 하고, 쑥스럽기도 합니다.

똥팔씨 다시 한번 소개를 드릴까요. 안녕하세요, 저는 일상생활에서 철학을 지속하는 매력남!(웃음) 일지매가 되고 싶은 똥팔씨입니다. 책 보는 걸 좋아해서 TV 보듯이 자주 보고 있죠. 그래서 그런지 읽고 나면 금세 사라져버리거나 보는 걸로는 버거운 책을 만나면 힘들더라고요. 다시 한번 더 책 보기에서 책 읽기로의 전환을 반드시 실현하겠습니다. '얇고 넓게'에서 '좁고 깊게'로, 독서 방식뿐 아니라 삶의 형식까지 새로 쓰고 싶습니다.

메뚝씨 저는 메뚝씨입니다. 여전히 하는 일을 규정하기는 어려울 것 같아요. 경계가 모호한 인간이니까요. 표준적인 삶에 저항하는 인문학도라는 신비주의로 포장해 보겠습니다. 근엄하게 가르치는 인문학자 말고 가볍지만 진실한 자세로 배움에 임하고 있는 21년째 인문학도입니다.

똥팔씨   인문학자와 인문학도를 분리하셨는데, 어떻게 다른 건
가요?

메뚝씨   학도가 학자보다 쾌활한 인간이죠. 철학에 발랄하게 접근
하고 싶어요. 그러나 공허하진 않게요. 차근차근 끈질기
게 삶을 개편시키기 위해 철학을 활용하는 것이죠.

똥팔씨   저도 그래요. 한방에 삶을 바꾸기는 어렵고 매일 조금씩
나를 자극하는 밤을 지새우면서 본격적으로 철학과 이어
진 삶을 만들고 싶어요. 매일 밤 때로는 부드럽고, 상냥하
게, 때로는 불편하고 강렬하게, 제 삶을 흔들어 줄 철수들
을 만나는 식으로요.

메뚝씨   철수라고요?

똥팔씨   철학 '철', 머리 '수'요.(웃음) '철수야 놀자~'예요. 당대를 풍
미했던 철학자들을 불러서 한바탕 노는 거죠. 다소 난해
한 놀이겠지만요.(웃음) 놀이 속에서 현재 우리가 서 있는
지점을 돌아보고 싶어요. 다소 무거워질 순 있지만 토론이
아니라 놀이처럼 신나는 만남이죠. 흥분되는 소개팅 같은
만남 말이죠.

메뚝씨   수다로 합시다. 그냥 수다. 도론은 우리가 김딩해야 힐 몫
이 아니에요. 목적지를 싫어하기 때문에 추구하는 지점
은 미약하겠으나, 누군가의 삶에 약간의 변화 혹은 변화
의 촉매제가 될 수 있었으면 하는 바람만 살짝 갖자고요.

배우는 자세로 까다롭지 않게 철학을 하는 이유에 대해 질문만 합시다. '철학을 왜 하는지, 철학과 우리 삶이 어떻게 관계돼 있는지'에 관해 무거운 토론보다 진지한 질문만 했으면 좋겠어요.

똥팔씨   그러나 수다에도 일정한 화제와 연결되는 지점이 있잖아요.

메뚝씨   그렇죠. 가벼운 수다 속에서 나를 예민하게 다듬을 수 있는 순간들을 잡아낼 수 있다면 철학을 시작할 근육이 생길 수 있겠죠.

똥팔씨   철수들과 함께 하는 철학 듣는 밤이 꿀처럼 매사 달콤하지는 않겠지만 건강한 약이 되었으면 좋겠어요. 우리 수다가 누군가의 생활을 송두리째 변화시킬 수 있다고 믿지 않아요. 다만 깃털만 한 가벼운 자극이라도 평범한 사람들의 일상을 수정할 수 있는 미세한 울림이 되었으면 하는 바람입니다.

루트비히 비트겐슈타인

1889 ~ 1951

나는 천재가 아닙니다

몰입이라는 유산이 남긴 천재성에 대하여

메뚝씨   또 다시 첫날밤이네요. 오늘이야말로 일지매의 본모습을 보는 날이네요.

똥팔씨   왜요? 오늘 뭔가 특별한 게 있나요?

메뚝씨   오늘 밤 수다의 중심이 될 철수가 바로 비트겐슈타인이기 때문이죠.

똥팔씨   아~ 비트겐슈타인! 천재! 하지만, 일지매의 정신을 일깨워준 철수는 아주 많잖아요. 비트겐슈타인이 특별한 이유가 있나요?

메뚝씨   맞습니다만, 한국에는 모든 철수들의 일상을 세밀하게 살펴볼 수 있는 자료가 부족해요. 반면 이 철수는 기록이 잘 돼 있어요. 기록은 철학자의 면면을 정확히 엿볼 수 있는 좋은 단서죠. 많은 사람들이 알 수 있을 만한 일상의 내용들을 담았기에 '철학자는 이런 사람이구나.'라는 상을 그리기가 쉬워요. 니체보다 비트겐슈타인을 이해하기가 수월한 이유죠. 철학자의 단상을 구체화시킬 수 있는 일상의 자료가 풍부하기 때문입니다. 공부하기 좋은 철수이기에 일지매 정신을 가속하는 데 도움이 될 수 있죠.

똥팔씨 그런 점에서 비트겐슈타인은 명확한 일지매 그림을 보여 줄 철수가 될 수 있겠네요. 그러나 단점도 있어요. 자료가 너무 방대합니다. 추려내기 힘들었어요.

메뚝씨 필터링해야죠. 우리의 사명이 그것이기도 하죠.(웃음)

똥팔씨 자, 그럼 비트겐슈타인 생애부터 시작해볼까요? 비트겐슈타인은 1889년 오스트리아 빈에서 태어났습니다. 세계적인 철강회사의 아들이었으니 최고의 금수저라 봐야겠죠? 아버지 칼 비트겐슈타인은 할아버지에 이어 자수성가했다고 해요. 어머니는 문화를 애호하는 신사임당 같은 사람이었고요.

메뚝씨 할아버지는 유대인이었지만 귀족이 되고 싶은 욕망 때문에 민족적 정체성을 버리죠. 그러나 비트겐슈타인의 아버지는 다시 거꾸로 갑니다. 유대인들의 최대 장점인 금융업의 발전 가능성을 본 거죠. 자본주의는 돈이 계급이란 사실을 알았어요. 당대 유행했던 부르주아 시대의 흐름을 읽었던 거죠. 젊은 시절 비트겐슈타인 아버지는 미국으로 가 출해 재테크 방법을 훌륭히 배워 옵니다.

똥팔씨 완전 MB네?(웃음)

메뚝씨 　어딜 비교해요?(웃음) 비트겐슈타인 가문은 반항을 집안 내력으로 삼았어요. 할아버지는 유대인이라는 민족 차별 시대에 반항하고, 아버지는 귀족주의에 반항하고, 그의 아이들은 속물주의에 반항했죠. 전 여기서 유대인들의 중요한 교육 방식을 봅니다. 반항이든 존경이든 세대가 서로 연통되어야 해요. 그런 점에서 할아버지가 세워 놓았던 열정적 모델이 그 자식들에게 침투했고, 엄청난 몰입 정신은 가문의 큰 유산이 되었죠. 천재라는 팻말을 이 가문에 내린 이유입니다. 어렸을 때부터 받은 훈련의 결과물이에요.

똥팔씨 　일화로 비트겐슈타인은 땀 뻘뻘 흘리며 열정적으로 피아노 치는 둘째 형의 모습을 괴물이라 표현했을 정도였으니까요. 당시 형제들에 비해 비트겐슈타인은 참 평범했다고 해요.(웃음)

메뚝씨 　비트겐슈타인은 어렸을 때부터 열정적인 모습을 보고 자랐죠.

똥팔씨 　어머니가 아이들과 함께 악기 연주하는 걸 오랫동안 했다고 하더라고요. 교육에 있어서 어머니의 영향이 컸던 것 같아요.

메뚝씨 　전 반대로 비트겐슈타인 형제들에게 어머니는 방해물이었다고 생각해요. 아버지를 싫어했던 것도 어머니 탓인 것 같고요. 어머니가 아버지를 존중하지 않았기 때문에 자식들도 아버지를 존중할 수가 없었던 거죠.

똥팔씨 그래서일까요? 비트겐슈타인의 8남매 중에 3형제가 자살하죠. 자신 또한 자살 충동에 엄청 시달렸어요.

메뚝씨 저는 형제들의 자살 원인이 어머니에게도 있다고 봅니다. 아버지는 열정적으로 살아가지 못했을 때 회초리를 드는 그런 사람이었어요. 아이들에게 아버지가 존중할 만한 존재임을 설득했어야 했는데, 어머니는 "돈 많은 아버지 밑에서 살려면 어쩔 수 없으니 참자."라고 달랬죠. 이렇게 되면 아이들은 분열할 수밖에 없어요. 분열된 존재는 가책을 느끼며 삽니다. 가책은 상처를 증폭하고 존재를 파멸로 몰아가죠.

똥팔씨 당시엔 오토 바이닝거가 쓴 《성과 성격》이 유행해서, 젊은 이들의 자살이 유행처럼 번졌다고도 해요.

메뚝씨 베르테르 효과*죠. 세기말 풍경*이라고 정의하기도 합니다. 지금 이 시대도 자살이 유행하죠. 하지만 자살의 성격이 그때와 사뭇 달라요. 당대의 죽음은 우리가 생각하는 사회학적 자살과는 차이가 있어요. 그들은 더 숭고해지기 위해 숨을 끊은 것이지, 사회가 두려워서 생을 끊은 것은 아니었으니까요. 비트겐슈타인 형은 아버지가 짜증나서 죽은 게 아니에요. 내가 내 스스로 나에게 완벽해질 수 없다는 사실을 깨달아서 죽은 거죠.

똥팔씨 그런데 대부분의 전기에서는 형의 자살 계기를 아버지와의 갈등에서 찾잖아요.

루트비히 비트겐슈타인

메뚝씨 　작가가 자기 심리를 투사해서 그렇죠.(웃음) 그렇게 죽은 게 아니에요. 오토 바이닝거도 베토벤의 집에서 권총으로 자살했죠.《성과 성격》이 표절이라는 어느 교수의 말에 자존심이 상해서 스스로 붕괴한 겁니다. 심리학자들은 아버지를 죽이기 위해 자기를 파괴시킨 편집증의 사례로 봅니다만, 저는 그 생각에 반대합니다. 자신이 믿는 완성된 존재의 모델과 직통하고 싶은데, 직통할 길을 찾지 못한 자괴감 때문에 생을 끊은 것이죠. 오토 바이닝거를 공부하면 자살의 동기를 유추할 수 있어요. 요컨대 천재가 될 수 없는 지식인의 슬픈 고뇌가 생을 마감하게 한 것이죠.

똥팔씨 　아버지는 큰 형의 자살에 충격을 받고 비트겐슈타인을 학교에 보냈다고 해요. 비트겐슈타인은 린치고등학교라는 기술학교로 진학합니다. 기술학교라는 어감이 그래서 그렇지 낮은 급의 학교가 아니더라고요.

메뚝씨 　완전 엘리트 학교죠. 지금으로 치면 과학고 정도 될 거예요. 보통 외고를 가는데 얘는 과학고를 갔다고 생각하면 됩니다.

똥팔씨 　히틀러와 동문이잖아요.(웃음) 아버지 기대에 부응하고 싶었겠죠. 자신도 그 방면에 재능이 있다고 생각했고요. 베를린에서 기계 공학을 공부한 후 공학 선진국인 영국 맨체스터로 유학 갑니다. 그곳에서 최고 선진 기술인 항공 공학을 전공하죠. 공학하면 기본적으로 수학을 잘해야 하잖아요. 이때 비트겐슈타인은 수학이 가진 매력에 푹 빠져 수학자 고트로브 프레게와 버트런드 러셀의 책을 섭렵합니다. 프레게를 직접 찾아가기도 했죠.

메뚝씨   당대 프레게는 학계에서만 알려진 인물로서, 신자 같이 살았던 고독한 인물이었어요. 수학은 무결하고 순수하잖아요. 모순이 허용되지 않으니까요. 비트겐슈타인은 프레게에게 그것을 배우고 싶어 했어요. 수학자의 심플함 말이죠.

똥팔씨   그런데 프레게는 영국에 있는 러셀을 찾아가보라고 권유했다네요.

메뚝씨   수학 기초도 안 된 비트겐슈타인을 가르치는 게 귀찮으니까 "공부하고 싶으면 아카데미에 가서 순서부터 밟아!"라고 한 거죠. 프레게는 누구를 가르치고 싶은 욕망이 없었어요.

똥팔씨   그렇게 비트겐슈타인은 영국 케임브리지 대학으로 러셀을 찾아가죠. 저는 이 부분에서 케임브리지의 특별한 지적 풍토가 신기했어요. 대부분 대학은 정해진 코스가 있을 텐데 비트겐슈타인은 러셀을 만나자마자 바로 입학하고, 정규과정도 막 건너뛰잖아요. 엄청난 특혜죠.

메뚝씨   러셀 경, 귀족이니까 가능하죠. "야! 너 와."하면 오는 거예요. 대학을 누가 만들었는데.(웃음)

똥팔씨   덕분에 비트겐슈타인은 철학에 관한 기본 교육을 일 년 반 만에 초고속으로 정리합니다.

메뚝씨 　 보통사람들은 러셀이 하는 말을 잘 못 알아들었는데, 비트겐슈타인은 너무 잘 알아들었다고 해요. 한 예로 러셀이 함수를 칠판에 막 쓰면서 이야기하는데, "러셀 경. 공식 틀린 것 같은데요?" 하면서 분필을 빼앗아 자신이 다시 쓰곤 했다죠.

똥팔씨 　 비트겐슈타인이 수학 문제를 너무 잘 풀어내니까, 러셀이 수학 문제를 글로 바꿔 써 보라고 숙제를 냈대요. 비트겐슈타인은 여름방학 동안 수학을 철학으로 바꿀 글을 써오죠. 그때까지만 해도 철학에 대한 확신이 없었던 것 같아요. 철학 공부를 해야 하는지 말아야 하는지 러셀에게 물었고 그래서 러셀이 내준 숙제였죠. 러셀은 비트겐슈타인이 여름 방학 동안 써 온 글을 보고 "너 공학하지 마. 비행기 만들러 안 가도 돼."(웃음)라고 했어요. 처음으로 비트겐슈타인이 인정받는 순간이죠. 러셀에게 인정받은 후로 자살하고 싶다는 생각이 많이 사라졌다고 해요.

메뚝씨 　 비트겐슈타인에게 철학은 곧 논리학이었어요. 세계 전체를 정확하게 정리한 논리를 알고 싶었던 겁니다. 하지만 그 정의를 내리고자 하는 호기심의 전제가 무엇인지는 파악할 수 없었어요. 러셀 덕분에 철학이 문제의 핵심이란 사실을 깨닫게 되죠. 반면 러셀은 비트겐슈타인의 영민함을 간파했고 둘의 정신적 승부는 세기를 흔드는 철학자의 전장이라는 전설로 남아요. 서로가 서로를 진전시키는 배움의 무대를 우리는 그들의 삶을 통해 볼 수 있어요. 아름다운 스승과 제자의 한 사례죠. 무사처럼 만나는 관계가 진정한 사제관계가 될 수 있습니다.

똥팔씨 전 그런 관계는 좀 무섭습니다.(웃음) 제1차 세계대전이 터지고 오스트리아에 자원입대 했죠. 전쟁이라는 인간 종말과 같은 상황을 경험해보고 싶었기 때문일까요?

메뚝씨 제대로 죽고 싶어서겠죠. 왜냐? 삶의 명분이 비트겐슈타인에겐 가장 중요한 문제였으니까요. 잘 사는 것은 잘 죽은 것이고, 죽는 데 가장 쉬운 방법이 자살이기에 제대로 죽는 방법으로 전쟁을 택했던 겁니다.

똥팔씨 그래서 비트겐슈타인이 전쟁에서 맹활약을 했군요. 죽자고 덤비는 놈한테는 어쩔 도리도 없잖아요. 심지어 일반 병으로 시작해서 장교까지 됩니다.

메뚝씨 비트겐슈타인은 이때 비로소 사람이 되었다고 생각했어요. 당시에 그가 가장 좋아했던 사람은 쇼펜하우어와 바이닝거였어요. 인간은 모두 충동하고, 그 충동에 의미는 없다는 쇼펜하우어의 주장에 자신의 윤리적 가책을 씻어냈고, 바이닝거를 보면서 근대 속 인간이 얼마나 동물처럼 낮아질 수 있는지 알게 됩니다. 그래서 비트겐슈타인은 "일생이라는 임무를 충실히 수행하면서도 윤리적 가책을 느끼지 않을 수 있는 경지"를 찾고 싶어 했어요. 젊은 비트겐슈타인은 러시아 문학 속에서 그 경지의 구체를 찾았죠. 《카라마조프 형제》를 거의 외우다시피 읽었던 이유기도 하죠.

　　　　　　　　　　　　　　　루트비히 비트겐슈타인

똥팔씨   전쟁 중에 러시아 문학들을 읽으면서 종교적인, 말할 수 없는 것에 심취했던 것 같아요.

메뚝씨   순결하려고 했죠. 순결은 정직이고, 정직은 내가 내 자신에게 몰려오는 충동을 언어로 바꾸면서 그 언어의 명령대로 사는 것이니까요. 아는 대로 살려면 순결할 수밖에 없어요. 순결하려면 세속적 가치와 거리를 둘 수밖에 없고요. 순수한 욕망은 자기만의 욕망입니다. 단독적 욕망만이 순수한 것이죠.

똥팔씨   오~ 비범하지 않으면 불가능할 것 같은데요?

메뚝씨   사람들은 클림트와 에곤 쉴레 같은 독특한 화가들을 천재라고 말합니다. 그러나 그들은 천재가 아니에요. 천재라고 말하고 싶을 뿐이죠. 천재는 선험적인 거잖아요. 타고난 거라고 말해버리면 "난 하지 않아도 된다."는 합의가 쉬워지죠. 이런 의미에서 천재라는 말은 지워져야 하는 말입니다. 인습적인 상식은 삶에 도움을 주지 않아요. 비트겐슈타인 집안이 천재이기 때문이 아니라 할아버지 때부터 삶에 몰입한 강도가 남달랐던 것이죠. 그것을 아버지가 이어받아 자식들에게도 삶을 강도 있게 몰입해서 사는 습관을 형성시켜줬고, 습관이 더 많은 공부를 할 수 있게 만들었고, 고통에 승리할 수 있게 만들었던 겁니다. 이건 배울 지점이죠. 다시 말해, 3대를 걸치면 우리도 할 수 있다는 것입니다. 내가 할아버지가 되면 내 자식이 칼 비트겐슈타인이 될 것이고, 그 자식은 비트겐슈타인이 될 수 있다는 거예요. 태어날 때부터나 하루 아침에 천재가 되는 건 아니라는 거죠. 천재라는 말은 지구상에서 지워져야 하는 말이라고 생각해요.

똥팔씨 누구나 할 수 있다는 뜻이군요. 어려울 것 같긴 합니다.(웃음) 자, 그럼 다시 비트겐슈타인의 생애로 돌아가볼까요? 제1차 세계대전 동안 비트겐슈타인은 틈틈이 종군 노트 안에 글을 쓰죠. 죽음과 대면하면서 아주 치열하게 쓰죠. 이 글이 비트겐슈타인의 첫 책 《논리철학논고》가 됩니다. 이 책은 1918년에 완성되는데 출간은 어려웠어요. 러셀이 서문을 써주고 인세를 받지 않는 조건으로 간신히 출판할 수 있었다고 해요.

메뚝씨 전 좀 달리 생각해요. 징후적 해석인데, 비트겐슈타인은 이미 유명 인사였는데 책을 받아주는 출판사가 없었다는 것은 좀 이상하죠. 마음에 드는 출판사가 없었던 것이라 저는 추측해요. 간신히 마음에 드는 출판사를 찾았고, 그 출판사에서 조건을 제시하니까 받아들였던 거죠.

똥팔씨 비트겐슈타인은 인세가 필요 없었잖아요.

메뚝씨 인세는 현실의 이득이지만 비트겐슈타인이 바란 건 세계의 이득이었으니까요. 인세를 받는 것보다 안 받는 것이 자신을 기록하는 데 유리할 수 있잖아요.

똥팔씨 《논리철학논고》가 첫 책이고 유일하게 출판된 책이죠. 비트겐슈타인은 그 책을 쓰고 "철학은 끝났다."라고 선언합니다. 출간 후 제 모든 재산을 형과 누이, 예술가들에게 나누어 주고 철학계로부터 멀리 떠나 작은 농촌 마을에서 초등학교 교사 생활을 합니다.

메뚝씨 왜 하필 초등학교 교사가 되었을까요? 그것도 아주 깡촌에서?

똥팔씨 도시가 싫고 자기 자신에게 집중할 수 있으니까 간 것 아닐까요?

메뚝씨 초등학교라는 것이 중요해요. 인간이란 개념을 완벽히 다시 쓰는 도전을 하고 싶었던 거죠. 사춘기가 지나면 세계의 호명이라는 억압에 패배해 버리니까, 어린아이가 세계를 정확하게 이해할 수 있도록 돕고 싶었을 겁니다. 니체의 말마따나 어린아이가 인간 존재의 궁극임을 증명하고 싶었을 테죠. 그러나 이 도전은 철저히 실패하죠. 서민 세계에 대한 감각이 없었던 비트겐슈타인은 아이들을 정확하게 이해할 수 없었어요. 논리로 아무리 추론해도 아이들의 심성을 정리할 수가 없었던 것이죠. 비트겐슈타인의 후기 철학은 차갑고 단단한 논리학의 철학에서 따뜻하고 부드러운 예술적인 철학으로 전환되는데, 이 시기가 결정적이었다고 저는 봐요.

똥팔씨   보통 비트겐슈타인의 교사 생활 시기 언저리를 '암흑의 10년'이라 하잖아요.

메뚝씨   그릇된 주장이죠. 비트겐슈타인이 전쟁의 후유증을 극복한 것도 아이들을 만난 덕분이에요. 그는 아이들을 매우 좋아했죠. 제자 중에 한 명을 누나에게 보내서 유학시키기도 하고, 20km가 넘는 거리를 걸어서 아이들에게 과일을 사다 주기도 했으니까요.

똥팔씨   어쩐지 천재가 주던 거리감이 좁아진 것 같네요. 전기 비트겐슈타인에서 후기 비트겐슈타인으로 넘어가는 전환기 동안 철학계를 떠나 초등학교 교사, 정원사, 건축 설계, 노동자와 같은 일들도 하죠. 그리고 마침내 다시 케임브리지로 돌아옵니다. 뉴딜정책을 만든 그 유명한 경제학자 케인즈는 "신이 왔다."라고 회고했다죠. 《논리철학논고》로 석·박사과정을 한 번에 통과하고, 교수활동의 자격을 갖춘 그는 케임브리지 학생들을 만납니다. 당시 학생들이 기록했던 강의록이 《청색 책·갈색 책》이라는 제목으로 출판되었죠.

메뚝씨   비트겐슈타인은 자신의 후기 철학에 있어 색채론에 집중합니다. 괴테의 《색채론》도 읽었어요. 전기 철학을 스케치라고 한다면 후기는 채색이라고 볼 수도 있죠. 흑백과 컬러는 본질적으로 완전히 달라요. 정보의 양이 폭발하거든요. 세계에 대한 세밀화를 그리고 싶었던 거죠.

루트비히 비트겐슈타인

똥팔씨   이후 케임브리지 교수이자 철학자였던 조지 에드워드 무어가 죽고 공석이 생기자 비트겐슈타인이 정식 교수로 채용됩니다. 케임브리지에서 반대할 거라 생각했지만, 당시 명성이 워낙 높았기에 교수 자리에 앉게 되죠. 그러나 안정의 시기도 잠시, 제2차 세계대전이 터지자 군대로 지원하게 되죠.

메뚝씨   간호도 하고, 약품도 개발하고, 도움될 만한 일들을 죄다 하죠. 비트겐슈타인은 그것이 철학보다 위대하다고 생각했어요. 사람을 구할 수 있으니까요. 지식인의 책임이 아니라 삶의 역할에 대해서 고민한 거예요. 책을 통해서만 하는 철학은 사기며, 진짜 철학은 고전에 주석을 다는 연구가 아님을 실천하고자 했죠.

똥팔씨   전쟁이 잦아들었을 때 대학으로 다시 갑니다. 그리고 3년간 있다가 1947년에 케임브리지에서 나오고, 철학을 하는 데 있어 방해되는 모든 것을 정리해 버리죠.

메뚝씨   제대로 사는 것이 무엇인가에 대한 고민이죠.

똥팔씨   그 후 자신의 마지막 작품인 《철학적 탐구》를 쓰기 위해 애쓰지만 그 책은 끝내 출판되지 못 하고 죽음을 맞게 됩니다. 완벽주의 성향이 작용한 걸까요?

메뚝씨   그것보다 굳이 책을 내지 않아도 되겠다고 생각했던 거죠. 책에 대한 지식인들의 집착이 마음에 들지 않았던 겁니다.

책은 철학 활동을 위한 지침일 뿐, 철학 자체는 아니거든요. 유언으로 "멋진 삶을 살았다고 전해 달라."라고 했는데, 이 유언 속엔 치열한 삶의 과정 자체가 철학임을 남은 사람들에게 전수하고픈 욕망이 있었다고 저는 해석합니다.

똥팔씨   그래서 비트겐슈타인은 죽음 앞에 당당했던 건가요? 자신의 고유한 목적을 이루었을 땐 죽음도 두렵지 않겠죠?

메뚝씨   비트겐슈타인의 철학은 실패하고 좌절하면서, 죽고 싶은 충동을 이겨내면서 만든 체계예요. 그처럼 아프면 우리 모두 멋진 인생을 살 수 있겠죠. 그러나 달리 생각해 보면 우리가 살고 있다는 것 그 자체가 놀라운 기적이에요. 하루하루의 생은 운명의 시간입니다. 누구나 최선을 다해 살고 있고, 누구나 멋진 삶을 살 자격을 갖고 있죠. 다만 깨닫지 못하고 살아가고 있죠. 철학은 그것을 말해 주는 도구예요. 생이 하나의 기적적 사건임을 깨달을 때, 분명 우리는 조금 더 긍정적이고 아름다운 존재로 탄생할 수 있습니다.

똥팔씨   가슴이 따뜻해지네요. 생의 기적을 긍정하는 깨달음이 철학이겠죠. 비트겐슈타인의 생은 여기서 닫아야겠습니다. 멋지게 끝냈다고 말하기 위해서 말이죠.

                                     루트비히 비트겐슈타인

결혼이냐, 독신이냐

우리 안의 논리학 구성에 대하여

똥팔씨   본격 수다로 들어가기 앞서 주제를 정해야겠죠? 바로 결혼과 독신입니다. 비트겐슈타인의 철학과 결혼, 독신이라니. 저는 처음에 굉장히 생뚱맞은 주제라고 생각했어요.

메뚝씨   그럴 것 같아서 "당신에게는 논리학이 있나요?"라는 부제를 달았어요. 질문 하나 하고 시작해보죠. 똥팔씨는 논리학이 무엇이라고 생각하나요?

똥팔씨   어떤 행동이나 말에 있어 앞뒤가 맞게 일관성을 지키는 것이죠.

메뚝씨   우리가 합리적, 객관적이라고 믿는 근거엔 두 가지가 있어요. 하나는 연역적 추론이고, 다른 하나는 귀납적 통계입니다. 현대인들은 후자를 신뢰하죠. 전자는 수학이고 후자는 과학입니다.

똥팔씨   맞아요. 현대인들은 통계 자료를 믿죠. 뭘 주장할 때 통계 자료 하나만 있으면 신뢰성이 엄청 올라가는 느낌이잖아요.

메뚝씨 현대인들은 수학보다 과학을 신뢰해요. 그러나 이 둘은 다른 체계가 아니라 통합된 하나라고 주장한 사람들이 있었어요. 비트겐슈타인을 신봉했던 논리실증주의자들이었죠. 여기서 논리는 수학이고 실증은 과학입니다. 논리실증주의자들은 이 둘을 융합하여 완성된 체계를 만들고 싶어했어요. 결과적으론 실패하고 말았죠. 오늘날 다수의 사람들은 통계가 추론보다 중요하다고 받아들이고 있으니까요. 과학이 수학보다 유용하다고 믿는 거죠. 그런데 잘 생각해보면 과학은 항상 오류를 포함하고 있어요.

똥팔씨 과학은 99.9999%의 개연성이니 오류가 나오면 바로 폐기 처분되잖아요.

메뚝씨 그래서 논리실증주의자들은 논리적 추론을 과학적 통계 위에 세우려고 했어요. 논리만이 완벽할 수 있고, 그 완벽함이 보편성의 기준이 될 테니까요. 결과적으론 논리가 과학 밑에 있게 됐죠. 그러나 이 둘은 위계를 가지는 관계가 아니라 대등한 상태에서 균형을 맞추는 관계여야 해요. 한쪽으로 기울면 문제가 많아지죠. 과학이 승리한 지금 균형점이 깨지고 말았어요. '완벽하게 삶을 주조하려는 의지, 오류를 극복하여 무결한 상태로 나아가고픈 욕망'들이 하찮아지게 되었습니다. 때문에 요즘 시대에 필요한 것은 수학자라고 생각해요. 일상생활에서 추론을 확장하고 논리학을 정립하는 노력이 필요하죠. 이제는 과학적 실증데이터가 아니면 어떤 정보에 대해 선택의 용기를 못내요.

루트비히 비트겐슈타인

추론을 통한 정보는 신뢰도가 떨어지고 말았죠. 수학은 우리 일상에서 격리된 거예요.

똥팔씨   그렇다면 일상에서 격리된 수학이 독신과 결혼에 어떤 영향을 미치는 건가요?

메뚝씨   저는 결혼에 있어서 논리학이 매우 중요하다고 생각해요. 논리학이 없으면 결혼은 사회적 통계를 바탕으로 정리된 쾌락의 체계로 끝날 수 있죠. 결혼을 상품 구매하듯 합리적 선택 활동의 하나로 치부하게 될 수 있으니까요. 러시아 수학자인 그레고리 페렐만을 예로 설명해볼게요. 미국의 한 수학단체가 20세기 초 수학적 난제 일곱 개를 정하고 그중에 한 문제를 풀면 백만 달러를 주겠다는 공모전을 열어요. 그중 프랑스 수학자인 푸앵카레의 문제가 가장 난해했다고 해요.

"고리를 가지고 잡아당겨서 한 점으로 수렴되면 원형이고 한 점으로 수렴되지 않으면 도넛형이다. 우주는 도넛형일까 원형일까?"

똥팔씨   문제만 들어도 벌써 머리 아프기 시작하는데요.

메뚝씨   이것을 페렐만이 수학 공식을 활용해 풀어냈어요. 미국의 수학자들이 넋이 나갔죠. 곧이어 페렐만은 수학의 노벨상인 필즈상 수상자가 됩니다. 그러나 페렐만은 상을 거부해요. 전 세계 기자들이 찾아가 인터뷰하기를 원했으나, "나는 필요한 게 더 이상 없다. 제발 찾아오지 말라"라면서 문을 닫아버렸어요. 페렐만은 엄마와 함께 누추한 아파트에서 다달이 나오는 최소 연금으로 연명하는 가난 속에 있었는데, 세속적 성공을 거부했던 것이죠. 대단하죠.

페렐만의 삶이 결혼과 비슷한 생의 선택이라고 저는 생각해요. 그런 점에서 비트겐슈타인도 결혼했다고 볼 수 있죠.

똥팔씨 　비트겐슈타인은 독신주의자 아니었나요?

메뚝씨 　결혼을 재정의해보면 이해가 쉽습니다. 제가 보는 결혼은 타자를 받아들이는 방식이에요. 아주 이질적이며 극단적인 타자와 만나는 강제죠. 이런 면에서 결혼은 좋은 제도입니다. 남자와 여자라는 극단적인 존재가 운명을 거는 선택 행위이기 때문이죠. 독신이라 해도 타자를 받아들이는 방식이 페렐만이나 비트겐슈타인과 같다면 결혼한 것과 유사한 경험을 했다고 볼 수 있어요. 그들은 논리학과 결혼을 했고 세계와 결혼했던 것이죠. 비트겐슈타인은 독신주의자가 아니었어요. 철학이라는 타자와 인연을 맺고 결혼만큼 운명적인 타자를 받아들인 거죠.

이런 관점에서 오늘날의 결혼 관념은 그릇된 방향으로 가고 있어요. 결혼 생활에서 추론 능력이 작동할 시공간이 없어졌죠. 결혼에 대한 다수의 판단을 과학적 통계 데이터에 의존하고 있으니까요. 신문기사에 나오는 결혼, 통계 수치로 표현된 결혼, 소문을 타고 들어온 결혼 생활이 타자와의 만남을 규정해 버리고 말았어요. 타자를 극한까지 추론하고 논리적으로 완벽하게 체계화하려는 노력이 사라진 세계인 셈이죠. 수학적이고 논리적인 사고가 이 시대에 중요한 이유는 결혼이라는 타자와의 만남의 의미를 정확하게 제시할 수 있는 숭고한 느낌이 그 속에 있기 때문입니다. 통계나 확률로는 알 수 없는 세계를 수학은 만나게 하니까요.

똥팔씨   과학적 통계 데이터가 자본주의와 만나면서 결혼에도 수많은 형태를 만들어 놓고 있는 것 같아요. 유형화하는 거죠. 그중 대표적인 게 결혼정보회사가 되겠네요.

메뚝씨   그렇게 볼 수도 있죠. 비트겐슈타인이 철학을 실상 포기하는 지점까지 가는데, 그 이유는 과학이라는 유형학이 논리학을 흔들어버렸고 더 이상 개진의 가능성이 없어 보였기 때문입니다. 과학적 방법이 만들어 놓은 결혼은 유형화된 예제 안에서 '선택'할 뿐이죠. 논리학은 전제부터 파고들어 출발 지점을 찾고 거기서부터 하나씩 삶의 언어들을 확장해 나가기 때문에 결혼이라는 삶은 고유해질 수 있는 가능성이 높아질 수 있고, 세계를 느끼는 방식을 변화시킬 수 있죠.

똥팔씨   이질적 존재의 만남인 결혼이기에 둘만의 확고한 전제를 만들어야 한다는 말씀이시군요.

메뚝씨   맞아요. 피타고라스학파가 그랬어요. 공동체에 필요한 확고한 전제를 만들었고, 그 전제로부터 출발한 삶의 형식들을 만들어 운영했어요. 제도는 완벽했죠. 20만 명의 사람들이 공동체를 만들었으니까요. 그게 바로 논리학의 힘이에요.

똥팔씨   신을 믿는 것과 비슷한 것 같아요.

메뚝씨   그래서 비트겐슈타인이 종교적인 것에 관심을 보인 거예요. 무언가에 대한 개념을 상정하고 추론하는 것이 타자와 관계를 맺는 상상이고 개념인 것이죠. 토대가 단단해야 높이 오를 수 있습니다. 나와 배우자가 "왜 사느냐?"에 대한 전제가 다르면, 파트너로밖에 머물 수 없죠. 파트너는 타자가 아닙니다. 파트너는 관성의 체계를 인정해주는 계약 관계일 뿐이에요. "왜 사니?"라는 질문에 삶을 동의하지 못하면 서로 공명할 수 없고, 거기서부터 출발하는 삶의 파편들은 다 어긋나게 되죠. 충돌을 통해 융합하는 과정이 있어야 해요. 이게 바흐찐이 말한 '대화'라고 볼 수 있죠. 추론의 과정은 타자와 이완하고 충돌하는 반복을 통해 형성됩니다. "옆집 봐, 이렇게 살잖아"라고 비교하면 결혼이라는 고유성은 사라지게 되죠. 논리학에 대한 훈련이 없으면 세계가 만들어 놓은 유형화된 카테고리 안에서 타자를 선택할 수밖에 없어요.

똥팔씨   자신의 고유한 논리가 아닌 다른 사람이 원하는 말을 선택
        함으로써 고유성을 잃는다는 거네요. 논리학이 거기까지
        미치는 거군요.

메뚝씨   그렇죠. 논리학은 중요해요. 우리는 어렸을 때부터 쓸데없
        는 질문을 하지 말라는 충고를 너무 들으면서 자랐어요. 아
        이들은 말이 안 되는 것을 말해야 합니다. 말이 안 되는 말에
        논리를 만들고 이를 추론으로 승화시키는 기쁨을 누릴 때,
        수학이 삶의 중요한 한 부분으로 들어설 수 있어요. 비트겐
        슈타인의 후기 철학은 아이들의 놀이 과정에서 따온 것이라
        고 저는 생각해요. 놀이 이론*이 된 이유도 여기에 있겠죠.

똥팔씨   우리 큰 애를 보면 정말 그래요. 어느 정도 말이 자연스러
        워지니까 쉬지 않고 이야기하더라고요. 제가 보기에 전혀
        다른 이야기들인데도 희한하게 연결 돼요. 저를 훈련시켜
        주죠. 옆에서 덩달아 아이의 생각에 맞춰 추론해야 하니
        까요.

메뚝씨   아이들의 그와 같은 활동이 삶의 명제를 찾아가는 과정이
        고 논리학을 배워가는 과정이라고 생각해요. 이익도 없고
        남의 눈치도 보지 않기 때문에 순수한 생의 답안을 찾을
        수 있는 훈련이죠. 결혼에도 이와 같은 훈련 방식이 적용
        돼야 한다고 봅니다. 남들과 비교하며 선택지를 고를 때,
        결혼은 궁극의 타자와 교섭하는 유일한 경험이 아니라 합
        리적 상품을 선택하는 소비 요령으로 전락할 수 있어요.

똥팔씨 저에게는 고를 수 있는 선택의 여지란 없었어요. 다행스럽게도 전 저를 좋아해주는 사람을 만났으니까요.(웃음)

메뚝씨 (웃음) 결혼은 인생 최고의 사건이라고 생각해요. 그러나 반대로 최악의 사건이 될 수도 있죠. 논리학의 부재는 축제를 전쟁으로 만들 수 있습니다. 우리가 사는 사회는 축제도 전쟁도 용납될 수 없게 하죠. 축제는 질서를 파괴하고 전쟁은 사회를 구성하는 인간을 파멸하니까요. 때문에 사회는 문제가 생기지 않도록 안전한 선택지 몇 가지를 만들어 놓고 단지 고르라 해요. 문제는 덜 생기겠지만, 문제가 해결되는 것도 아니죠.

똥팔씨 요즘 독신을 선택하는 사람들이 늘어나는 이유가 궁극의 사건과 만날 필요를 느끼지 않는 논리학의 부재 때문일까요?

메뚝씨 독신도 확신이 있다면 결혼만큼 위대한 사건일 수 있죠. 인간이라면 누구든 인생 최대의 사건을 만나고 싶은 욕망이 있어요. 독신으로 유일하게 생을 살고 싶다면 비트겐슈타인처럼 살아야 해요. 왜냐하면 내 생에서 끝나야 하니까요. 결혼해서 자식을 생산하면 상속이 가능하죠. 존재가치의 상속을 통해 내가 이루지 못한 꿈을 줄 수 있으니까요. 그러나 독신으로 살면 최종지점을 내가 찍어야 합니다. 독신이 결혼보다 위대한 용기가 필요한 이유죠. 좀 전에 결혼은 인생 최대의 사건이라고 했죠. 비트겐슈타인은

루트비히 비트겐슈타인

《논고》를 통해 최대의 사건을 해결했어요. 저는 비트겐슈타인이 논리학과 결혼했다고 보는데 그가 이런 말을 합니다.

> 만약 나의 믿음이 잘못되지 않았다면, 이 책의 두 번째 가치는 이런 문제들이 성취되었을 때 얼마나 적었는지를 보여주는 것이다.
>
> 루트비히 비트겐슈타인《논고》

결혼이라는 최대 사건 이후가 얼마나 허무한지 깨닫는 과정이 생을 대하는 진지한 태도죠. 최대 사건 이후를 새롭게 극복할 수 있는 나 자신을 알고 있어야 해요. 독신은 피난처가 될 수 없어요. 결혼보다 절절한 용기가 필요하죠.

똥팔씨   비트겐슈타인이 《논고》 이후 교사나 정원사, 건축사와 같은 일을 한 이유도 최대 사건 이후 찾아오는 허무함을 극복하기 위해 선택한 용기였겠죠.

메뚝씨   타자를 만나기 위해 최대 사건을 다시 찾고 싶었던 거죠. 완전한 정반대의 선택으로 인생 최대의 사건을 만들고, 최선의 노력으로 존재의 궁극에 도달하고 싶었던 거예요.

똥팔씨   보통은 유산 물려받으면 이곳저곳 여행을 간다거나 갖고 싶었던 걸 산다거나 자신이 하고 싶은 일을 하잖아요. 그걸 모두 나눠준다는 건 쉽지 않은 선택인 것 같아요. 또 자신의 유명세를 이용하지도 않았고요.

메뚝씨   그에게 통계학적 유형으로 점철된 살 만한 인생은 불편한 것이었죠. 실제로 러셀이 만들려고 했던 유형론*을 신랄하게 비판해요. 유형론이라는 전제가 이미 틀렸기 때문에 존재의 궁극에 다다를 수 없다고 보았죠. 비트겐슈타인은 좋은 삶이란 여러 유형 중에 합리적인 것을 고르는 것이 아니라, 존재 자신이 구성한 전제를 끝까지 증명하는 노력이라고 보았어요. 니체가 말했잖아요. 최고의 철학은 '반시대적 고찰'이라고요. 비트겐슈타인도 이 시대와 역행하는 활동이 철학이라고 말합니다. 결혼도 유사하죠. 나와 비슷한 인격과의 만남을 위해 선택의 유형을 넓히는 것이 아니라, 나 자신과 완전히 상반되는 사람을 만나는 제도로 인정하는 것이 결혼을 인생 최대의 사건으로 창조하려는 태도죠. 결혼은 위험한 것입니다. 연애할 때 보세요. 엄청 긴장된 상태에서 몰입하잖아요. 우린 그것을 밀당이라고 하죠. 그러나 결혼 후엔 몰입하는 사람이 드물어요. 최대 사건 이후를 상상하지 않았다는 증거입니다. 결혼을 통해 논리를 만든다는 것을 두고 비트겐슈타인은 이렇게 말합니다. 전쟁 때 쓴 일기예요.

외부세계에 의존하지 말라. 그러면 너는 그 안에서 무슨 일이 일어나도 아무런 두려움을 느끼지 않을 것이다. 사람들에게 독립적이게 되는 것보다 사물들에게 독립적이 되는 것이 열 배 쉽다. 그렇지만 사람은 타인에게 독립적이 되는 것도 할 수 있어야 한다.

레이 몽크《비트겐슈타인 평전》

저는 결혼이 이래야 한다고 생각합니다. 타인에게 독립적일 수 있으면서도 그것이 엄청나게 어렵다는 사실을 깨닫는 것이 결혼의 숭고성이죠. 결혼이야말로 용기 있는 선택으로, 인생 최대의 사건이 돼야 해요. 인생 최대로 소비하는 사건 말고요. 논리적 언어로 자기 삶의 가치를 구성하고 있지 못한 탓에 남들 하는 대로 결혼을 맞이하면 최대 사건이 될 수 없어요. 결혼은 그야말로 일생의 가장 위대한 과업이 돼야 해요.

똥팔씨   물론 결혼이라는 게 남들 따라 선택하는 요령 행위가 아니라면 더 좋겠지만, 사실 사회 구조적 문제도 영향이 크지 않나요? 개인이 해결할 수 없는 사회적 불평등이 엄연히 존재하잖아요. 특히 여성들에게 속박된 관습적 굴레들이 독신을 차선으로 선택하게 만드는 요인이기도 하고요.

메뚝씨   물론이죠. 사회가 사랑할 조건을 박탈하여 인간을 인간답게 살 수 없게 만들고 있어요. 그래서 우리는 더 가열차게 이 사회와 싸워야 해요. 혼자보다 둘이서, 둘보다 셋이서 싸워야 더 강렬한 힘이 솟을 수 있죠.

똥팔씨   비트겐슈타인은 혼자 싸웠잖아요.

메뚝씨   비트겐슈타인처럼 독신으로 살려면 중개자가 있어야 해요. 중개자가 없으면 독신은 유아론*으로 빠지기 쉽죠. 세계에 오직 나만 있다고 인정해 버릴 수 있으니까요. 비트겐슈타인도 유아론에 빠지는 것을 끝까지 경계했어요.

"이 생각이 과연 맞는 것인가 아닌 것인가? 닫힌 체계에서는 확실한데, 열린 체계에서도 확실한가?"

철학에선 이런 활동을 괄호 닫기*라고 하죠. 자신의 생각이 보편타당한 세계의 인식이 되기 위해선 사념을 버리고 질문을 좁혀야 해요. 세계와 나를 잇는 것이죠. 이 질문의 중개자가 언어입니다. 그래서 비트겐슈타인은 언어로 철학을 했죠. 언어에 대해 세심해지고 추론하는 능력이 늘어나면 늘어날수록 유아론에 비껴가며 나와 세계를 보편적인 것으로 잇게 할 장치가 마련될 수 있어요. 언어에 대한 감수성이 세계에 대한 감수성이고, 아울러 나를 보편적 세계로 승화시키는 기술이죠. 문학작품을 읽고, 그림을 보고, 시를 만지고, 음악을 듣는 겁니다. 언어 감각이 새로운 생활양식을 주조해내는 힘이 될 수 있어요. 비트겐슈타인이 유아론에서 벗어날 수 있었던 길은 언어를 다루는 능력을 키우는 훈련에 있었어요. 결혼에도 언어 훈련은 중요하죠. 언어에 대한 감각과 논리를 확장해 가며, 부부가 새로운 언어체계를 구성해낼 수 있을 때 결혼은 하나의 제도가 아니라 새로운 생활양식으로, 반시대적 고찰의 형태로, 고유한 최대 사건이 될 수 있습니다.

똥팔씨   핵심은 확고한 전제를 세우고 그 전제로부터 자기 고유의 생활양식을 추론할 수 있는 논리학을 만들어야 한다는 거네요. 역시 쉽지 않네요.

루트비히 비트겐슈타인

메뚝씨 　생활의 논리학이 중요하다는 거죠. "왜 그렇게 복잡하게 살아?"라고 푸념하면 우리는 유형학에 갇혀 버립니다. 세밀하고도 완전하게 생활 속에서 말이 되게 하는 논리를 찾는 길이 새로운 삶으로 항해하는 지도가 될 수 있겠죠. 지도는 미세하고도 정확해야 하니까요.

신에게 다가서기

존재의 단독성을 위한 고립에 대하여

똥팔씨   벌써 오늘 철수의 생애를 넘고 주제가 있는 수다를 건너서 독법에 이르렀네요. 독법을 시작하기 전 먼저 메뚝씨의 철수 정의부터 듣고 시작해볼까요?

메뚝씨   "스콜라주의자"라고 정의했습니다.

똥팔씨   스콜라주의자라면 언어로 신을 증명하고자 했던 사람들이죠? 그럼 비트겐슈타인은 무엇을 증명하려고 했던 거죠?

메뚝씨   신, 진리와 같이 절대적인 것들이죠. 현대철학은 '절대'를 금기하는 암묵적 법칙이 있는데 비트겐슈타인은 거꾸로 가려했죠. 스콜라주의자들처럼 논리로써 정확하고 완전하게 세계를 재구성하려 했으니까요. 스콜라의 어원은 스콜레입니다. 스콜레는 학교의 어원이기도 하죠. 중세 말기 스콜라 철학자들은 학교라는 폐쇄적 공간에서 인간 이성의 극한에 도전해보고 싶어했고 비트겐슈타인 또한 고립된 공간에서 완전한 세계의 법칙을 찾으려 했어요.

루트비히 비트겐슈타인

똥팔씨   스콜라주의자였던 안셀무스는 "알기 위해 믿는다."라고
말할 정도였죠.

메뚝씨   네, 맞아요. 그들은 무모할 정도로 절대자를 논리로 증명
하고 싶어 했죠. 물론 모순과 오류가 있었죠. 감각되지 않
는 것을 증명하는 것은 무리수일 수밖에 없으니까요. 그러
나 그들의 생활방식에는 비트겐슈타인이 살았던 20세기
말의 퇴폐적 풍경을, 아무렇게나 막 살았던 허망한 시대에
똥침을 놓을 수 있는 무기가 있었어요. 중세에도 스콜라
철학이 성행했던 이유가 교회가 타락했기 때문이고, 비트
겐슈타인이 살았던 오스트리아도 부르주아들의 퇴폐가
성행했던 시기에 논리실증주의가 유행했죠. 신이 있다는
확증에서 숭고한 삶이 나오는 것이 아니라 신을 알기 위해
증명하는 그 과정 자체에 탁월한 삶이 있다고 보는 입장을
스콜라 철학적 경향이라 정리하면 될 듯해요. 이 경향이
재차 반복되면서 비트겐슈타인은 순결한 철학을 정립하
고자 했던 것이죠.

스콜라 철학적 경향이 강했던 비트겐슈타인은 당대 유행
했던 영국의 실증주의나 경험론에 대한 비판에서 시작될
수밖에 없었어요. 그래서 러셀과 무어라는 절친한 친구이
자 스승이었던 그들이 경험론적 입장에서 사회를 비판하
고자 했을 때 타락했다고 본거죠. 철학자가 망가지는 수순
에 대해 비트겐슈타인은 무어에게 말합니다. "사회비판은
격리된 것처럼 있지만 어떤 철학적 상을 관성이 아닌 다른

신에게 다가서기

개념으로 만들어 내는 일이다. 네 육체가 다른 삶에 편도를 만드는 그 자체다."라고 말이죠. 너무 참여하려고 하지 마라. 조급한 너의 참여가 이 세계를 변화시키는 것은 먼 관점에서 보면 티끌만큼도 안 된다는 의미예요. 오히려 네 삶으로 다른 세계를 창안하는 활동에 집중하라는 조언이기도 하죠. 그래서 비트겐슈타인은 신에 직접 닿을 수 있는 사다리를 놓기 위해 무모하리만큼 순결한 삶을 살려고 했던 거예요. 실패할 것을 알면서도 시도한 거죠. 오직 논리를 통해 철학을 완성하고 싶었던 겁니다.

똥팔씨　　무모하지만, 사다리를 한번 놔보겠다는 거네요.

메뚝씨　　할 수 없는 것을 하는 거죠. 알랭바디우가 쓴 《비트겐슈타인의 반철학》에는 비트겐슈타인의 반철학적 경향이 인간이라는 주체를 윤리적으로 새롭게 구성할 수 있다고 주장하고 있어요. 진리라는 완전한 표상은 철학을 하지 않으면서 철학함을 드러낼 수 있는 역설적 관계에서 시작된다는 것이죠. 퇴폐에 반하는 비트겐슈타인의 순결주의가 철학 활동 그 자체였다고 볼 수 있죠. 물론 자신이 실패하리라는 것을 알았어요. 그래서 아이들을 찾아간 거예요. 자신이 순교자가 안 될 것 같으니까, 아이들에게 희망을 걸었던 거죠. 그러나 수학을 모르는 아이들은 비트겐슈타인에게 저항했어요. 수학을 모르면 진리탐구에 대한 사고자체가 불가능하다고 판단한 비트겐슈타인은 심하게 좌절해요. 아이들이 세계를 받아들이는 방식에 대한 감각이 비트겐슈타인에겐 투박했죠. 아쉽게도 발랄하면서도 순결할 수 있는 경지를 그는 이해할 수 없었어요. 아이들은 타락했기 때문에 수학을 받아들이지 않는 것이 아니라 불필요하기 때문에 저항했던 거죠. 비트겐슈타인은 이를 이해할 수 없었어요. 그는 귀족이었고, 부르주아였기에 세계와 직접 만나는 몸의 물질성에 무뎠던 거죠.

똥팔씨   그렇죠. 아이들은 "나가서 놀고 싶은데 왜 되지도 않는 걸 가르치려고 하지?"라고 하며 엄청 투덜거렸을 겁니다.

메뚝씨   타락하지 않은 아이들에게 논리학을 들이밀어서는 절대 성공할 수 없어요. 엄청난 인내와 기다림이 필요하죠. 아이들은 사회화가 되면서 타락합니다. 비트겐슈타인은 그때까지 기다리지 못했던 것이죠. 단발의 생이 길지 않다는 자각이 비트겐슈타인에겐 깊었고, 빨리 하고 싶었던 조급함이 실패의 원인이 되었죠. 아마 그는 자신이 접선한 절대자로 향하는 직통로를 아이들에게 상속해줬으면 좋겠다는 바람이 있었을 것입니다.

똥팔씨   비트겐슈타인에 관한 몇몇의 평전들을 보면 교사 시절 그의 모습은 거의 사디스트에 가깝게 묘사돼 있어요. 그런 점에서 메뚝씨의 독해는 매우 독특해요. 사실 비트겐슈타인 사상사를 이야기할 때 교사 시절은 하나의 작은 에피소드로 다룰 뿐이죠. 그렇게 큰 비중을 두질 않잖아요.

메뚝씨   초등학교 교사 출신의 철학자가 없어서 그래요. 아, 뿌듯해.(웃음)

똥팔씨   징후적 해석에 있어서 굉장히 공감 가는 부분입니다.

메뚝씨   철학자들은 아이들에게 철학을 가르친 경험이 없어요. 비트겐슈타인이 독특하게 멋있는 이유가 바로 이 지점입니다. 언어를 장착하지 못해 철학 자체를 할 수 없을 것 같은 아이들에게 불가능한 시도를 했죠. 아이들에게 죽음을 어떻게 설명할 것인가? 에로티즘은? 범인인 우리는 미봉할 뿐이죠. 난감하니까요. 난감하다는 것은 사회적 금기가 강하다는 뜻이죠. 사회적 금기를 월담하지 않는 철학은 없기에 철학을 가르친다는 행위 자체가 사회에 저항한다는 의미가 있어요.

똥팔씨   철학이라는 매개를 통해 아이들과 접선하는 교사는 메뚝씨가 독보적일 것 같아요. 특히 초등에서 말이죠. 하지만 수학적 사고를 아이들에게 전수한다는 것은 보통 어려운 일이 아니잖아요. 비트겐슈타인도 실패했던 경험이고요.

메뚝씨   물론 불가능한 영토임에 틀림없어요. 그러나 시도될 수 있다는 것이 가라타니 고진의 주장이고, 그는 비트겐슈타인 철학을 그 과정이라 해석해요. 고진은 '단독성과 보편성'의 대립 축은 '일반성과 특수성'이라고 했어요. 단독성과 보편성은 열린회로 시스템이고 일반성과 특수성은 닫힌회로 시스템이죠. 고진은 일반성과 특수성 회로의 바깥으로 나가려는 시도가 철학이라고 정의합니다. 비트겐슈타인은 수학적 꿈을 통해 회로 바깥으로 나가려 했고, 그것이 사회 현상학적으로 특별하기 때문에 멋진 인생을 살았다는 꼬리말을 붙여줄 수 있는 것이죠. 비트겐슈타인의 꿈은 다른 사람에게도 단독성과 보편성의 열린회로 시스템을 전수하고 싶었던 겁니다.

모순 없는 순결한 세계에 접근하려면 세계에 대한 아주 깨끗한 언어들을 창안해내고 거기서 논리적 추론의 형식을 통해 완벽한 신의 세계를 증명할 수 있는 훈련이 필요해요. 그런 훈련을 통해 열린 보편성의 세계를 창안할 수 있죠. 이 과정이 존재의 단독성을 확보하는 거예요. 각기 유일한 아이들의 모습을 만들어 내기 위해 비트겐슈타인은 비슷한 시도를 했어요. 불가능한 꿈이었죠. 그러나 불가능한 꿈들만이 보편성과 단독성의 자격을 얻습니다. 가능한 꿈은 반드시 닫혀요. 닫힌 체계의 결말은 허무하죠.

똥팔씨   정말 재미있게 본 드라마가 끝났을 때 느끼는 공허함이랑 조금은 비슷할 것 같습니다.

메뚝씨   비트겐슈타인이 《논고》를 쓰고 나서 그 결과가 얼마나 허무한지 알게 되었다고 고백했잖아요. 그때 비트겐슈타인은 다시 출발해야겠다고 생각합니다. 불가능한 꿈을 꿀 때 허무를 바깥으로 밀어낼 수 있어요. 그래서 블랑쇼는 입을 닫아버린 거고, 바타유는 끊임없이 위반의 글을 발표했죠. 체제의 외부로 나가려고 계속 시도한 거죠. 비트겐슈타인 같은 경우 일반적인 사람들이 참을 수 없는 것에 계속 도전했어요. 물론 그도 힘들었다고 고백합니다. 노르웨이 절벽 밑에 아주 초라한 집을 짓고 들어간 이유죠. 그건 사회로부터의 고립이 아니에요. 도전에 회피하지 않으려고 선택한 고립이죠. 비트겐슈타인의 세계는 타자를 짊어지고 간 거예요. 그곳에서 문제를 해결하려고 한 것이죠. 보편성의 꼭대기는 단독적인 진리 탐구의 형식으로 갈 수 있습니다. 그것은 아주 예민하게 들어오는 직감이고 그 느낌을 완벽한 체계로 만들어 내면 논리학이죠. 자신이 유일하니 이제 철학은 끝난 것이 되었고요.

"말할 수 없는 것은 말하지 말라."

비트겐슈타인이 《논고》를 다 쓰고 한 말이에요. 쉽게 말해 당신이 도전해보지 않은 일에 대해서는 말하지 말라는 거예요. 단지 경험해 보지 못한 것은 말하지 말라는 충고가 아닙니다. 우리가 알고 있는 것은 경험한 것만이 아닙니다. 기억은 이론의 형식으로 들어와요. 다시 말해 논리의 형식으로 저장되는 것이죠. 즉, 말할 수 없는 것은 말하지 말라는 건 논리의 형식으로 재편하지 않는 것에는 침묵하라는 뜻이에요. 논리의 형식으로 자기 문법체계를 재편성하지 않은 사람은 다른 생에 대해서 말하지 말라는 의미도 포함된 것입니다. 비트겐슈타인의 후기 철학이죠. "내가 완벽하게 재편성해보니 말할 수 있는 것에 최선을 다하면

루트비히 비트겐슈타인

말할 수 없는 것이 무엇인지 알 수 있다. 그러니 쓸데없이 철학이라고 떠들지 말라."는 겁니다.

똥팔씨   논리적으로 재편성되지 않은 말들은 나 자신의 언어라고 할 수 없는 것이네요. 여기저기서 주워 온 말들이겠죠. 제 경험상 자신의 언어가 없으면 이리저리 휘둘리기 십상이 더라고요.

메뚝씨   휘둘리기도 하지만, 더 정확하게는 사고활동이 사라져요. 깊이 있게 파고들려고 하는 욕망을 배제한 채 사고하기 때 문이죠. 뭔가를 끝까지 탐구하고 싶은 열망을 포기했으니 몰입도 당연히 약하겠죠. 집중하지 않은 상태에서 구성된 논리 체계는 단독적일 수 없어요. 이물질이 전혀 없는 무 결한 상태에서 바슐라르처럼 책상 하나 두고 홀로 앉아 내가 생각할 수 있는 모든 모순을 해결하는 활동이 철학 입니다. 단독성이 보편성과 만나게 하려는 도전이죠. 비트 겐슈타인은 단독성과 보편성의 접점에서 아이들을 찾아 갔어요. 자기가 갖고 있는 단독성이 과연 보편성을 획득할 수 있는지 실험하고 싶었던 거죠. 하지만 아이들은 모순 덩 어리야.(웃음) 돌발이 많아 변인통제*가 안 되죠. 실험을 하려면 일정하게 유지해야 되는 부분이 있는데 아이들은 불쑥불쑥 돌발적인 부분이 튀어나오니까 실험을 할 수 없 는 거예요.

철학이 설득을 포기하면 보편성에 닿을 수 없잖아요. 아무리 단독적이라고 하더라도 전수되지 않으면 역사라는 보편성도 얻을 수 없는 거죠. 비트겐슈타인은 이런 모순을 다룰 실력은 갖지 못했던 겁니다. 그는 태생부터 엘리트였고 세속적 때를 묻혀본 적이 없어요. 세상과 직통했던 기억이 없었죠. 엘리트는 매개를 통해야 세계와 만날 수 있어요. 그런데 아이들을 만나니까 매개가 없네.(웃음) 밥도 같이 먹어야 하고 이야기도 같이 해야 하고 집중해야 하는데 계속 말을 거니 짜증났을 겁니다. 만약 그가 결혼해서 자신의 아이에게 단독적 자기 세계를 상속시켜 줄 수 있었다면 보편성으로 갈 수 있는 철학 체계를 다시 한번 완성할 수 있었겠죠. 하지만《철학적 탐구》라는 책은 작정하고 미완성으로 끝냈으니 포기한 것이나 마찬가지예요. 보편성을 얻지 못한 겁니다. 전수를 통해 보편성을 얻는 방법론을 못 찾은 거죠. 그런 점에서 방법론도 중요합니다. 단독성이 보편성으로 가는 방법이 철학적 실천이니까요. 하지만 일단 단독성에 가 닿아야 하죠. 전제를 놓치고 시작한 방법론은 공허할 뿐이니까요. 방법론이 중요하지 않다는 게 아니라 방법론은 단독성 이후라는 것이죠. 그도 자기 실험에 있어서 방법적인 부분은 틀렸습니다. 틀린 것을 과장하기 위해 생이 더 도드라지게 평가된 것은 아닌가 생각해 봅니다. 니체도 틀렸거든요. 니체도 실패했어요.

똥팔씨   니체 역시 자신이 말한 궁극의 인간, 위버멘쉬*를 만들지 못했으니까요.

메뚝씨   그렇죠. 위버멘쉬는 깨달은 사람에게 배운 자입니다. 깨달았다는 것은 단독성을 찾았다는 것이고 스콜라 철학에 의하면 언어라는 논리를 통해서 신과 직통하는 길을 뚫었다는 것이죠. 그러면 전수해야 하잖아요. 전수하는 공간이 어디입니까? 스콜레, 학교예요. 내가 갖고 있는 각기 다른 단독성을 전수하는 곳이죠. 교사의 주체가 단독적이지 않을 때 교육은 허망지사, 헛소리라고 저는 생각해요. 교사들의 삶이 유일하지 않으면 아이들의 삶 역시 유일할 수 없어요. "살았다."라고 말할 수 있지만 "멋지게 살았다."라고 말할 수는 없는 거죠. 서두에서 비트겐슈타인을 스콜라주의 철학자라고 정의했죠. 다른 말로 표현하면 스승이라고 할 수 있어요. 그의 꿈은 자기가 갖고 있는 단독성을 전승하고 싶은 '멋진 스승'이었다는 겁니다. 그것은 시도이며 도전일 뿐입니다. 생에 결과라는 건 없어요. 비트겐슈타인은 "나는 실패할 걸 알면서 했는데, 당신은 무엇을 했느냐?"라고 우리에게 묻습니다.

이런 의미에서 《논고》는 생의 도전을 압축한 단언의 향연집이에요. 문체도 아주 간결하죠. 후기 철학으로 갈수록 질문이 많아집니다. 전기의 단언도 실패를 알면서 시도한 것이고, 질문의 형식체계를 바꿔 단언이 맞는지 재확인하는 후기의 철학도 또 하나의 도전인 셈이죠. 단언은 틀렸다고 비트겐슈타인은 말해요. 그러나 틀렸다고 치워버려서는 안 됩니다. 질문을 통해 당신도 단언을 만들 수 있는지 적극적으로 물어야 하죠. 이것이 철학을 하는 이유이며 정말 중요한 철학 활동이라 생각합니다. 그리스 시대 피타고라스학파가 갖고 있던 생각과 비슷한 거죠. 세계를 이루는 것이 '수'라고 말해야 단독적일 수 있어요. 모순은 있죠. 그러나 당대 소피스트들의 말장난에 지쳐있던 피타고라스학파는 단독성에 접근할 수 있는 유일한 길은 '수'밖에 없다고 단언한 것입니다. 그들이 공동체를 만든 이유도 보편성을 전수하기 위해서였어요. 피타고라스학파도 결과적으로 실패했지만 나쁜 시도였다고 말하면 안 됩니다. 공산주의혁명 역시 실패했지만, 자크 데리다가 말한 것처럼 '마르크스라는 유령'은 계속 도래해야 해요. 자본주의의 폭력에 대한 고발을 멈추는 순간 단독성의 축제인 민주주의는 끝난 것이니까요. 고진이 말한 '가능성의 중심'도 같은 맥락이죠.

똥팔씨　그렇다면 실패할 걸 알면서도 경계 밖으로 나아가려 할 때에야 비로소 진보라는 이름이 붙을 수 있겠네요. 안정된 삶을 추구하고 예상 가능한 닫힌 세계에 살면서 스스로 진보주의라 말하는 건 부끄러운 일인 거 같습니다. 자, 그럼 조금 더 심층적으로 들어가, 비트겐슈타인의 저작과 관련된 이음새들을 이야기해볼까요? 그가 살아생전에 출판한 책은 《논리 철학 논고》 한 권이었어요. 그의 전기 사상으로 대표되는 책이죠. 나머지 책들은 사후 출판된 것들이에요. 앞서 이야기했지만 후기 대표작으로 알려져 있는 《철학적 탐구》는 끝을 맺지 못한 책입니다. 최근에는 전집도 번역되어 나왔는데 어떤 책부터 접근하면 그와 가까워질 수 있을까요?

메뚜씨   일단 철학의 목적이 무엇이냐는 질문에 비트겐슈타인은 이렇게 말합니다.

"파리에게 파리 병(fly-bottle)에서 나가는 것을 보여주는 것입니다."

말하는 것이 아니라 보여지는 것이죠. 보여지는 것은 객체입니다. 말하는 것은 주체이고요. 객체의 세계는 주체의 세계로 다 환원되지 않아요. 각각 보는 세계가 다르기 때문에 당신이 직접 말하라는 명령입니다. 철학은 관조가 아닌 활동인 거죠. 《논고》 서문에는 "누군가에게 유희를 줄 수 있다면 이 생은 성공한 것"이라고 쓰여 있는데 반대로 해석하면 누군가에게 즐거움을 주지 못하면 이 생은 실패한 거죠.

똥팔씨   보이는 것만 보면서 산다면 주체의 자리는 텅 비어 있겠네요. 주체로서 존재감을 가지려면 적극적으로 말하라는 것이죠.

메뚜씨   보이는 것에서 즐거움을 느끼면 그때부터는 말해야 해요. 객체를 주체로 말하는 것, 그것이 철학의 전부입니다.

철학자는 자신이 말할 수 있는 형식으로 철저하게 보여주는 거예요. 비트겐슈타인을 읽는 첫 책으로 추천하고 싶은 것은 《소품집》입니다. 이 책은 《논고》 이후 철학계를 떠났다 1929년 복귀할 때 쓴 일기예요. 《논고》에서 실패한 지점을 깨닫고 난 다음의 흔적들이죠. 이걸 보면 그가 어떤 태도를 가지고 철학에 접근하려고 했는지 알 수 있어요. 철학에 어떤 태도를 갖느냐는 것은 매우 중요한 문제입니다. 가치를 봐야 해요. 가치 없이 철학만 보면 '수학의 정석'이 돼요.(웃음) 가치를 먼저 느끼고 가치를 찾았던 감정을 철학적 논리 체계로 하나씩 구성해가며 읽어야 하죠. 가치 없이 논리를 풀어 봐야 시험문제밖에 안 됩니다. 좀 더 접근하기 쉬운 책은 1967년 《철학적 탐구》 이후에 나온 《쪽지》와 생의 말년에 나온 《문화와 가치》입니다. 이렇게 읽으면 비트겐슈타인이 어떤 마음가짐으로 철학을 접했는지, 그의 가치태도와 윤리의식을 볼 수 있어요.

똥팔씨　이 책들이 비트겐슈타인이 출판한 책은 아니고 사후에 제자들에 의해서 출판되었더라고요.

메뚝씨　네, 맞아요. 비트겐슈타인은 흔적으로밖에 읽어낼 수 없어요. 《문화와 가치》에 이런 말이 나와요.

> 우리들은 사람들을 선으로 인도할 수 없다. 우리들은 단지 그들을 어디론가 인도할 수 있을 뿐이다. 선은 사실 공백밖에 없다.
>
> 루트비히 비트겐슈타인 《문화와 가치》

보여줄 수는 있지만, 말하는 것은 자기 자신의 몫이라는 것이죠. '선이라는 공백, 절대라는 공백'은 보여줄 수밖에 없어요. 《논고》는 웬만하면 손대지 마세요. 《문화와 가치》를 읽고 나서도 비트겐슈타인이 궁금하다면 그때 잡는 책이 《논고》가 돼야 중도 포기하지 않습니다. 《철학적 탐구》는 안 읽어도 무방하다고 저는 봐요. 이렇게 확증해도 되냐고요? 뭐 어때요. 괜찮아요. 무수히 많은 책을 다 볼 필요는 없어요. 그걸 모두 읽었다 해서 철학한다고 보기 어렵기도 하고요. 비트겐슈타인 보세요. 철학 책 하나도 안 읽었어요.

똥팔씨   러셀에게 1년 반 동안 배웠던 철학사가 전부였죠?(웃음)

메뚝씨   선택 독해! 선택 독서!(웃음) 저는 읽었어요. 아주 오랫동안 했으니까요. 읽었다는 것이 이해했다는 것은 아닙니다. 비트겐슈타인을 이해했다는 것은 그의 심도를 읽는 감각을 키우는 거예요. 비트겐슈타인의 정보를 많이 갖고 있다는 게 아닙니다. 전제를 독해할 수 있는 것이 그의 사상을 읽는 눈이에요. 연도별 자료를 많이 갖고 있다 해서, 인용문을 많이 댈 수 있다 해서, 그를 많이 공부했다고 한다면 큰 착각입니다.

똥팔씨   그렇지만, 괜히 읽을 필요 없다니까 읽고 싶어지는 게 또 사람 마음 아니겠어요?

메뚝씨　　그럼 아주 간략하게만 이야기해볼까요? 일단 《논고》는 일곱 개의 명제들로 이뤄져 있어요. 여기서 명제라는 것은 논리적인 사고를 거친 후에 나오는 문장을 말합니다. 문장은 말할 수 있는 것과 말할 수 없는 것으로 구분되는데, 말할 수 있는 것만이 명제입니다. 판단 가능한 문장만이 명제죠.

똥팔씨　　참과 거짓으로 그려진 비트겐슈타인의 진리 함수*를 보면 명제가 무엇인지 이해할 수 있을 듯해요. 그 표로 세계를 아주 간단하게 도식화해 버렸죠. 그래도 그걸 완벽히 이해한다는 건 좀 어려운 것 같아요.

메뚝씨　　그래도 한번 도전해 봅시다. 일단 일곱 가지 명제 중 "첫 번째, 세계는 일어나는 일들의 총체다." 이게 무슨 말 같아요?

똥팔씨　　우선 현상으로써 보여야겠죠? 실체가 없으면 존재하지 않는 것이라고 말하는 것 같아요. 그래서 말할 수 있는 것에 비트겐슈타인이 집중한 것이고요.

메뚝씨　　오~ 정답. 그래서 확실한 전제로부터 닫아 놓고 출발한 겁니다. 전제를 확실히 정의 내려야지 세계라는 개념을 이해해낼 수 있다는 뜻이죠. 그래야 말할 수 있는 것을 만들어 낼 수 있으니까요. 자, 그럼 "두 번째, 사실은 사태들의 존립이다."

　　　　　　　　　　　　　　　　　　루트비히 비트겐슈타인

똥팔씨   슬슬 머리 아픈데요.(웃음)

메뚝씨   말 그대로예요. 사실과 사태는 일대일로 대응된다는 뜻입니다. 그렇게 이해해야만 한다는 명령이죠. 다음 명제와 연관해서 좀 더 살펴볼게요. "세 번째, 사실들의 논리적 그림은 사고다." 만약 사태가 있는데, 사태임을 찾을 수 있는 명제가 없다면 그것은 사실이 될 수 없어요. 사실은 명제화될 수 있는 현상이죠. 그림을 그릴 수 없으면 없는 겁니다. 예를 들어 우리가 신을 그리면 우리에겐 신이 있는 것이 되고, 신을 형상화하지 못하면 없는 것이나 마찬가지죠. 사고를 위해선 반드시 언어화돼 감각 가능한 대상이 필요해요. 사고는 뜻을 지닌 명제라고 하죠. 여기서 중요한건 사고예요. 논리적 사고죠. 명제를 논리적으로 사고한 것만을 연구대상으로 삼아야 한다는 겁니다. 비트겐슈타인이 "세계는 너의 세계의 총체다."라고 말한 이유죠. 우리가 사는 세계와는 달라요. 네가 세계를 갖고 언어로 그림 그릴 수 있는 것이 너의 세계의 총체고 질량의 전부임을 말하는 것입니다. 그래서 세밀한 언어를 풍부하게 넓히는 일이 자신의 세계를 넓히는 것이기 때문에, 논리실증주의자들은 비트겐슈타인의 《논고》를 신봉하고 그 기술적인 일을 추진하고자 했던 거죠. 애매모호하게 혼합된 일상 언어를 없애고 사실과 사태가 일대일 대응되는 아주 간결한 언어로 확장시켜야 철학의 깊이를 찾을 수 있어요.

"네 번째, 사고는 뜻을 지닌 명제다." 사실과 사태의 일대 일 대응된 것만이 쓰일 수 있지, 대응되지 않은 세계에서는 말할 수가 없다고 했죠. 뜻 혹은 의미란 사실과 사태의 사고 과정을 지닌 판단 원리라는 것이에요. 머리 아프죠?(웃음) 우리는 일반적인 상황들에 대해 말할 수 있는 것이 아니라 단독적인 상황과 보편적인 상황에 대해서만 말할 수 있다는 뜻이고, 그 단독적인 상황들이 사고 과정을 통해 명제화될 수 있다는 겁니다. "다섯 번째, 명제는 요소명제를 진리명제로 한다." 말할 수 있는 것의 기본 명제가 요소명제고, 요소명제가 배치되면 정확하게 말할 수 있는 진리명제가 되는 것이죠. 요소명제의 배치표가 진리 함수이고요. 여섯 번째는 진리 함수에 대한 이야기인데 그림이 들어가니 생략하겠습니다. 자, 마지막 "일곱 번째, 말할 수 없는 것에 대해 우리는 침묵하지 않으면 안 된다." 그림을 그릴 수 없는 것은 요소명제를 찾을 수 없죠. 내 사고의 과정에 들어올 수 없으니까요. 그것에 대해서는 침묵하라는 겁니다. 말할 수 없는 것은 없는 것이죠. 신을 한 번도 형상화해보지 않거나 요소명제를 찾지 못한 사람이 신에 대해 떠든다고요? 그건 헛소리라는 겁니다. 너희가 철저하게 논리적 형식을 찾았느냐, 사고를 했느냐, 다시 말해 단독성의 깊이에 들어가 봤느냐라고 묻는 것인데, 안 해 봤으면 말도 하지 말라는 과격한 주장이죠.

루트비히 비트겐슈타인

똥팔씨   당대는 신을 죽이는 시대였고 니체에 의해 신이 죽기도 했
         잖아요. 비트겐슈타인 같은 경우 지금까지 했던 철학은 철
         학이 아니며 철학이라 말할 수도 없다고 단언했어요. 신과
         함께 철학도 단두대에 올린 이유는 무엇이고, 그 비판의
         대상이 된 철학은 무엇인가요?

메뚝씨   당대 형이상학이겠죠. 프레게와 러셀밖에 거의 공부하지
         않았기 때문에 당대 형이상학은 철학이라는 메타포를 가
         지고 모든 문제를 해결할 수 있다는 확실성이었습니다. 비
         트겐슈타인은 그 확실성을 틀렸다라고 꼬집는 것이죠.
         《확실성에 관하여》라는 마지막 책에 이런 말이 나와요.

> 만약 어떤 사람이 자기가 며칠 전 아메리카에서 영국으로
> 날아갔다고 믿는다면, 나는 그가 그것에 관해 오류를 범
> 할 수는 없다고 믿는다. 어떤 사람이 자신이 책상에 앉아
> 글을 쓰고 있다고 말하는 경우도 마찬가지다.
>
> 루트비히 비트겐슈타인《확실성에 관하여》

         자기가 체험한 형식을 주장한다고 합시다. 그것을 아니라
         고 답할 수 있는 근거는 어떤 것도 없다는 것이죠. 즉, 자신
         이 앉아서 글을 쓰고 있는 행위를 맞다고 말하는 게 확실
         성이지 경험해보거나 체험해보지 못한 형이상학이 자신
         의 존재를 확증하는 대자 혹은 타자가 될 수 없다는 겁니
         다. 확실성은 사고 과정의 전제로 다시 돌아가 주체가 언어
         를 찾는 그 과정 안에만 존재해요. 객체를 아무리 심도있

고 다양하게 표현한다고 해서 주체가 표현되지 않는다는 거죠. 주체를 표현할 수 있는 길은 내가 내 확실성을 찾아가는 과정으로써만 가능해요. 전지적 작가의 시점으로 논리에 맞는 메타포를 찾았다 해서 확실하다고 말하지 말아야 합니다.

철학자들은 단독성에서 자기 확실성을 갖고 있는 사람들이에요. 그들의 사고과정을 읽는다는 것은 철학 활동을 통해서 내 삶을 재편하겠다는 겁니다. 철학은 나 자신의 유일한 전제를 만들고 그로부터 파생되는 논리적 사고와 삶을 일치시키려 노력하는 과정 그 자체인 것이죠. 즉, 철학 활동이 철학과 일대일 대응되는 겁니다. 만약 어떤 문학가가 그런 활동을 하고 있다면 그도 철학을 하고 있는 거죠. 들뢰즈는 《철학이란 무엇인가》를 통해 철학은 개념을 창안하는 일이라고 했어요. 굉장히 주관적 개념이에요. 자기 개념을 만드는 것이니까요. 사람들이 들뢰즈에게 이런 질문을 합니다. "당신은 건축을 전공하지도 않았고 수학도 과학도 전공하지 않았는데, 당신에게 단점이 되지 않느냐?"라고 말이죠. 들뢰즈는 이렇게 답합니다.

"아무런 문제도 되지 않는다. 물론 더 많이 말할 수 있겠지만 많이 말한다고 해서 중요한 것도 아니다. 나는 내 사고과정에 필요한 과학이면 그 정도로 충분하다."

똥팔씨   전공은 상관 없다는 거네요.

루트비히 비트겐슈타인

메뚝씨 그렇죠. 저도 그 생각에 동의해요. 자기 확실성이라는 것은 내가 내 자신이 맞다고 하는 믿음과 그 믿음을 끝까지 논리적 사고로 확증하려는 진지함을 통해서 발현되는 겁니다. 언어로 말할 수 있어야 하고 그림을 그릴 수 있어야 하죠. 물론 내 의욕과 의지로 나타나는 것만은 아니죠. 그림은 배워야 더 잘 그릴 수 있고, 언어는 만질수록 세밀해지니까요. 제대로 그릴 수도 없는데, 나는 순결하다고 말해 봐야 거짓말이죠. 이런 철학 활동 과정이 내 삶으로 실현되지 않으면 철학이라 말할 수 없어요. 비트겐슈타인 전집 중에 《청색 책·갈색 책》이 있어요. 전기 철학과 후기 철학을 이어주는 책이라 소개되어 있죠. 이 책에 제가 하는 주장을 받침하는 문장이 있어서 그것 읽고 마무리 할게요.

> 철학은 표현의 형식들이 우리들에게 행사하는 마력에 대한 하나의 형식이다.
>
> 루트비히 비트겐슈타인 《청색 책 · 갈색 책》

똥팔씨 이 마력을 많은 사람들이 공명했으면 좋겠네요.

메뚝씨 끈질기게 도전해야죠.

비트겐슈타인으로 가는 길

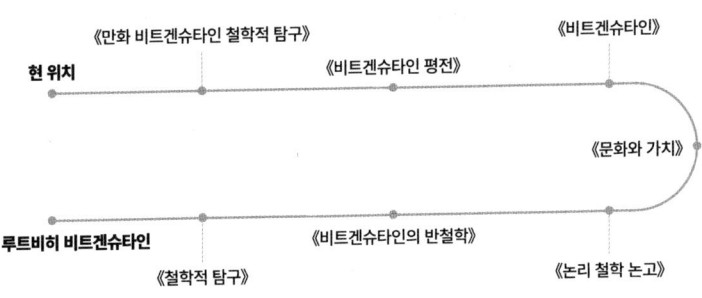

비트겐슈타인의 인기는 굉장히 높아요. 그중 책세상에서 번역된 비트겐슈타인 선집이 그에게 직통으로 접근하는 가장 좋은 책이죠. 그러나 7권까지 구성된 이 책을 독파하다가 체력이 바닥나 중도 포기할 수 있으니, 우선 선집을 구매 후 가장 잘 보이는 책장에 꽂아 두시고, 살짝 가벼운 책부터 선택하는 편이 좋습니다. 첫 번째로 권하고 싶은 책은 만화로 된《만화 비트겐슈타인 철학적 탐구》입니다. "서울대 선정 인문고전 50선"이라는 카피가 붙은, 지극히 팔기 위해 만든 시리즈물 중 하나이고, 내용 또한 많은 부분 오류와 생략이 있긴 하지만 비트겐슈타인이 어떤 인물인가를 탐색하는 데 적절합니다. 이 만화를 읽게 되면 비트겐슈타인을 알고 싶어지니까요. 쉽게 읽을 수 있으나 낯선 이름들은 구글을 띄워 놓고 검색하며 읽어야 다음 책으로 가는 길이 수월합니다. 두 번째 권해드릴 책은 레이 몽크가 쓴《비트겐슈타인 평전》이에요. 이 책의 저자는 비트겐슈타인의 스승인《버트란트 러셀 평전》을 쓰기도 했는데, 굉장히 꼼꼼한 자료 정리 덕분에 비트겐슈타인의 생애뿐만 아니라 철학 전반을 이해하는 데 많은 도움이 됩니다. 다만 쪽수가 만만치 않으니 아주 오랜 시간 천천히 읽어야 하는 고통이 수반될 수는 있습니다.

만화와 평전을 통해 비트겐슈타인의 생에 익숙해지셨다면 이룸 출판사에서 나온 《비트겐슈타인》을 추천해요. 비트겐슈타인 철학을 명료하게 정리한 책인데 저자 박병철 교수의 다소 일반적인 해석이 비트겐슈타인의 철학 전반에 대한 감을 잡는 데 유용합니다. 이 책을 읽을 수 있게 된 다음에는 선집 중 《문화와 가치》라는 책을 권합니다. 비트겐슈타인의 메모를 편집해 만든 책인데, 총체적인 얼개가 있는 내용이 아닌 터라 비트겐슈타인을 만나고 싶을 때마다 우발적으로 펼쳐서 짧게 읽어 보면, 그의 강렬한 삶의 태도에 감복 받을 수 있습니다.

이 정도 준비되셨으면 본격적으로 《논리 철학 논고》를 손에 들면 됩니다. 얇지만 결코 만만치 않은 책이라 한장 한장 곱씹어 가면서 읽어야 해요. 해석이 안 되는 부분이 많을 수도 있고 그래서 좌절할 수도 있지만, 포기하지 마세요. 메뚝씨 메일(jonehee@hanmail.net)로 의문점을 남겨주시면 최대한 친절히 답변 드릴 테니 걱정하지 마시고 읽어보세요. 반년쯤이면 마지막 장을 덮고 쾌활한 웃음을 지으실 수 있을 겁니다. 《논리 철학 논고》 후에는 《철학적 탐구》로 가야하는데, 그 전에 알랭 바디우가 쓴 《비트겐슈타인의 반철학》을 먼저 읽어보시면 좋습니다. 바디우의 현란한 문체가 머리를 복잡하게 할 수 있으나 비트겐슈타인이 왜 마지막까지 《철학적 탐구》를 쓰려했는지 느낄 수 있습니다. 이 책을 읽은 후 《철학적 탐구》로 접근하시고, 근 일 년 정도를 정독하면 비트겐슈타인이란 고지에 거의 올라설 수 있어요. 고지에 오른 후에는 다른 책들도 읽고 싶어질 텐데, 그때 일곱 권짜리 선집 중 《논리 철학 논고》와 《철학적 탐구》를 뺀, 나머지 책들을 손에 들고 천천히 기쁨의 독서로 가시면 됩니다. 비트겐슈타인은 강력한 철학자라 독서만으로도 충분히 삶이 바뀔 수 있습니다. 천천히 달리시고, 끈질기게 만나시길 바라요.

한가지 주의해야 할 점은 책세상 선집의 《논리 철학 논고》와 《철학적 탐구》는 천지에서 출간한 《논리 철학 논고》와 서광사에서 출간한 《철학적 탐구》와 같은 번역본입니다. 이중 구매할 수 있으니 참고하세요.

루트비히 비트겐슈타인

장 프랑수아 리오타르

1924 ~ 1998

포스트모더니즘 시대라고요!?

보이지않는 것을 지각할 필요성에 대하여

똥팔씨   자, 오늘 밤 떠들어 볼 철수는 포스트모더니즘의 개막을 알린 프랑스 사상가죠. 장 프랑수아 리오타르입니다. 정보 없는 철수를 오늘도 만났네요.

메뚝씨   우리나라에서 중요한 사상가는 거의 정보가 없죠.(웃음)

똥팔씨   그래도 역사적인 맥락 안에서 리오타르에 관한 힌트를 찾을 수는 있었어요. 먼저 리오타르의 생애부터 시작해볼까요? 리오타르는 1924년에 태어나서 1998년에 돌아가신 분입니다. 우리 철수들의 생에 있어서 제2차 세계대전은 숙명인 것 같아요.

메뚝씨   네, 맞아요. 철학자가 시간 속에서 버틸 수 있었던 토대는 불행히도 전쟁과 혁명입니다. 비극적 상황이 날카로운 철학의 극단을 생산했죠. 그들은 제1차, 2차 세계대전을 겪었고 거기다가 1968년 프랑스 5월 혁명이 생의 한 가운데 떡 버티고 서 있었어요. 난세를 통과하며 심도 있게 세계를 바라볼 수 있는 능력과 감각을 훈련한 것이죠. 역경을 행운으로 만드는 존재의 능력이 없으면 철학은 불가능해요. 리오타르는 이런 말을 했어요.

"어찌 철학을 하지 않을 수 있는가?"

시대가 절망적일수록 철학을 하지 않을 수 없다는 거죠. 우리도 멀지 않았어요. 우리에게도 전쟁과 혁명이 먼 미래가 아닙니다. 우린 그때를 대비해야 돼요.

똥팔씨   특히 우리나라는 북한과의 정치적 양극화와 자본주의가 만들어 놓은 경제적 양극화라는 두 가지 위험요소를 다 안고 있죠. 대부분의 나라들은 한가지만 갖고 있는데 우리나라는 두 가지 다 갖고 있어요. 걱정이죠.

자, 그럼 본격적으로 리오타르의 생애 편으로 들어가 보겠습니다. 그는 1924년 프랑스 베르사유에서 태어났습니다. 그리고 20대까지 쭉 뭘 했는지 모르겠어요. 정보가 없어.(웃음) 소르본 대학교에 들어갔고 철학과 문학을 공부했다 정도의 정보만 있습니다.

메뚝씨   저도 가족과 친했다는 자료뿐이에요.

똥팔씨   가족과 친했다는 단편적인 예로 리오타르의 딸인 코린 에노도가 《리오타르, 왜 철학을 하는가?》라는 책 뒤에 해제를 써주기도 하잖아요.

메뚝씨   그녀는 철학 학교 책임 기획자이기도 하고, 자신의 아버지와 연구를 같이 했어요.

똥팔씨 리오타르는 소르본 대학 동문인 들뢰즈와 절친이기도 합니다.

메뚝씨 우리랑 비슷하죠.

똥팔씨 죽을 때까지 들뢰즈와 사상적 교류를 많이 했다고 해요.

메뚝씨 후반부에는 그렇게 친하지도 않았고 서로 다른 길을 가긴 합니다만 논쟁을 벌이진 않았어요. 1980년대 리오타르가 철학계에서 힘들었을 때 들뢰즈가 자신의 편을 들어주지 않았던 이유도 있었죠. 들뢰즈는 주류였고 리오타르는 계속 비주류였어요. 리오타르가 들뢰즈한테 서운했을 겁니다. 이 둘 사이의 관계는 참 아쉬워요. 들뢰즈와 가타리가 함께 쓴 《앙티 오이디푸스》를 보면 실제로 리오타르가 젊었을 때 말하던 아이디어와 굉장히 비슷하거든요. 가타리가 아닌 리오타르와 함께 책을 썼다면 훨씬 폭발적이었을 거예요.

똥팔씨 1950년 리오타르는 철학교사자격시험을 봅니다. 그해 미셸 푸코도 같은 시험을 보죠. 리오타르는 합격, 푸코는 낙방.(웃음) 1952년까지 리오타르는 자신의 첫 부임지인 알제리에서 교편을 잡아요. 참고로 당시 알제리는 프랑스 식민지였고 1954년부터 시작된 독립 운동을 통해 1962년 해방을 맞이하게 되죠. 리오타르의 경우 알제리 독립 운동을 적극 지지합니다. 1954년 당시 프랑스에서 창립된 <사회주의냐 야만이냐>라는 매우 유명한 좌파 잡지에서 알제리 독립을 지지하는 글을 발표합니다.

메뚝씨   마르크스주의자가 된 거죠. 리오타르는 알제리인들의 독
       립 투쟁을 지켜보면서 죽어가는 약자들 편에 서는 지식인
       의 역할을 하겠다고 결심합니다.

똥팔씨   알제리 혁명이 리오타르를 마르크스주의자로 거듭나게
       한 계기겠네요?

메뚝씨   그전에도 마르크스의 사상은 접했지만 이때부터 마르크
       스를 본격적인 자기 글의 주제로 씁니다. 마르크스 사상의
       핵심인 정치경제학을 철학으로 번역하는 일에 10년 동안
       천착하죠. 그런데 <사회주의냐 야만이냐>라는 그룹이 쪼
       개져요. 쪼개지는 원인은 작은 권력에도 권위주의가 돼 버
       리는 무지한 좌파들이 문제였어요. 무지한 좌파는 우파입
       니다. 그들이 조직 체계의 질서를 지키려고 하니까 붕괴되
       는 것이죠.

똥팔씨   그래서 <노동자 권력>이라는 잡지를 다시 창설하게 되죠.
       알제리 독립 후 곧이어 1968년 프랑스 혁명이 일어난 해에
       리오타르는 소르본에서 철학 강의를 하고 있었다고 해요.

메뚝씨   조교였죠. 루이 알튀세르도 조교였고 리오타르도 조교였
       습니다. 알튀세르는 제자들이 많았지만 68혁명에서의 활
       동력이 매우 미온적이었기 때문에 비판의 대상이 되기도
       하죠. 하지만 리오타르는 혁명에 상당히 적극적이었음에도
       불구하고 따르는 제자들이 많지 않았어요. 더 정확히 말하
       면 리오타르가 제자를 만들려고 하지 않았죠. 왜 그랬을까

요? 리오타르는 어떤 모임과 조직의 영향을 키우기보다는 제3의 길을 찾고 그것을 언어화하는 데 더 많은 관심이 있었어요. 작품 활동하는 데 더 많은 시간을 보내고 싶었던 것이죠. 들뢰즈도 같았죠. 때문에 그들에게는 파벌이 없었습니다. 죽기 전 즉발적으로 인터뷰한 것을 제외하면 그들은 절대 외부 환경에 자신을 드러내려고 하지도 않았어요. 명성과 권력과의 거리두기가 학자의 양심이라 믿었던 것이죠. 그런 둘이 친구였다는 게 저는 무척 부럽습니다.

똥팔씨   1971년 구조주의를 비판하는 박사 논문인 《담론, 형식》을 출간하고 파리 제8대학교인 뱅센 대학에 정교수로 임용돼 1987년까지 철학을 가르쳤어요. 그곳에서 은퇴하는 날까지 가르치고 연구하는 일에 매진하죠. 그리고 근 10년의 왕성한 집필 활동 후 1998년 백혈병으로 사망합니다. 여기까지가 간략히 드러난 그의 생애이고요. 나머지 부분은 그의 작품을 통해 추적해 봐야 할 듯해요.

메뚝씨   네. 일단 생애를 알 수 있는 자료가 없기 때문에 저작을 통해서 표현할 수밖에 없겠죠.

똥팔씨   그럼 어떤 저작을 통해 그의 삶을 보면 좋을까요?

메뚝씨   그의 구체적인 삶을 볼 수는 없지만 시대적 흐름을 읽어 낼 수 있는 책이 있습니다. 《담론과 현상》이라는 책이죠. 현상학*의 대가였던 리오타르가 구조주의를 비판하며 1971년에 출판한 책입니다.

포스트모더니즘 시대라고요!?

똥팔씨 안타깝게도 우리나라에서는 번역이 안 된 책이네요.

메뚝씨 네, 아쉽죠. 리오타르의 초기 사상은 후설의 현상학에서 인 간 존재의 궁극 지점을 찾으려 했어요. 현상학은 실증주의 를 비판하면서 태동했고, 실존주의*는 구조주의*를 비판 하는 지점에 서 있습니다. 현상학은 실존주의와, 실증주의 는 구조주의와 짝지어 볼 수 있어요. 현상학의 대가였던 리 오타르는 구조주의를 비판해요. 하지만 실존주의적 방식이 아닌 과학에 기댄 문학적 구조주의 형식으로 비판하죠. 구 조주의와 실존주의 논쟁이 아닌 제3의 길을 찾고 싶었던 겁 니다. 이 방법이 마르크스가 썼던 과학적 방식이기도 하죠.

똥팔씨 그래서 이 시기에 리오타르 스스로 자신은 구조주의를 비 판하지만 구조주의적 경향을 드러내고 있다고 고백하는 군요.

메뚝씨 네, 맞습니다. 무엇보다 저는 《담론과 형상》이 포스트모더 니즘의 흐름을 읽어내는 데 매우 중요한 저작이라고 생각 하고 있어요. 책으로 들어가 볼게요. 조금 복잡하니 잘 따 라 와야 해요. 이 책의 핵심 주장은 "우리가 본 것을 말할 수는 없다."입니다. 즉, 언어는 우리가 본 것을 직접 실현해 주지 않는다는 기죠. 단지 간접적으로밖에 얘기할 수 없어 요. 리오타르는 언어나 만들어 낸 현상을 '이미지적 현상, 형태적 현상, 모태적 현상'으로 나눠 정의하면서 말과 존재 의 관계로 발생하는 시대적 경향을 설명합니다. '이미지적

장 프랑수아 리오타르

현상'이란 작품 속에서 볼 수 있고 보여진 것인 재현체계예요. 저는 이 개념을 '이것'이라고 정의했어요. 왜 그런지는 이야기를 하는 과정에서 풀어보겠습니다. 그 다음 '형태적 현상'은 볼 수 있으나 보여지지 않는 것을 뜻해요. 있지만 보여지지 않는 것이죠. 따라서 여기에는 주관적 재해석이 필요해요. 저는 이 개념을 '저것'이라 부릅니다. 마지막으로 '모태적 현상'은 볼 수도 없고 보여지지도 않지만, 아주 동적인 형태로 나타나는 겁니다. 있긴 있는데 재현도, 재해석도 할 수 없는 것, 다시 말하면 이미지도 안 되고 형태도 안 되는 '모태적 생명' 같은 것이죠. 모태적 현상에는 공기처럼 움직임만 있어요. 보이지 않는 어떤 사실을 어떤 느낌으로만 지각할 수 있다는 것이죠. 이 현상을 저는 '그것'이라 부릅니다. 이것과 저것은 예술에서 르네상스의 재현 형식과 모더니즘의 혁신 형식을 탄생시키는 기반이 되죠. 그것의 모태적 생명은 아직 태어나지 않은 것인 포스트모더니즘적 경향을 뜻한다고 볼 수 있어요.

똥팔씨   그러니까 정리하면 이미지적 현상(이것)이 눈에 보이는 것을 그대로 옮기는 재현이라면, 형태적 현상(저것)은 눈에 보이지 않는 감정과 같은 것을 재해석하는 비평이 과정이 겠네요. 이것이 모더니즘이 추구한 가치였던 것이고요. 여기까지 따라오다 과부하가 온 것 같아요. 포스트모더니즘이라 불리는 마지막 모태적 현상은 좀처럼 이해하기 어렵네요. 좀 더 구체적으로 이야기해주세요.

메뚝씨 모태라는 말을 곱씹어 봅시다. 뱃속 아이는 탯줄을 끊으며 태어나죠. 엄마와 아이는 분리되고요. 그러나 그 분리에도 불구하고 엄마와 아이의 관계는 표현할 수 없는 어떤 힘에 의해 연결되어 있는 듯한 끈끈한 연대가 지속됩니다. 이 모태적 관계를 인간과 인간 사이의 관계로 확장해보면, 인간의 관계도 엄마와 아이처럼 보이지 않는 근원적인 생명의 연결 방식으로 이어져 있다고 가정할 수 있죠. 이것은 묘사할 수도 없고 재구성할 수도 없지만 있는 것이고 애도의 형식으로써만이 표현될 수 있다고 리오타르는 주장해요. 이것을 실현하는 것이 포스트모더니즘입니다.

똥팔씨 보이지 않는 생명 간의 연결 방식을 실현한다는 게 어떤 건가요?

메뚝씨 예를 들어 볼게요. 이미 저 세상 분인 백석 시인과 접선했다고 칩시다. 백석이 체감한 죽음을 우리가 알 수 있을까요? 그 분과 직접적으로 닿을 수 있는 끈은 없어요. 그런데 그가 쓴 시들을 읽으며 상상했을 때 어떤 느낌이 옵니다. 나한테는 부재하지만 없다고 말할 수는 없는 무언가가 말이죠. 다른 말로 치환하자면, 그 사람에 대한 애도의 질량이 그와 나를 잇는 끈이 될 수 있겠죠. 분리된 것에 대한 그리움 같은 것이죠. 이러한 형상들이 포스트모더니즘이에요. 이것도 저것도 아닌 것, 그것이라 말할 수밖에 없지만 없지는 않은 것이죠. 그래서 이렇게 말을 해요. "한 사람의 작품들은 언제나 이 모태의 새싹들일 뿐이다." 이게

장 프랑수아 리오타르

우리가 다룰 《쟁론》이란 책의 핵심이기도 합니다. 재현과 재해석(해방)의 시대는 끝났다는 단언이죠. 이제 우리는 애도에 대해 논의해야 한다는 겁니다. 하지만 애도를 인간적인 말로는 표현할 수가 없어요. 인간의 범주를 벗어난 것, 어떤 잉여적인 것으로밖에는 표현할 수 없어요. 만약 인간주의로 말하면 이것은 대부분 이것과 저것의 분명한 논리로 환원되기 때문에, 시대를 장악한 자본주의에 포섭될 수 있죠. 시대를 압제한 자본주의와 긴장 상태를 놓지 않으려면 우리는 비인간으로서 인간을 말해야 한다는 거예요. 그러나 비인간과 반인간은 다릅니다. 인간을 규정한 합법 장치를 지우려는 인간적 노정이 비인간이란 개념이고, 이 규정 장치와 싸우는 것이 반인간학이에요. 애도의 형식으로써 중요한 것은 비인간적 접근입니다. 즉, 삶과 죽음 사이에서 일어나는 관계의 파동을 인간과 반인간의 이분법으로 규정하는 것에서 벗어나 인간의 개념을 아예 지우면서, 제3의 형식을 애써 부여잡으려는 노력이 리오타르의 핵심 접근 방법이고, 포스트모던 시대에 우리가 갈 수 있는 다른 길인 것이죠.

똥팔씨   인간을 규정한 합법 장치를 지우는 것이 비인간이라고 하셨잖아요? 그런데 애도의 형식이 갖춰지려면 애도의 대상이 정해져야 하고, 그 대상이 생기면 대상을 둘러싼 인간적 장치들은 항상 달라붙어 언어가 되지 않나요? 그렇게 되면 비인간학으로서 접근하기가 쉽지 않을 듯해요. 예를 들어 백석 시인의 경우도 '시집'이라는 물질성이 그를 규정해버리기 때문에, 시 이외에 제3의 길을 상상하기 어렵지 않을까요?

메뚝씨 우리는 호명된 주체를 벗어날 수 있는 방식을 해방이라고 믿고 있어요. 리오타르는 이러한 믿음이 전체주의*로 환원될 수 있다고 판단했어요. 따라서 앞서 말씀드린 애도의 형식이 없으면 윤리학적인 접근 방식은 실현될 수 없는 것이죠. 제 말로 번역하자면 이런 것입니다.

"내가 한 번도 겪어보지 않은 사람에게도 나는 눈물을 흘릴 수 있는 자격과 권리와 의무가 있다."

그래서 '그것'이에요. 우린 백석 시인을 경험하지 못했지만 이 애도의 방식을 통해 간접적인 예술로서 표현할 수 있어요. 말할 수 없는 것을 말해보려는 자존심이죠. "겪어 보지 않는 세월호 참사를 보고, 우리는 눈물을 흘릴 수 있는가? 나에게 도움되지 않는 것에 절실할 수 있는가?"라고 묻는 것이죠.

지금까지 우리는 해방을 위해 싸워왔습니다. 그런데 지금 시대에 투쟁으로 우리의 목적을 달성할 수 있을까요? 이제는 불가능한 시대라고 리오타르는 진단해요. 그래서 아무것도 하지 말고 포기하라는 걸까요? 아닙니다. 이때 우리가 해야 할 윤리는 내가 한 번도 겪어보지 않았던 제3의 타자인 그것에게 눈물을 흘리는 애도의 형식에서 시작되는 겁니다.

장 프랑수아 리오타르

똥팔씨   많은 사람들이 세월호 참사를 보고 눈물을 흘리기도 하고, 그 불의에 분노하며 촛불을 들고 일어섰잖아요. 저는 애도의 형식이 있어야 해방을 위한 힘의 결집도 가능하리라 생각해요.

메뚝씨   리오타르가 현상학을 세분화한, '이미지적 현상과 형태적 현상'은 이분법에 갇힐 수 있어요. 아름다운 재현 양식과 참다운 해방의 길은 아군과 적군을 단호히 가를 때만이 진전 가능한 논리니까요. 그러나 모던 이후의 세상은 아군과 적군이 불분명해요. 리오타르가 제3의 논리를 구성할 수 있는 유일한 길은 모태적 현상밖에 없다고 주장하는 이유죠. 모태적 현상이란 인간을 규정하거나 정의하지 않아도 느낄 수 있다는 겁니다. 인간을 규정할 수 있는 건 없다고 말할 때 비로소 인간을 규정한 덮개가 풀어질 수 있죠. 그런 노력이 제3의 길이고, 제3의 논리예요. 포스트모던 세계로 편입된 이 시기에 해방의 철학을 말해봐야 이룰 수 없는 허깨비 놀이라는 것이죠. 그러니까 우릴 해방시킬 대통령을 뽑더라도 그 유효기간은 엄청 짧을 수 있다는 것이고, 우리를 구원한 그 어떤 명석한 철학이나 예술은 사라졌어요. 희망의 확신이 사라진 시대에도 최선을 다해서 살 수 있느냐고 물어야만 하죠.

똥팔씨   비인간이라는 것이 명예나 돈, 넓게는 해방과 같은 언어를 지웠을 때도 인간으로서 살아야 할 이유를 찾을 수 있느냐고 묻는 것이겠네요.

메뚝씨   그래서 철학과 예술이 절실합니다. 실제로 추상 표현주의 작가 버넷 뉴먼의 작품을 보고 우는 사람이 많다고 해요. 뉴먼의 그림은 대상을 재현한 것도 아니고, 해방을 위한 예술도 아닌데 사람들을 울려요. 이런 현상이 제3의 형식이죠. 왜냐하면 그 작품을 보면서 시대와 역사라는 거대한 깃발 없이도 애도를 느낄 수 있고, 나에게 경탄과 아픔까지도 줄 수 있다는 사실을 감각하니까요. 나와 관계되지 않은 것에도 내 감정이 열릴 수 있어요. 이것이 비인간의 인간적 현상입니다.

리오타르가 고집스럽게 말했지만 포스트모더니즘이라는 것은 상대주의가 아니에요. 그런 주장은 괴변입니다. 깊이 없는 넓이는 표면이죠. 철학은 결코 표면이 아닙니다. 공간은 기본적으로 깊이를 갖고 있어요. 좀 어려운 얘기지만 우리와 관계되지 않은 것, 해방을 약속하지도 않는 것, 신이 죽어 버린 시대에도 당신은 살 수 있는가를 묻는 것이 포스트모더니즘의 형식입니다. 그런 방식으로 철학에 접근할 수밖에 없는 것이죠. 시대 구분에 있어서 모더니즘(근대)과 포스트모더니즘(탈근대)으로 양분되는 것은 일반적 흐름입니다. 이런 식의 구분법으로는 리오타르를 이해할 수 없어요. 그 중간에 끼어 있는 '모더니티'의 개념을 이해해야 해요. 모더니티는 현대성입니다. '~주의'가 되지 않은 상태죠. 즉, 형식을 바꾸려는 새로운 시도예요. 입체파였던 피카소가 그랬듯이 말이죠. 물론 모더니즘에도 모더니티는 있었습니다. 하지만 모더니즘 속 모더니티는 해

                장 프랑수아 리오타르

방과 혁신을 목적으로 했었죠. 예술이 거대 서사의 이념을 표현하는 도구였어요. 포스트모더니즘 시대의 모더니티는 외부동력(이념과 진리)이 상실된 상태에서도 스스로 굴러갈 수 있는 바퀴가 될 수 있는가를 묻고 있는 겁니다.

똥팔씨   니체의 질문과 똑같다고 볼 수 있겠네요.

메뚝씨   그래서 리오타르는 후반부에 니체를 꼼꼼히 연구했어요. 외부동력이 상실된 포스트모더니즘 시대에 살고 있기에 예술과 철학으로 내부 동력원을 보충해야 한다는 거죠. 따라서 욕망에 대한 이해, 철학에 대한 이해, 예술에 대한 이해 없이는 움직일 수 없기 때문에, 우리는 그것들을 접선하면서 이 지독한 포스트모더니즘 시대를 살아내야 합니다. 어찌 철학을 하지 않을 수가 있겠어요.

똥팔씨   포스트모더니즘을 주장했던 리오타르가 1970년대 이후 마르크스주의와 거리를 두면서 리비도 철학에 집중하게 된 이유가 메뚝씨가 말씀하신 시대 분석에 있는 건가요?

메뚝씨   그렇죠. 리오타르는 이 시대의 주요 테마는 '정치 경제학'이 아니라 '리비도 경제학'이라고 주장해요. 정치 경제학 시대는 끝났고 욕망과 충동인 리비도의 경제학만이 세계를 이해할 수 있다는 것이죠. 욕망과 충동을 이해하지 않고서는 이 시대의 경제와 정치를 이해할 수 없어요. 사회가 인간을 자극하는 시대는 끝났다는 진단입니다. 때문에 인간 내부의 문제에 집중해야 하죠.

똥팔씨　역설적이게 외부의 자극이 많은 시대에서 외부 자극이 끝났다고 진단한 것이 인상적이네요.

메뚝씨　너무 많은 것은 없는 것이나 마찬가지고, 너무 많은 자극은 상실된 자극이나 마찬가지죠. 예컨대 철학이 현실 정치에 참여할 수 있을까요? 철학은 무용합니다. 못하죠. 하지만 진짜 무용할까요? 그것도 아니죠. 앞에서 말했지만 100만 명을 바꾸는 사회 운동은 끝났어요. 그래서 우리는 한두 명을 찾아가 개입하고 변화시키는 것으로 삶을 재편해야 돼요. 아주 작은 것들로 일상을 재해석하고 변화시켜야 하는 시대에 우리는 살고 있어요. 철학적 고뇌의 방식으로 삶의 형식을 취해야 합니다. 이 시대엔 그것밖에 해결책이 없어요. 해방이 불가능해졌고, 화염병 던지는 시대는 역사 속으로 숨었습니다. 그래서 우리는 스스로 이 시대를 절망의 시대라고 부르죠. 그러나 새로운 생명인 아이들은 계속 태어나고 모태는 지속적으로 이어지잖아요. 아이들은 지울 수 없는 희망이고 가능성이죠. 리오타르는 이렇게 씁니다.

"아이들의 눈은 바람의 신검처럼 활발했으며 뜨거운 태양은 여태 현재형이다."

희망이라는 것은 내가 스스로 돌아가는 바퀴라는 것이고, 자생할 능력은 아직 끝나지 않은 현재형이라는 거죠. 아직 정리되지 않은 오늘인데 스스로 정리하지 말고, 철학에 기대고 예술을 동력 삼아 오늘의 나를 세워보자고 말하고 싶습니다.

　　　　　　　　　　　　　　　　장 프랑수아 리오타르

삶을 내 언어로 문장화하라

분쟁을 불식시키는 서늘한 용기와 차가운 열정에 대하여

똥팔씨   슬슬 주제가 있는 수다로 넘어가볼까요? 리오타르 편 "대
안이 과연 답이 될 수 있는가?"라는 주제로 이 시간을 풀
어가 보겠습니다. 우선 리오타르의 생애에서 다뤘던 내용
을 간략히 정리하면서 오늘 주제로 접근해 볼게요. 리오타
르를 가장 이해하기 쉽게 개념화한 것이 있다면, 이것(재
현-이미지적 현상), 저것(해방-형태적 현상), 그것(애도-모
태적 현상)으로 포스트모더니즘의 과정을 설명한 것이 아
닐까 생각해요. 포스트모더니즘은 '이것'도 '저것'도 아닌
'그것'이라고 메뚝씨가 해석해 주셨죠. 다시 말하면 애도
의 형식으로써 제3의 길이 리오타르의 대안 아닌 대안이
라고 생각됩니다.

메뚝씨   '이것'과 '저것'은 삶과 관계된 유용하고 실용적인 이야기
들이에요. '이것'과 '저것'의 특징은 아무리 형식을 혁신한
다 하더라도 거대 서사화돼 버리는 시대에 우리는 살고 있
습니다. 때문에 이 시대의 거대 서사는 테러를 유통시킨다
고 리오타르는 주장하죠. 배제의 논리가 자동으로 작동되

는 겁니다. '이것'도 '저것'도 아닌 '그것'을 찾아야만 하는 시대죠. 그러나 '그것'은 사회적으로 무용한 것일 수밖에 없기에 까다로운 대상이에요. '저것'까지는 포부와 비전을 동력삼아 역동적으로 살아갈 수 있죠. 사회가 더 이상 좋아질 수 없다는 진단이 내려지면, 그 사회는 더 이상 '해방'이 불가능하게 됩니다. 냉소와 허무가 당연히 시대 담론이 될 수밖에 없죠. 그런 허무의 사회에서도 돌진할 수 있느냐는 질문을 던져 보는 철학이 리오타르의 포스트모더니즘이라고 저는 해석해요. 리오타르는 돌진의 방법으로 '놀이'라는 비트겐슈타인의 후기 철학을 가져와요. 놀이라는 세계는 무목적성을 갖고 있지만 굉장히 화려하죠. 물론 신나게 놀자고 해서 상대주의라고 포스트모더니즘을 오해하는 경향이 있긴 합니다만, 신나게 노는 게 아니라 진지하게 노는 행위라고 판단해야 하죠. 노는 걸 좋아하는 젊은이들의 충동은 시대적 산물인 셈입니다.

똥팔씨 거대 서사가 불가능한 사회에서 가장 유용하게 작동되는 원리가 자본주의라고 보는 시각이 많잖아요? 포스트모더니즘 역시 자본의 논리에 쉽게 이용되기도 하고요. 저 역시 포스트모더니즘하면 상대주의가 떠오르거든요.

메뚝씨 모든 것이 자본주의의 잘못은 아니에요. 어떤 체제라도 우리를 다 지배할 수는 없어요. 자본주의에도 빈틈은 있습니다. 이걸 이용해 푸념만 늘어놓아서는 안 되죠. 새로운 사회를 구성하려면 자본주의는 반드시 넘어서야 할 문제

장 프랑수아 리오타르

이지, 핑계의 대상이 아닙니다. 현실적인 조건에서 자본주의는 거대한 괴물이긴 합니다만, 필패할 적 또한 아니죠. 골리앗과 다윗의 싸움이고, 그 싸움에 최선을 다할 수 있는가 질문해 보는 노력이 우선이라고 생각해요.

똥팔씨 '그래도 다시 한 번'을 외치는 니체의 무한 긍정성이 리오타르 안에서도 요동치는 것 같습니다.

메뚝씨 니체가 '그래도 다시 한 번'을 외쳤다면, 리오타르는 '새로운 문장화'라는 개념으로 포스트모더니즘 시대의 구원 투수로 마운드에 올라왔어요. 이 시대의 철학은 세상을 이겨 물꼬를 트는 전초병의 역할이 아닙니다. 철학은 우리가 지는 싸움인 것을 알면서도 그 욕망을 포기할 수 없게 만드는 동력인 것이죠. 이 시대가 불가능하다는 것을 아는 거예요. 《리오타르와 비인간》이라는 책에는 "45억년 후에 태양이 소멸될 것인데, 그때 인류는 어떻게 할 것인가?"라는 질문이 쓰여 있어요. 다소 황당하죠? 하지만 그런 불가능한 시점을 상정하고 거기에 문장을 배치해야 인류라고 하는 그 문장의 형용사가 세밀해질 수 있습니다.

철학은 우리에게 해방을 주지 않아요. 철학을 한다고 해서 좋은 직장을 얻는 것도 아니죠. 앞에서도 말씀드렸지만 철학은 국가정책의 기반이 될 수 없습니다. 정치인들에게 철학이 부재하다고 말하는데, 그들은 철학을 할 수 없는 존재들이에요. 왜냐하면 철학은 의심의 꼬리를 끝없이 물고 나가야 하는 열린 체계로써 철학하는 과정만 있을 뿐이기 때문이죠. 현실 앞의 급한 문제에 집중해야 하는 정치인은 철학을 욕망할 수 없어요. 철학을 욕망하려면 무생의 문자와 씨름해야 되는데 그들은 문자와 씨름하는 게 아니라 글을 대신 써달라고 하잖아요. 철학이 아닌 그들의 관점만 있을 뿐이죠. 약자의 편을 들고 싶은 진보 정치인들의 관점, 앞의 수사를 빼고 민생만 말하는 보수 정치인들의 관점 말입니다. 정치인의 욕망은 세계를 닫아 안정된 기반 위에 놓으려는 겁니다.

똥팔씨   그런데 오랜 시간을 견디려면 익숙하고 안정적인 것이 좋잖아요. 군대 보직을 받을 때 기왕이면 행정병 받고 싶어 하지, 수색대에 지원하진 않죠. 한 방에 갈 수 있는 위험이 있잖아요.

메뚝씨   물론 목숨을 담보로 하는 일엔 보수적인 선택이 옳겠죠. 그러나 자기 자신을 극복한 경험, 이겨본 경험은 안정을 바라는 마음보다 우선돼야 해요. 이겨 보면 아직 정복되지 않은 곳에 또 가고 싶은 맛을 알게 됩니다. 니체의 말을 빌리자면 이런 거죠.

"비도덕적인 것은 약한 것이다."

머릿속은 굉장히 도덕적인데 육체성이 약하다면 비윤리적인 인간이에요. 리오타르나 니체 같은 사람을 봤을 때 공경의 박수를 칠 수 있는 사람만이 세상을 긍정의 시선으

    장 프랑수아 리오타르

로 극복할 수 있죠. 예를 들어 볼게요. 세계에서 가장 빨리 달리는 사람인 우사인 볼트와 평생 답도 없는 철학에 질문을 던진 리오타르. 둘 중 누구의 고통이 더 컸을까요? 저는 비교도 안 될 정도로 리오타르의 고통이 더 컸다고 감히 말씀드릴 수 있습니다. 왜냐하면 우사인 볼트는 탁월하기도 했지만 그만큼 박수를 많이 받았어요. 자기 노력도 있었지만 외부 동력도 컸죠. 그런데 리오타르 같은 경우 박수는커녕 포스트모더니즘 사상 이후로, 엄청나게 욕을 먹으면서 살았어요. 지금도 리오타르를 잇는 계보는 거의 없어요. 그래도 그는 최선을 다했어요. 오히려 대중적 지지를 받고 사람들이 찾아오면 경계했죠. 우리는 이런 태도를 복원해야 합니다. 누군가 나를 몰라줘도, 환대하지 않아도 용기 내어 최선을 다해 삶을 사는 거죠. 시인 김수영이 그랬어요. 어느 문단에서도 그를 환대해 주지 않았죠. 그래도 깝죽거려 보는 거예요. 용기를 내는 거죠. 이렇게 사는 삶이 시대를 못 읽는 무모한 삶이 아니라 그런 삶이야말로 포스트모더니즘 시대에 필요한 윤리라고 리오타르가 삶으로 증명한 겁니다. 이 시대의 필요한 윤리 의식은 새로운 대안을 만들고 합의점을 찾아 너와 나의 평형을 절충해주는 지점에 있지 않아요. 그것은 서늘한 용기*를 통해 자신의 문자를 과감하게 세상에 알리는 것 안에 있습니다. 지금 당신이 설득되지 않더라도 역사라는 시간에 남기려는 생산자로서 말이죠.

똥팔씨 리오타르는 정말 제대로 이해하지 않으면 상대주의자로 생각할 위험이 많은 것 같아요. 합의가 안 되면 각자 인정하는 척하거나 침묵하죠. 극단으로 가면 파국이고요.

메뚜씨 그렇죠. 리오타르를 상대주의자로 해석할 수 있는 요소는 다소 있어요. 그러나 분명컨대 그는 상대주의자가 아닙니다. 리오타르는 그리스 시대의 소피스트들을 예를 들어 자신의 철학이 상대주의가 아닌 이유를 설명해요. 흔히 소피스트들을 일컬어 지식 매판꾼이라고 하잖아요. 하지만 그들은 논쟁 자체보다 논쟁을 통해 상대방을 이기는 것이 중요했던 사람들이었어요. 너도 옳고 나도 옳다고 하는 상대주의가 아니었다는 것이죠. 리오타르는 이들의 특징을 '반전'이라 했어요. 골리앗과 다윗 이야기했었잖아요. 누가 다윗이 이길 줄 알았나요? 반전이죠. 다시 말해, 약자가 강자의 논리를 굴복시키는 거죠. 소피스트들은 그런 반전을 위해 논리를 발전시킨 사람들이었다고 리오타르는 말해요. 위대한 소피스트들은 반전의 마술사였죠. 이길 수 있는 날카로운 문장을 숨기고 있다가 결정적인 순간에 빵 터트리는 거예요. 반전을 위해 그들은 문장을 오랫동안 준비해야 했어요. 이 시대에 필요한 철학은 소피스트들과 같은 반전을 준비하는 기다림이라고 리오타르는 말하고 있어요. 언젠가 돌아올 반전을 위해 비밀스럽게 칼을 가는 인내죠. 이 시대에 필요한 윤리는 묵묵히 자신의 소소한 이야기에 집중하고 삶의 문장을 날카롭게 만드는 차가운 열정*입니다.

장 프랑수아 리오타르

똥팔씨 　《쟁론》이라는 책이 방금 이야기해주신 포스트모더니즘 사회를 잘 설명한 책이라 할 수 있죠. 그럼 오늘의 책인 《쟁론》을 통해 오늘 우리 수다의 주제를 이야기해 볼까요? 다시 한번 주제를 상기시키자면, 오늘의 주제는 "대안이 과연 답이 될 수 있는가?"였죠.

메뚝씨 　이 시대에 대안이라는 것이 얼마나 허무한 것인지 말이죠. 대안이 목표였던 시대는 근대입니다. 근대의 목적은 합의 혹은 대안을 찾아 문제를 해결하는 것이었죠. 반면 포스트모더니즘 사회는 대안이 불명료한 시대라고 리오타르는 주장하죠. 이것을 '쟁론'이라는 법률적 용어를 통해 '계쟁'과 비교하며 설명합니다. 예전에는 소송과 분쟁으로 번역해서 이해하기 쉬웠는데, 이것을 계쟁과 쟁론으로 번역하니 다소 불편한 감이 있어요. 요컨대 쟁론(분쟁)은 소송할 수 없는 것들이고, 계쟁(소송)은 말 그대로 법적 다툼이 가능한 사안입니다. 예를 들어 갈등이 발생했어요. 한 쪽에서 소송을 걸면 정출안인 대안이 만들어지죠. 어떻게든 문제는 해결되는 듯 보여요. 그러나 포스트모더니즘 사회엔 소송으로 끝날 수 없는 갈등들이 많아요. 리오타르는 《쟁론》에서 포리송 사건을 예로 듭니다. 1978년 프랑스 학자 로베르 포리송이 "아우슈비츠의 가스학살 사건은 증명될 수 없기 때문에 없는 것이다."라고 주장하여 사회에 큰 파장을 일으켰던 사건이죠. 그가 그렇게 말한 이유는 가스실에서 죽은 사람이 나와서 증언하기가 불가능하기 때문이라는 겁니다. 그런데 포스트모더니즘 사회에는 이와 유사한 문제가 많아요.

똥팔씨　보통 계쟁(소송)이라고 하는 것들은 법률의 판단 기준에 따라 시비를 가리죠. 그런데 쟁론(분쟁)은 시비를 따질 수 없는 아주 복잡한 문제라는 말이죠? 포리송의 경우 표현의 자유를 언급하면서 자기 발언을 이유로 부당한 침해를 받아서는 안 된다고 주장하기도 했죠.

메뚝씨　쟁론은 잃어버린 언어와 아직 발굴되지 않는 언어를 갖고 있는 갈등체계이기 때문에 그것의 시비를 명확하게 가릴 수 없어요. 좀 더 구체적인 예를 들어 볼게요. 가장 슬프고도 가까운 세월호 사건으로 접근해 볼게요. 이 사건의 희생자들은 이미 죽었기에 직접 말할 수가 없어요. 그럼 누가 그 고통과 비통을 증명할 수 있겠어요? 간접적으로밖에 말할 수 없죠. 간접적으로밖에 증명할 수 없으니 희생자들의 가족은 피눈물을 흘려가며 싸워도 결론이 나질 않는 겁니다. 설사 문제를 해결하여 사실이 밝혀지고 보상을 받는다 한들, 아이들을 잃은 그 슬픔은 원상태로 복귀할 수 있을까요? 이것은 해결될 수 있는 문제가 아니에요. 이것이 소송과 분쟁의 차이죠. 포스트모더니즘 시대는 이념을 기준으로 어떤 게 옳은 주장인지 판단할 수가 없어요. 비출 거울이 사라졌기 때문이죠. 보편의 언어가 없기에 갈등을 해결할 수 있는 방법은 파편처럼 흩어져 있어요. 때문에 명증한 대안은 만들어지기 어려워요. 이 시대에 대안은 상대주의나 보상의 차원으로 끝날 수밖에 없어요.

또 하나 예를 들어볼게요. 지금은 많이 식었지만 얼마전까

　　　　　　　　　　　장 프랑수아 리오타르

지만 해도 대안교육이 유행이었잖아요. 그 원인은 반드시 대안을 만들겠다는 어떤 근대적 강박증 때문이었다고 저는 판단해요. 비판 자체가 대안이라고는 생각을 못했던 거죠. 그런데 비판이란 분쟁의 언어는 소송으로 환원될 수 없기 때문에 늘 불쾌를 동반해요. 구체적으로 말해볼게요. 1세대 대안학교라고 볼 수 있는 간디학교 이야기입니다. 개교 후 간디학교는 비인가 교육기관이라 학력을 인정받을 수가 없었어요. 이에 불안이 커진 학부모들이 학교 측과 합의를 했죠. 아이들에게 검정고시는 보게 하자고 말이죠. 얼마 지나지 않아 중차대한 문제를 또 합의해요. 고3이 되면 학원을 인정해 주자고요. 이런 식으로 세속의 규칙에 희석되면서 상상력이 죽어갔어요. 그렇게 만난 애들이 대학을 갔고 다른 삶의 형식을 구축하는 데 어려움을 보이기 시작했죠. 대안교육의 이러한 어려움이 꼭 나쁜 것이라 보지는 않지만 대안교육이 처음 들어올 때, 뜨거운 열정으로 시작한 탓에 한계에 직면할 수밖에 없다고 봐요. 그들의 용기는 뜨거운 연대의 용기예요. 그런데 그 뜨거운 연대의 용기는 포스트모더니즘 시대엔 성공할 수 없는 것이죠. 뜨거움이 식어버리면 용기도 금방 식어 버리니까요. 이 시대에 필요한 용기는 냉철한 용기고 서늘한 용기라고 말씀드렸죠. 뜨거움이 식어도 지속 가능한 용기, 화려함도 앞날의 가능성을 펼친 현장도 없지만, 끈질기게 버티며 다른 세상을 바라야 하는 용기예요. 열정이 있어야 살아있음이 느껴지니까요. 그러나 우리는 준비하는 것을 싫어해요. 언젠가 도래할 그날을 기다리는 것을 부담스러워 하죠. 이 시대에 해야 할 일은 우리가 못하는 그것, 서늘한 용기를 장착하는 것입니다.

똥팔씨   철학자 김영민은 말했죠. "당기되 쏘지 않는다." 비슷한 맥락 같습니다.

메뚝씨   네, 비슷해요. 언젠가 쏠 걸 기다리는 것이고, 명중할 수 없다는 것 또한 알고 있지만, 팽팽히 시위를 당기는 그 긴장의 열정이죠. 안타깝게도 이 시대는 기다리는 삶은 지워진 삶으로 규정되어 버렸어요. 서늘한 용기를 닦는 활동이 철학함에 가장 기본적인 요소인데, 그런 삶은 없는 삶으로 되어 버린 것이죠. 이것이 철학의 부재예요. 정치인들이 말하는 철학은 사실 관점의 부재고요.(웃음)

똥팔씨   저는 《쟁론》을 읽으면서 이 시대에 쟁론적인 가치들, 즉 답 없는 가치들은 파편화된 개인의 이해관계를 해결하기 위해 소송의 문제로 실용화되고 있다고 이해했어요. 대안이라는 조급성은 어떤 문제를 매듭짓고 털어내야만 하는 현대인들의 불안에서 시작된 것 같고요.

메뚝씨   중요한 것은 쟁론은 소송으로 대치될 수 없다는 시대적 한계를 깨닫는 거예요. 소송의 체계로는 사회적 갈등을 해결할 수 없어요. 포스트모더니즘 시대일수록 소송의 문제보다 쟁론의 문제가 많아지고 있다는 시대적 경향을 인지하고, 새 시대를 준비하는 감각을 훈련해야죠.

                                                 장 프랑수아 리오타르

똥팔씨   세월호 사건도 소송의 문제로 해결하려고 하잖아요. 어떻게든 보상금 지불하고 문제를 털어내려 하니까요.

메뚜씨   세월호는 보상으로 절대 해결 못해요. 문제는 해결이나 해소가 아니라 잊지 않는 겁니다. 우린 세월호를 잊지 말아야 해요. 기록하고 보관해야죠. 이것이야 말로 이 시대에 필요한 정치적 행동입니다. 물론 대형출판사를 비롯하여 많은 곳에서 세월호를 다룬 책들이 나오고 있어요. 하지만 이 책들을 왜 돈 주고 파는지 이해할 수 없어요. 세월호 분들에게 돈 줄려고요? 세월호 부모가 바라는 게 돈일까요? 무료로 배포해야죠. 그런 상상까지 우리의 용기가 미치질 못하는 게 안타까워요. 잊지 않으려면 출판사 쪽에서도 탁월한 활동을 해야 해요. 역사라는 기억 속에 남긴다는 것이 무엇일까요? 많이 알리고 빨리 알리는 것일까요? 아니죠. 오래 알리는 겁니다. 저는 출판사들이 지금까지 해왔던 홍보 전략 말고 다른 방법을 상상해서 오래 알렸으면 좋겠어요. 오래 알리는 것이 서늘한 열정이고, 용기고, 지금 우리가 해야 할 시도의 거의 전부예요.

똥팔씨   아이러니 한 것은 무료로 배포하면 이 책 또한 없는 것이 된다는 거예요. 공기처럼 가치가 상실되고 가치 없는 전단지가 될 위험도 있어요. 저도 이 사건이 역사로 기억되는 기록으로 남아주었으면 합니다.

메뚝씨   맞아요. 요즘은 돈이 안 되면 없는 것이 되어 버렸죠. 그러나 가치는 돈과 무관한 곳에서 시간이란 자격을 얻어요. 이 시간에 없다고 미래에도 없는 것이 아니죠. 멀리 보는 눈을 가질 때 비로소 이 지긋지긋한 현실에서 나름의 실천 전략을 구성할 수 있어요.

똥팔씨   요약하자면, 결국 서늘한 용기와 차가운 열정이네요.

메뚝씨   계쟁(소송)과 쟁론(분쟁)의 차이를 《쟁론》에서 이렇게 이야기해요.

> 법원에서 원고와 피고의 위치에서 어떤 문제에 관해 다투는 경우를 계쟁(소송)으로 할 수 있다면, 쟁론(분쟁)은 두 당사자 사이에 다툼을 공정하게 해결해 줄 수 있는 객관적이거나 중립적인 규칙이 존재하지 않기 때문에 해결이 불가능한, 또는 억압당하거나 배제될 수밖에 없는 갈등을 가리킨다.
>
> 장 프랑수아 리오타르 《쟁론》

이제 정리됐죠? 포스트모더니즘 사회는 해결될 수 없는 갈등이 무수히 많아지는 사회예요. 근대의 가치 체계인 소송으로는 해결될 수 없는 문제들이 늘어나는 것이죠. 왜냐하면 법은 돈의 편이기 때문입니다. 따라서 싸우려면 돈의 편이 아니어야 해요. 반전을 준비하기 위해 말이죠.

똥팔씨   뜨거운 사회적 동력이나 어떤 강력한 목적을 성취하기 위한 열정이 사라져도 능동적으로 할 수 있느냐는 물음이 오늘의 키워드인 것 같아요.

메뚝씨   그 물음에 답하기 위해 《쟁론》에서 제시된 개념인 토르*와 도마주*를 설명해 볼게요. 먼저 토르는 손해의 증거를 제시할 수 있는 수단을 상실한 손해예요. 세월호처럼 밝힐 수 없는 상처죠. '잘못'으로 번역되어 있는데 오해의 소지가 있는 것 같아 그냥 토르라 합시다. 이런 상처가 포스트모더니즘 사회일수록 증가해요. 도마주는 그와 대비되는 개념으로 재산, 소유권, 인격 등에서 발생하며 법적 계쟁의 대상이 될 수 있는 침해나 손해를 뜻해요. 위에서 말씀드린 것처럼 소송 가능한 법적 다툼이죠. 청년 실업 문제를 예로 들어 이야기해볼게요. 청년들의 진짜 문제가 직업을 갖는 걸까요? 취업을 알선하고 청년수당을 제공한다고 해서 그들의 문제가 해결될까요? 저는 아니라고 봐요. 진짜 문제는 취업을 못해서가 아니라 미래가 막막한 어둠의 세상이기 때문이에요. 앞선 세대들에게는 경제성장과 민주주의 개선이라는 거대 희망이 있었고 실질적으로 할 수 있는 일도 많았지만, 지금의 청년들은 문제를 해결하려 해도 증거를 찾을 수도 없어요. 증거가 없으니 그저 당사자들 간의 이해관계로 문제를 희석시킬 수밖에 없죠.

똥팔씨   사실 그 문제는 기성세대가 가속시킨 면이 없잖아 있죠.

메뚝씨 　맞아요. 기성세대들은 자신이 겪어 온 방식대로 소송으로 써 많은 문제를 해결하려고 했어요. "돈 줄 테니까 한번 해 봐."라는 식이었죠. 물론 이런 현실적 방법이 오늘 하루를 버티기 위한 수단일 수 있겠지만 그들이 진정으로 원하는 걸 충족시킬 수는 없어요. 기성세대들은 역동적으로 살 수 있는 시대였기에 용기 있게 살았던 것이죠. 청춘들은 기본적으로 모두 뜨거워야 하지만 포스트모던 시대의 청 춘은 그 뜨거움을 경험할 기회가 없는 세대예요. 이런 그 들의 문제를 '돈'으로 해결할 수 있을까요? 요컨대 도마주 의 문제로는 청춘의 문제를 결산할 수 없죠. 밝힐 수 없는 손해에 대해 밝힐 수 있는 길을 철학으로 재구조화해야 해요. 리오타르가 지금 이 시대에게 전하려는 메시지죠.

똥팔씨 　어쩐지 좀 막막한 게 다소 추상적이면서도 관념적인 느 낌이에요. 혹시 구체적으로 말할 수 있는 리오타르의 실 천 철학이 있을까요? 물론 이렇게 말하면 "그래서 대안이 무엇입니까?"라고 묻는 반 리오타르적일 수 있겠지만 말 이죠.

메뚝씨 　대안을 안 만드는 겁니다. 삶엔 어떤 목적도 없다는 사실 을 인정하는 것이죠. 리오타르는 비트겐슈타인의 후기 철 학인 놀이 이론을 들여와 목적 없는 수단으로서의 충만에 대해 설명해요. 물론 그것까지도 하나의 완성된 체계라고 주장하며, 나중엔 비판하지만 말이죠. 파편화된 포스트 모더니즘 시대는 한 권의 완성된 책을 만들 수도 읽을 수

　　　　　　　　　　　　　　　　　　　　장 프랑수아 리오타르

도 없어요. 단 한 문장을 만드는 것이 중요하죠. '인간이 자신의 목적을 위해 언어를 이용한다고 보는 인간주의와 인문과학의 세계를 거치며 독자에게 각인된 편견을 논박'하는 단 하나의 문장이 필요해요. 각인된 편견을 깨부수는 한 문장의 미세 망치가 유일한 출구일 수 있겠죠.

똥팔씨   그 한 문장은 마치 소피스트들이 숨겨두었던 반전을 위한 마지막 화살 같은 것이겠네요.

메뚝씨   맞아요. 《장 프랑수아 리오타르 포스트모더니즘을 구하라》라는 책에는 이렇게 표현돼 있죠.

> 각 체계는 문장들을 상이하게 형성시키기 때문에 이쪽 체제에서 나타났던 문장이 다른 쪽 체제에서 나타났다고 하더라도 이 둘은 같은 문장일 수 없다.
>
> 사이먼 말파스
> 《장 프랑수아 리오타르 포스트모더니즘을 구하라》

문장에 미묘해지는 노력, 아울러 그 문장대로 내 삶을 구성하려는 소담한 의지가 필요하죠. 그러니까 집에다 "무능을 급진화하라"라는 철학자 김영민의 문장을 크게 써서 액자로 거는 겁니다. 저는 하고 있죠.(웃음) 그리고 그 문장대로 사는 거예요. 고작 한 문장이지만 구체적으로 적용될 수 있는 삶의 형태는 다양하죠. 이것이 새로운 체제를 사는 실천 방식이에요. 집이 곧 국가가 된 시대죠. 집에도 헌법이 있어야 해요. 가족 구성원끼리 각자의 문장을 만들고, 문장과 문장을 충돌시키면서 미래를 구성하는 작은 시도들이 이 시대의 혁명입니다.

똥팔씨 　요즘엔 가족이 모두 모여서 무언가를 한다는 게 소원해지는 거 같아요.

메뚝씨 　그렇죠. 오늘날 가족 구성원 간에 공명하는 일이 별로 없어요. 있어도 획일화되어 가고 있죠. 여행이나 TV 시청 정도죠. 이마저도 스마트폰으로 붕괴되고 있어요. 이건 우리가 바라던 새로운 사회가 아니에요. 먹고 살만 하다고 좋은 게 아닙니다. 서로가 서로의 역할에 충실해서 한 문장을 만들고, 우리 가정의 규칙을 바꾸는 것이 필요해요. 새로운 삶은 해방을 바라는 삶이 아니라 아주 차갑게 새로운 문장을 연속시키려는 노력이죠. 문장이 만들어 낸 표상에 우리의 몸을 비비는 거예요.

똥팔씨 　다르게 사는 방식으로 말이죠.

메뚝씨 　정확해요.(웃음)

　　　　　　　　　　　　　　　　장 프랑수아 리오타르

철학의 기원은 오늘입니다

삶의 언어를 찾는 게릴라전에 대하여

똥팔씨   어느덧 리오타르를 마무리할 시간이네요. 독법을 시작하기 앞서 오늘의 철수, 리오타르를 정의해야겠죠?

메뚝씨   "사랑의 게릴라"라고 정의해보았어요. 똥팔씨는 게릴라라고 하면 뭐가 생각나요?

똥팔씨   저는 게릴라하면 베트남전이 생각나요. 지속적인 게릴라전을 통해 미국을 이겼잖아요. 이것도 예상을 뒤엎은 반전이었죠.

메뚝씨   바로 그 정신입니다. 국지전으로 싸우는 거죠. 전면전은 불가능해요. 사랑이란 궁극의 가치를 실현키 위해 사유의 궁극인 철학과 접선하는 게릴라전의 수장이 리오타르라고 생각해요.

철학과 사랑은 맞물려 있어요. 철학의 최종점은 사랑의 꼭대기와 같습니다. 그러나 그것은 밤하늘의 별을 따는 것처럼 불가능하고도 높은 경지의 실천은 아니에요. 《이질성의 철학 그리고 바타이유, 보드리야르, 리오타르》엔 이런 말이 나와요.

> 슬로건과 단순 도식은 고정된 의미 질서를 찢고 들어가는
> 사건의 독특함을 받아들일 수도 없고, 그렇게 하는 것도
> 꺼리는 굳어 버린 원리원칙과 교조주의 사고방식의 산물
> 이다.
>
> 줄리언 페파니스
> 《이질성의 철학 그리고 바타이유, 보드리야르, 리오타르》

슬로건 같은 일반적인 이념은 진부하다는 거죠. 거대한 사랑법은 끝났고, 거대한 철학도 없어요. 더 이상 이 시대에서 진부하지 않은 사랑법은 독특한 게릴라전뿐이죠. 맞짱 뜨는 것이 아니라 치고 빠지는 일종의 아웃복싱이에요.

똥팔씨 리오타르에게 있어 중요한 것이 지속이잖아요. 지속이 가능하려면 풍자와 해학이 꼭 동반되어야 할 것 같아요. 일상생활을 축제처럼 만드는 기술이요.

메뚝씨 리오타르는 《니체와 소피스트》에서 "진리는 존재하지 않는다. 이 세계는 진리가 존재할 수 있는 곳이 아니다."라고 썼어요. 진리는 더 이상 중요하지 않아요. 어떤 것도 나를 해방시킬 수 없죠. "신은 죽었다."라는 문장은 이미 다 알고 있어요. 큰 이야기가 아닌 소소한 이야기의 축제화가 더 중요하죠.

똥팔씨 진리를 상정하면 교조주의*로 빠질 위험이 크겠죠. 리오타르도 마르크시즘이 교조주의로 변해가는 시점에서 굉장히 비판적이었잖아요.

장 프랑수아 리오타르

메뚝씨   진리와 해방을 이야기하는 순간 테러리즘, 즉 배제의 논리
       가 작동돼요. 세를 불려 조직의 힘을 키우는 시대는 끝났
       어요. 내가 책임질 수 있는 소수의 전사들과 게릴라전을
       펼쳐야 하죠. 사랑의 게릴라, 게릴라들의 사랑, 재미있지
       않나요?

똥팔씨   아주 강렬합니다. 마치 전쟁하듯 사랑을 해야 할 것 같아
       요.(웃음)

메뚝씨   이어서 리오타르의 사상적 연결 고리들을 좀 더 구체적으
       로 이야기해볼게요. 그는 비트겐슈타인과 레비나스 철학
       을 화해시키고 싶어 했어요. 언어학과 윤리학의 화해죠.
       비트겐슈타인의 철학만으론 윤리학의 극단까지 구체화시
       키기 어렵고, 레비나스 철학으론 철학의 궁극지점을 언어
       화하기 어렵기 때문에, 두 양극단을 합치고 싶었던 것이
       죠. 언어를 갖고도 사랑을 할 수 있고, 사랑을 언어로도 이
       야기할 수 있는 지점을 찾으려 했던 겁니다.

       윤리는 담론이 되기 어렵고 언어는 도덕을 담고 있지 않아
       요. 그러나 리오타르는 이 둘을 연결할 수 있다고 보았죠.
       타인의 얼굴로 비롯된 극도의 윤리성과 언어놀이가 대면
       하면서 파생되는 논리적 긴장을 사유하는 것으로, 무시무
       시한 새로운 철학이 시작될 수 있다고 생각했어요. 무시무
       시한 윤리가 게릴라예요. 전면전이 아니니까 빠져나갈 수
       있는 공간을 마련해야 합니다. 빠져나갈 수 있는 구멍을

구체적으로 디자인해서 싸우는 것이죠. 지속적으로 괴롭히는 겁니다. 그래야지만 체제 극복이 가능하다고 이야기하죠. 독일의 철학자 위르겐 하버마스가 《미완의 기획》이라는 책에서 리오타르를 신보수주의자라고 명했던 이유가 여기에 있어요. 하버마스는 근대가 아직 끝나지 않았다고 보았죠. 근대가 끝나지도 않았는데 포스트모더니즘 운운하는 것은 지나친 상대주의로 빠질 수 있고, 상대주의는 보수주의를 강화하는 데 이용될 수 있으니, 리오타르는 신보수주의자라는 거죠. 이에 리오타르는 "그럼 네가 가서 국가정책 마련해봐. 신자유주의시대에 세상이 얼마나 바뀔지. 아무리 국가를 다시 설계하고 재편해봐야 변화의 가능성은 없어."라는 식으로 응대하죠. 다시 말하면 네가 말하는 '인간주의'라는 말 자체에 근대가 갖고 있는 계몽주의가 있고, 그 속에 폭력성이 있다고 인정해야지만 새로운 전략을 짤 수 있다는 주장이에요.

오늘날 법률이나 정책이 바뀐다고 해서 세상이 좋아질 수 있을까요? 리오타르가 보기엔 미완의 기획이 아니라 불가능한 기획입니다. 또 하나 재미있는 논쟁이 있습니다. "장-보드리야르의 '역사의 소멸'과 프레드릭 제임슨의 '역사의 재구축' 논쟁"인데요. 보드리야르는 미디어가 생산하는 가상현실 속에서 역사는 소멸되고 인간이 할 수 있는 것이란 눈감는 것뿐이라는 절망적 주장을 하죠. 이에 제임슨은 마르크스를 오해했기 때문에 해방이 안 된 것일 뿐

장 프랑수아 리오타르

이지 역사는 재구축될 수 있다고 주장했어요. 리오타르는 이 둘 사이에 애매모호하게 있어요. 즉, 미디어가 이 시대를 다 지배했다고 보는 보드리야르의 신회의주의*에 동의할 수는 없고, 마르크스를 다시 가져와 새로운 설계를 만들 수 있다는 제임슨의 재구축 주장 역시 근거 없는 자신감일 뿐이라 생각했죠.

똥팔씨　리오타르에겐 무의미한 말다툼처럼 보였겠네요.

메뚝씨　그렇죠. 회의주의적 냉소도 자신감의 해방 담론도 무기력한 지식인들끼리의 말다툼에 지나지 않는다고 생각했어요. 이를 극복하는 방향에서 리오타르는 개념과 이념을 구분해요. '거대 서사로 만들지 않고도 전체로서의 역사 개념을 상정할 수 있는 이유는, 구체적인 것들과 관계하는 개념과 규제적 역할을 담당하지만 직접적인 경험과는 무관한 이념'을 구별할 수 있기 때문이죠.

똥팔씨　개념과 이념이 다르다는 건가요?

메뚝씨　네, 오늘날 우리가 만들어야 할 것은 이념이 아니라 개념이에요. 구체적 문장이죠. 이념은 절대로 우리를 새로운 인간으로 만들어줄 수 없어요. 중요한 것은 총체적인 변증법 논리가 아니라 "인간은 진보하고 있는가?"라고 던지는 질문 그 자체예요. 그 질문 속에서 구체적으로 답안을 만들어 내는 개념의 행위가 실천 전략이죠.

똥팔씨 그걸 실천했던 사람이 소크라테스죠. 광장에 혼자 나가 게릴라전을 펼치며 시대에 질문을 던지고 실천 윤리를 세웠던 사람으로서 말이죠.

메뚝씨 소크라테스의 게릴라전은 실제로 세상을 바꿨죠. 물론 거대한 흐름을 바꾸진 못했지만, 지속적으로 소크라테스는 세계를 변형시키고 있죠. 만약 소크라테스가 없었다면 오늘날의 철학은 지금보다 더 무기력했을 거예요. 소크라테스는 철학과 윤리를 하나로 묶어 공부와 삶이 다르지 않다는 것을 목숨으로 증명한 사람이잖아요. 그의 희생이 없었다면 우리는 '앎과 삶'이 분리돼 있다고 믿고 있을 겁니다.

똥팔씨 이 시점부터는 조금 더 심화해서 리오타르의 저작을 통해 더 구체적인 삶의 언어를 찾아보았으면 좋겠어요.

메뚝씨 먼저 《리오타르, 왜 철학을 하는가?》로 시작해볼게요. 이 책은 이렇게 끝나요.

"사실을 말해서 어떻게 철학을 하지 않을 수 있겠습니까?"

이 문장에서 철학이라는 단어를 욕망으로 바꾸면, "인간은 욕망하는 동물이다. 아니라고 넌 할 수 있느냐?"가 되겠죠. 헌데 욕망이 실체가 있나요? 없죠. 욕망은 욕망 주변을 선회하는 구조일 뿐이죠. 욕망은 닿을 수 없는 공터예요. 다다를 수 없는 구멍이기 때문에 욕망이 우리를

장 프랑수아 리오타르

지배하는 거죠. 철학도 같습니다. 철학은 실체가 아니에요. 철학에 다다르려는 과정 자체가 철학이고, 종결지점이 없는 것을 알면서도 안 할 수 없는 행위죠. 우린 왜 살지? 죽으면 어떻게 되지? 같은 질문을 하지 않고 살 수는 없어요. 하지만 그 질문들에는 답이 없죠. 언제나 질문 주위를 뺑뺑 돌 뿐이죠.

똥팔씨 "내가 하는 모든 활동 속에 철학이 있다."라는 글을 읽은 것이 기억이 나요. 철학은 어떤 구체적인 대상이나 분과 학문이 아닌 '철학함'이라는 활동만 있을 뿐이라는 거죠.

메뚝씨 네, 맞습니다. 모든 활동 속에 철학이 있어요. 너무 빠르게 생활하다 보니 단지 지나쳐버릴 뿐이죠. 철학은 욕망이에요. 다른 어떤 욕망 못지않게 억제하기 어렵죠. 이 욕망은 자신의 움직임을 통해 부풀어 오른 질문을 스스로 제기해요. 욕망하지 않는 인간이 없듯, 철학하지 않을 수 없는 인간도 없다고 리오타르는 아주 단정적으로 말해요.

똥팔씨 너무 빠르게 생활하다 보니 단지 지나쳐버린다는 말이 확박혀옵니다. 세상을 향해 끊임없이 질문하던 어린아이의 궁금증은 다 어디로 가버린 것일까요? 저 같은 경우도 제 실존적 가치를 성실한 노예와 같은 삶으로 애써 증명하려 하죠. 미친 듯이 뭔가를 해야 살아 있는 것처럼 느끼고, 그 속에서 존재의 쾌감을 얻으니 말입니다. 궁금증이 생겨도 금방 수면 아래로 잠겨버리죠.

메뚝씨 언어가 낱말로 있을 때가 아닌 관계 속에서 구체적인 문장으로 사용되었을 때 그 의미가 드러나요. 철학을 혼자 하긴 어렵죠. 관계의 충돌 속에서 삶의 질문을 던질 때 철학은 구체적 활동으로 표현돼요. 나와 가장 가까이 있는 사람에게 질문을 거는 행위가 중요한 것이죠. 그게 사랑의 게릴라이고 이 시대에 필요한 철학함이죠.

부부 관계를 예로 들어 볼게요. 사람은 누구나 꿈틀거리는 질문들을 갖고 있어요. "왜 살지?", "세계가 왜 이런가?", "죽으면 어떻게 되지?" 하지만 이런 질문하면 서로 불편하다는 걸 전제하고 있어서 질문을 하지 않죠. 공명할 기회를 서로 박탈시키면서 마치 없는 것처럼 치부해버리고 버티는 겁니다. 이런 질문을 솔직하게 해야 해요. 감추지 맙시다. 솔직하게 내가 갖고 있는 한계의 최대치를 쓰려는 노력이 진정한 용기예요. 우리에겐 철학이 고리타분하거나 고차원적 행위로 인식하려는 편견이 있어요. 이를 파괴하기 위해 리오타르는 아주 결정적인 한마디를 건네죠.

"철학의 기원은 오늘이다."

철학은 고상한 취미가 아니에요. 당신과 오늘을 이야기하고 싶기 때문에 철학을 공부하는 것이죠. 이 말이 정말 중요해요. 철학을 논문 쓰는 걸로 생각하는데 진짜 철학자는 논문을 중요하게 생각하지 않아요. 철학을 돈 버는 수단으로 활용하지 않았다는 것이죠. 철학한다고 대학원

장 프랑수아 리오타르

가지 마시고 차라리 기술을 배우는 걸 추천하고 싶어요. 기술이 철학보다 더 철학적이에요. 철학의 기원은 오늘이니까요. 몇몇 지식인들이 갖고 있는 엘리트 의식은 잘못된 철학입니다. 무슨 엄청난 걸 한다고 껍데기만 입혀서 철학, 철학하지 않았으면 좋겠습니다.

똥팔씨 일상에서 치열하게 실천하는 거죠. 그게 일지매예요. (웃음)

메뚝씨 그렇죠. 철학은 고상한 것이 절대 아닙니다. 자, 철학의 기원은 오늘이라고 했습니다. 오늘을 평가함에 있어 포스트모더니즘 시대는 굉장히 부정적이고 나쁘죠. 비전이 사라진 시대이니까요. 하지만 철학의 관점에서는 참 좋은 시대예요. 나쁜 시대인 만큼 우리 안에서 꿈틀대는 질문들은 많아지니까요. 그래서 리오타르는 이렇게 말해요.

> 욕망은 밤하늘의 성좌가 기호가 되지 못하고, 신들은 천체를 통해 아무것도 지시하지 않는다는 것을 확인하고 아쉬워한다는 의미를 담고 있었죠. 욕망은 점이나 징조에 대한 실망입니다. 철학도 욕망에 속하는 한 그리고 앞에서 보았듯이 철학이 아마도 욕망 안의 빈곤인 한, 신들이 침묵할 때에 철학이 시작됩니다.
>
> 장 프랑수아 리오타르 《리오타르, 왜 철학을 하는가?》

똥팔씨 진리가 없어진 혼란한 시대야말로 철학이라는 꽃이 필 수 있는 적기라는 이야기네요.

메뚝씨   실제로 펠로폰네소스 전쟁이 끝나는 시점에서 소크라테
         스가 맹활약하죠. 지금처럼 혼란한 때야말로 철학의 시발
         점이 될 수 있어요. 리오타르는 "말은 자발적인 움직임 속
         에 잠복하는 의미작용을 잡아내어 새로운 전개를 향하여
         열어놓는다."라고 말해요. 어떻게든 말하라는 거죠. 제일
         나쁜 건 침묵입니다. 해보세요. 우리 직장생활도 10, 20년
         버티며 살고 있잖아요. 내가 사랑하는 사람에게 말을 거
         는 행위가 직장생활보다 쉬워요. 이런 행위가 불가능하다
         는 푸념은 거짓일 수 있어요.

똥팔씨   《리오타르, 왜 철학을 하는가?》는 철학을 해야 하는 이유
         를 아주 명확하게 밝혀주는 책이라 생각돼요. 아주 아프
         게 심장을 뚫고 들어오는 말들이 많아요. 화려한 수사에
         매혹돼 철학을 유용하게 써 먹으려 했던 모습들이 부끄럽
         게 떠올랐어요. 철학의 기원은 오늘이고, 당신과 오늘을
         이야기하기 위해 철학을 공부한다는 말에 힘을 얻어요. 아
         내와 공명할 수 있는 언어를 찾다 끝내지 말고 일단 던지
         고 봐야겠습니다.

메뚝씨   그런 생각이 든 오늘, 지금이 철학할 적기가 될 수 있죠. 마
         지막으로 《니체와 소피스트》라는 책을 소개하고 싶어요.
         이 책에서 말하고 싶은 핵심은 '진리는 개연성'이라는 거예
         요. 플라톤은 진리를 초월성, 즉 이데아에 두었어요. 현실
         을 초월해 버린 곳에 진리를 두니까 우리가 가진 물질성을
         부정하게 되는 것이죠. 저 먼 날을 위해 오늘을 희생하는

장 프랑수아 리오타르

철학이 플라톤의 철학이라고 리오타르는 말해요. 그 철학은 성자나 엘리트들만을 위한 도구가 되어 버리죠. 이런 식의 사고방식은 철학이 아니라고 리오타르가 꼬집어요. 왜냐하면 초월성을 따르는 지식은 그 기원을 찾기 위해 닫힌 체계를 옹호하기 때문입니다. 반면 절대성을 부정했던 소피스트들은 억견*을 진리의 차원으로 승화시키기 위해 최선을 다해 말했다는 것이죠.

똥팔씨   칼을 갈았죠. 반전을 위해.

메뚝씨   그들은 진리는 인간의 언어에 의해 인식되는 것이 아니라 구성하는 것에 있다고 여긴 거예요. 진리는 구성하는 것이기 때문에 맹목적으로 믿는 행위는 합당한 삶이 될 수 없어요. 그래서 소피스트들은 반전을 위해 칼을 간 것이고요. 이 반전은 예견된 미래를 상정하고 기획한 것이 아니에요. 즉발적이고 현재적인 것이죠. 우리의 삶과 세계는 참과 거짓이라는 배타적 논리로 더 이상 파악될 순 없고 개연성의 논리로만 파악될 수 있어요. 아주 먼 곳에 있는 사유를 천착함으로써 어떤 대상을 구성해 낼 수 있는 시대는 지났어요. 포스트모더니즘 시대는 주변의 개연성들로 구성할 수밖에 없는 진리가 도래한 사회예요.

똥팔씨   그럼 리오타르는 플라톤과 헤겔과는 맞지 않았겠네요. 그들은 필연성을 옹호했잖아요.

메뚝씨 　그래서 리오타르는 니체를 좋아했어요. 예컨대 니체의 《우상의 황혼》에서 "그리스 철학은 그리스적 본능의 데카 당스"라는 격언을 사랑했죠. 니체는 그리스 철학이 퇴폐라 말하며 로마가 더 그리스적이었다고 표현했어요. 로마인 들은 그리스의 본능을 회복하는 데 있어 강렬했지만 그리 스는 그리스 철학으로 그리스의 본능을 죽여버렸다는 주 장이죠. 그리스는 경쟁이라는 대척점에서 민주주의가 실 현되는 정치학을 갖고 있었잖아요. 그게 인간 본능이라는 겁니다. 그런데 플라톤이 나타나서 그 본능을 초월론으로 만들어버렸죠. "플라톤은 실재 앞에서 겁쟁이"라고 같은 책에서 니체는 말했어요.

철학은 학문에 깃들어 있는 신적 요소를 파괴할 때 비로 소 시작될 수 있음을 이야기하는 겁니다. 리오타르가 소피 스트를 데려 온 이유죠. 리오타르는 끊임없이 시대에 회의 주의자가 되기 위해 비주류로 남아 있었고 비판적으로 주 류를 공격했어요. 주류의 공통적 특징은 철학을 비롯한 학문을 신격화시키는 것이잖아요. 주류 속에서 게릴라전 이 불가능한 이유죠. 차가운 용기 또한 비주류 정신이라 볼 수 있어요.

똥팔씨 　차가운 용기가 이 시대에 꼭 필요한 무기 같아요. 저는 아 내에게 철학을 같이 하자고 얘기할 수가 없더라고요. 나 자신부터 열정적으로 사는 것이 우선이라고 생각했거든 요. 저 역시 철학의 기원을 저 먼 곳에 두다 보니 오늘을 잃어버리는 우를 범한 것 같아요. 철학을 공부하는 이유가 나와 가장 가까운 사람과 함께 오늘을 이야기하기 위함임을 잊지 말아야겠습니다.

메뚝씨 "두드려라, 끊임없이!" 철학은 연애와 유사해요.(웃음) 한두 번의 단발적 공격이 아닌 지속적인 공명을 위해 말을 걸고 질문을 해야 겨우 넘어오죠. 욕망의 질량이 다르고 철학의 질량이 다르다고 해서 포기하지 않았으면 좋겠어요. 내가 할 수 있는 그 범위 안에서 지속하는 근성만 있으면 충분하다고 생각해요. 최선을 다하지 않아도 돼요. 최선보다 지속이 더 중요하죠. 지속적으로 최선을 다하면 더 좋겠지만 금방 지칠 수 있어요. 언제나 말씀드리지만 질긴 놈이 이깁니다.

리오타르로 가는 길

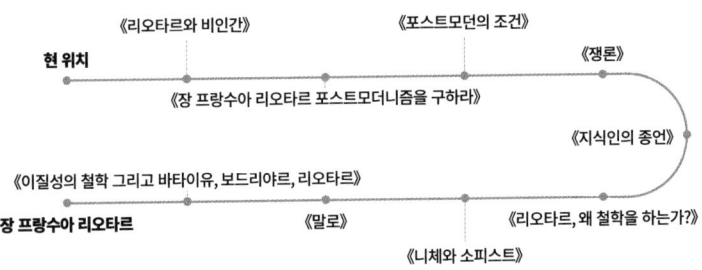

리오타르는 합당한 대우를 받지 못한 아쉬운 철학자예요. 푸코나 들뢰즈 같은 명성을 얻지 못해 그의 책은 번역된 양이 많지 않죠. 그의 생을 일목요연하게 바라볼 수 있는 자료 또한 많지 않아요. 번역의 질은 보증할 수 없지만, 다행스럽게도 얇은 리오타르 개론서가 하나 있어요. EJB(이제이북스)에서 나온 《리오타르와 비인간》이란 책인데, 판본도 작고 80쪽 분량밖에 되지 않기 때문에 리오타르로 가는 첫 디딤돌로 삼기엔 유용해요. 유감스럽게도 절판된 책이지만 중고도 있으니 걱정하지 않으셔도 됩니다. 이 책으로 리오타르 철학의 기본기를 익히셨다면 앨피 출판사에서 나온 《장 프랑수아 리오타르 포스트모더니즘을 구하라》라는 입문서를 접하시면 좋아요. 그 전에도 앨피 출판사의 개론서를 소개드린 듯싶은데, 상당히 공증된 자료들로 풀어낸 입문서라 믿고 보셔도 좋습니다. 이 책까지 접하시면 리오타르에 대한 안목은 거의 완성될 듯싶어요. 바로 리오타르의 주저인 《포스트모던의 조건》(이 책은 민음사와 서광사 판본이 있어요), 《쟁론》, 《지식인의 종언》을 접하시는 것도 좋겠지만, 철학

장 프랑수아 리오타르

의 깊이보다 일상의 철학화를 꿈꾸신다면 《리오타르, 왜 철학을 하는가?》를 추천해요. 대학 초년생을 위한 강의록이라 쉽게 접근할 수 있고 무엇보다 철학을 접선해야 하는 이유에 대한 정당한 근거를 마련할 수 있어요. 이 책까지 탐독하셨다면 리오타르로 가는 나머지 길은 안내해드리지 않아도 투명해지실 텐데, 그래도 한 권 더 추천하자면 《니체와 소피스트》를 꼭 읽어보셨으면 좋겠어요. 《말로》라는 책도 귀한 말들의 향연이지만, 《니체와 소피스트》를 읽어내시면 사랑의 게릴라라고 표현한 메뚝씨의 말을 피부에 붙일 수 있을 겁니다.

리오타르는 이 시대에 가장 어울리는 '이질성의 철학자'라고 볼 수 있어요. 줄리언 페파니스가 쓴 《이질성의 철학 그리고 바타이유, 보드리야르, 리오타르》란 책에도 왜 그를 상대주의자로 부를 수 없는지 상세히 쓰여 있죠. 절망의 시대는 무결한 이상을 완성하기보다 당면한 문제를 꼼꼼하게 살필 줄 아는 논리가 필요해요. 그 논리를 가장 적절히 표현해 주는 철학자가 리오타르라고 저는 믿어요. 천천히 끈질기게 리오타르의 깊은 세계로 탐험해 주세요. 절망을 돌파하는 근성이 장착되는 순간이 오실 겁니다.

자크 라캉

1901 ~ 1981

도대체 당신에게 윤리라는 게 있는 거요?

윤리의 최전선에 대하여

똥팔씨   오늘 만날 철수는 '욕망이론'으로 유명한 프랑스 사상
                 가죠.

메뚝씨   라캉!

똥팔씨   라캉의 일대기는 독특한 순서로 정해보았어요. 상상계, 상
                 징계, 실재계라는 그의 개념을 빌려와 재구성한 것이죠.
                 우선 상상계부터 풀어가면서 인생 전반을 이야기해보도
                 록 할게요. 상상계라는 게 어떤 건가요?

메뚝씨   상상계는 라캉의 발달 이론 중 거울 단계를 대표하는 개념
                 이에요. 아직 거울 속 자신과 제 자신을 구분하지 못하는
                 동일시 단계죠. 자신의 몸과 자신의 표상을 분리하지 못
                 하고 거울에 비친 이미지와 동일시하기 때문에 상상계 속
                 에선 나르시스적(자폐적)일 수밖에 없어요. 제 자신 속에
                 갇혀 있는 것이죠. 상상계에서 상징계로 넘어가면서 나르
                 시스는 극복되지만 아버지라는 강력한 타자를 만나게 됩
                 니다. 상상계에서 상징계로 넘어가는 단계에서 '아버지의

이름'이란 개념이 적용돼요. 아버지의 이름은 체제의 권위와 세계의 질서를 뜻하죠. 자신이 상상하는 이미지와 자기 자신이 분리되었다는 인지를 가능하게 하는 타자가 아버지예요. 라캉에게 있어서 그 역할은 할아버지였어요.

똥팔씨   일반적으로는 자신이 상상하는 이미지와 자신이 분리되었다는 인식을 아버지를 통해 하는데 라캉은 할아버지를 통해 했다는 거네요. 그럼 왜 라캉은 할아버지가 그 역할을 했는지 가계도를 잠깐 설명할 필요가 있겠네요. 할아버지와 아버지는 식초 사업으로 성공한 상인이었어요. 성공을 위해 달렸던 할아버지는 매우 권위적이었기에 라캉은 할아버지를 굉장히 싫어했고, 라캉의 아버지도 할아버지의 눈치를 많이 보며 컸다고 해요.

메뚝씨   아버지는 친구 같은 존재였고, 할아버지가 오히려 아버지 같은 존재였죠. 그러나 그 할아버지를 나쁘다고 보는 관점은 착각이에요. 왜냐하면 라캉 철학의 핵심은 할아버지를 통해 생산되거든요. <아버지의 이름으로>라는 영화도 있잖아요? 프로이트가 말한 오이디푸스 콤플렉스를 외설적으로 형상화한 영화죠. 라캉은 할아버지의 이름을 죽임으로써 라캉 자신의 정체성을 만들었어요. 할아버지를 미워했지만 라캉의 인격 형성에 그는 매우 특별한 영향을 미쳤죠.

똥팔씨   라캉에게는 아버지가 아닌 할아버지의 이름을 밟고 넘어서야 했던 과정이 중요했겠네요.

                                                 자크 라캉

메뚝씨	할아버지를 넘어서야 자기만의 질서를 구축하는 상징계로 진입할 수 있으니까요. 할아버지에게 벗어나는 과정이 라캉에겐 어른이 되는 과정이죠. 권위가 나쁘다고 말할 수 없는 이유예요. 권위는 인간 발달에 필수적인 요소라고도 볼 수 있죠. 권위가 주체를 형성하는 전제 조건이기 때문입니다.
똥팔씨	권위를 무조건적으로 나쁘다고 판단할 수 없는 철학적 근거쯤 되겠네요. 저도 권위적인 아빠가 돼야겠어요.(웃음) 다시 생애로 돌아와서 라캉은 파리에 있는 스타니슬라스라는 가톨릭 사립학교에 다녔어요. 경건한 교풍으로 유명했던 보수적인 학교였죠. 라캉은 학교생활이 좋지 못했다고 회상해요.
메뚝씨	당연하죠. 라캉이 가고 싶었던 학교가 아니라 가문의 전통을 잇기 위한 훈련소였으니까요.
똥팔씨	그래서 졸업 후 할아버지의 사업을 잇지 않고 자기만의 길을 모색했던 것이군요.
메뚝씨	네. 라캉은 어린 시절부터 굉장히 반항적이었어요. 할아버지를 너무 싫어했으니까요. 할아버지를 보고 "저런 사람이 내 아버지라면 나는 죽여 버렸을 것"이라는 말을 서슴지 않고 했을 정도였으니까요. 그는 할아버지에게 반항하며 식초 사업 대신 의사의 길을 선택해요. 1900년대 초중반기까지 쁘띠부르주아, 즉 중산층 시민으로서 선택할 수 있는 진로는 변호사와 의사가 가장 무난했거든요.

똥팔씨 그런데 의사가 되기 전에 파리사범고등학교에 진학해서 철학을 먼저 공부하잖아요. 그때 가장 먼저 접한 철학자가 스피노자였고, 그의 사상이 평생 라캉에게 커다란 영향을 주었다고 해요.

메뚝씨 그것보다 먼저 겪은 중요한 경험이 있어요. 바로 그의 생애 첫 성적 경험입니다. 친구 결혼식에 들러리로 갔다가 아버지 거래처의 아줌마와 뜨거운 밤을 보내죠. 그 후에 라캉의 성적 환상이 깨지죠.(웃음)

똥팔씨 그다지 뜨겁진 못했나 봐요.(웃음) 뜨겁진 못해도 꽤나 강렬했었죠. 라캉도 이 경험을 비중 있게 얘기하더라고요.

메뚝씨 아마도 라캉에겐 그 경험이 독립의 상징적 의미로써 '할아버지의 이름'을 죽이는 계기가 아니었을까 짐작해 봅니다. 이후 라캉은 진로를 선택하는 데 망설임이 없어져요. 열정의 청춘이 된 거죠. 그 길목에서 만난 사람들이 프랑스 시인 앙드레 브르통, 《좁은 문》으로 유명한 노벨 문학상 수상자 앙드레 지드와 같은 초현실주의 사람들이에요. 당대 스피노자는 그 부류에서 아주 핫한 인물이었는데, 라캉 역시 스피노자를 독해하면서 그들과 교류했죠. 스피노자와 초현실주의자가 라킹에게 준 영향은 요컨대 이런 기예요.

"신도 나쁠 수 있다."

똥팔씨   가톨릭 학교 이후 라캉을 괴롭혔던 신에 대한 개념을 정리한 셈이네요.

메뚝씨   타락한 유부녀가 신에 대한 관점을 수정해준 거죠.

똥팔씨   20대를 전후로 할아버지의 이름을 죽이고 자신의 길을 걷기 시작한 이 시기를 상상계적 시기에서 상징계적 시기로의 전환으로 보면 될 것 같아요. 상징계적 시기로 들어 온 라캉은 파리의대로 진학하여 정신의학계의 주류가 되려고 엄청 애를 씁니다.

메뚝씨   상징계는 세속의 세계예요. 이 세계 속에서 인간은 인정 욕망을 통해 존재의 이유를 찾으려고 하죠. 라캉도 마찬가지였어요. 당시 프랑스 사회는 제1차 세계대전 이후에 정신병에 걸린 사람들이 많았어요. 프로이트가 유명해진 것도 세계혼란을 통한 정신병의 창궐 때문이죠. 이때부터 정신의학에 권위가 생기기 시작해요. 라캉이 정신의학계에서 주류가 되기 위해 노력한 이유기도 하죠. 라캉은 체제 안의 편승이 아니라 체제의 우두머리가 되고 싶어 했어요. "프로이트로 돌아가자!"라는 라캉의 유명한 말은 "내가 프로이트야!"라는 말과 똑같은 의미예요. 프로이트는 하나님이고, 나는 예수님이니까 나를 우두머리로 만들어 달라는 거죠. 그런데 프로이트의 후계자겸 진짜 자식인 안나 프로이트가 있기 때문에 라캉은 프로이트의 후계자가 될 수 없었어요. 이후에 라캉은 안나 프로이트 계통의 자아분석심리학자들과 치열하게 논쟁해요.

청년기로 넘어오면서 라캉은 주류로부터 인정받기 위해 애쓰죠. 프로이트에게 제 논문에 대한 편지를 써서 보낼 정도였어요. 하지만 프로이트는 신경도 쓰지 않았고 라캉은 그들로부터 소외됐죠. 주류 세계에선 라캉을 별로 신경 쓰지 않았어요. 하지만 라캉은 정신의학계가 아닌 그 외부로부터 인정받기 시작합니다. 그 외부가 바로 어릴 적부터 알고 지내던 초현실주의자들이고 철학자들이었어요.

똥팔씨 아마 라캉이 정신의학계 주류로 편승했다면 그는 사상가로서 자기 이름을 미래의 시간에까지 새길 수 없었겠죠? 오히려 라캉에게는 외부로부터 들어온 환영의 손길이 지금의 관점에서 훨씬 고마운 일일 것 같아요.

메뚝씨 중요한 것은 그 그룹에 있던 바타유(철학 듣는 밤 1권 참조)와의 만남입니다. 그와의 만남은 아주 강렬한 것이었죠. 라캉은 바타유를 졸졸 따라다니면서 철학을 통해 정신분석학을 번역하기 시작해요. 그 과정에서 프로이트 학파가 놓치고 있는 틈이 무엇인지도 발견하게 되죠. 자신의 독자적인 진로를 서서히 갖게 되면서 자신의 욕망을 실현할 수 있는 곳이 인정투쟁이 아닌 다른 곳에도 가능하다는 깃을 알게 돼요.

똥팔씨 주류에서 성공하는 일을 포기했을 뿐 인정투쟁의 끈은 놓지 않았던 것 같아요. 국제정신분석학회에서 쫓겨난 뒤로도 자신을 대장으로 한 또 다른 단체를 만들기 위해 엄청 애쓰잖아요. 바타유와의 관계도 멀어지고요. 이때 결정적인 사건도 있었죠?

메뚝씨 네, 라캉은 아주 치명적인 상처를 바타유에게 안겨줘요. 이때가 전쟁 중이었는데, 당시 라캉은 바타유의 부인인 실비아와 밀회를 즐겼고 그 사이에서 딸이 태어나죠. 급기야 그 둘은 결혼까지 해요. 그 딸을 첫 번째 부인과의 사이에서 나온 자식보다 훨씬 예뻐했어요. 실제로 그 딸의 사위인 자크 알랭 밀레에게 모든 저작권을 양도할 정도였으니까요. 그 사위의 제자가 바로 요즘 가장 뜨거운 철학자 슬라보예 지젝이고요.

똥팔씨 저는 여기서 라캉의 이중적인 태도를 또 보게 돼요. 사실 첫 번째 부인과 결혼하게 된 것도 부인의 오빠가 정신의학계의 주류였기 때문이었죠. 출세를 위한 인정투쟁이 너무 노골적이었던 것 아닌가요?

메뚝씨 하지만 라캉은 그런 자신의 모습을 이렇게 묘사해요. "나는 이렇게 더럽게 행동했지만, 이것은 윤리고 자기애다." 우리 관점에서 보면 이기적인 놈, 나쁜 놈, 배신자라고 판단할 수 있겠지만 라캉의 이론적 맥락에서 보면 라캉의 선택은 합당한 선택이에요. 그에 의하면 이른바 학자의 순수성은 각색된 체제의 이론일 뿐이죠. 라캉은 제 욕망의 실현을 위해서 자신의 삶은 순수했다고 말해요. 스피노자가 쓴 윤리학 책 이름이 《에티카 Ethica》, 라캉이 쓴 욕망이론에 대한 책 이름이 《에크리 Écrits》인 것만 봐도 알 수 있죠. 이 두 책의 비슷한 뉘앙스가 라캉 사상을 대변한다고 생각해요. 자신의 이론은 새로운 윤리학이라는 주장이죠. 스피노자가 신의 위상을 추락시키기 위해 기하학적 윤리학을 세웠다면, 라캉은 당대에 정신의학뿐만 아니라 사상계에 있었던 휴머니즘을 몰락시키기 위한 윤리학을 정립한 거예요. 많은 철학자들이 라캉처럼 탐심이 굉장히 세고 이기적이었어요. 그들은 이기심을 부끄러워하지 않았어요. 세상의 비판을 제 연구를 진척시키는 힘으로 썼거든요. 이런 공격력은 매우 중요하죠. 저는 라캉과 푸코를 비판하긴 하지만 이들이 부러워요. 이 시대에는 이런 방법밖에 없겠다는 생각도 들고요. 인정을 받으면 지금 당장은 잘 살 수 있겠지만, 미래까지 나의 이름을 떨치려면 이런 식의 싸움밖에는 도리가 없겠다는 생각도 합니다.

똥팔씨   그 공격력이 라캉의 독특한 사상을 만들어 낸 힘이었을 수도 있겠군요. 다시 라캉의 생으로 돌아가서 중요한 사건 하나를 이야기하고 싶어요. 라캉의 박사학위 논문에 실질적으로 작용한 사건 하나가 있었죠. 당시 아주 유명했던 '파팽 자매 살인 사건'입니다.

메뚝씨   라캉은 1931년 박사학위 논문으로 마르그리트라는 여인의 삶을 대상으로 편집증에 대한 논문을 쓰죠. 그녀는 아주 유명했던 한 여배우를 아무 이유 없이 죽이려다가 미수에 그치고 경찰에 붙잡히게 돼요. 사람들은 이 여자가 왜 그랬는지를 분석해 심리치료로 치유하고 다시 사회에 적응하게 만들려고 하는데, 라캉은 이 여자를 진단하고서 "심리치료로 사회에 적응시키려고 하지 말라. 이 사람은 그 여배우를 죽임으로써 자신을 죽이려고 하는 것이다." 라고 주장하죠. 그리고는 '자폐적 편집증'이라는 새로운 정신분석학 개념을 발표해요. 이 논문은 그 후 일어나는 파팽 자매 살인 사건에도 아주 중요한 해석 도구로써 사용되죠.

똥팔씨 파팽 자매 살인 사건의 개요를 간단히 말씀드리면, 한 농장에 하녀로 일하는 파팽이라는 자매가 있었는데, 어느 날 주인인 농부를 잔인하게 살해하고 자진 신고한 뒤 경찰을 기다리죠. 아주 엽기적인 사건이었기 때문에 프랑스 전역이 발칵 뒤집혔다고 해요.

메뚝씨 당시 프랑스는 이 사건을 어떻게든 설명해야 했어요. 이때 라캉의 이론이 파팽 자매를 옹호하는 진영의 근거로 쓰이죠. 이들의 주장에 따르면 두 자매가 일으킨 살인 사건은 농장주를 죽인 것이 아니라 자기 자신을 죽인 거라는 겁니다. 이 사건은 정치적 문제로 확장되는데요. 특히 초현실주의자인 엘뤼아르, 달리, 브르통과 사르트르가 적극 가담하여 두 자매의 편을 들어요. 어린 시절의 나쁜 기억은 신분 계급이 만들어 낸 악몽이기 때문에 부르주아들의 편파적인 사회 독점이 이런 사건의 원인이라는 것이죠. 주류 심리학회에서는 물론 반대의 편을 들어 갈등이 일어나요.

만약 우리나라에서 똑같은 사건이 일어나서 서울대 모 교수가 이 살인사건은 국가가 행한 것이라고 주장한다면 어떻게 될까요? 난리나겠죠. 프랑스는 달랐어요. 그들은 과감하게 사회 구조의 폭력을 고발했죠. 구조적 폭력을 주장할 때 라캉이 썼던 '자폐적 편집증'이란 개념은 적절한 근거가 될 수 있어요.

똥팔씨 과거의 학대 경험이 사회적 폭력으로 돌아온 거네요.

메뚝씨 일종의 마조히즘적 폭력이죠. 학대받았던 사람이 다른 사람을 죽이고 싶어 하는 것은 사디즘이 아니에요. 내가 맞았기 때문에 오히려 나 자신을 분열시켜, 때린 사람에게 만족을 주기 위한 행위를 수행하는 것이죠. 이게 라캉 철학의 핵심이에요. "모든 욕망은 타자의 욕망"이라는 라캉 철학의 근본 테제* 또한 여기서 생산된 개념이죠. 그전의 철학적 경향이나 정신분석적 이론들은 사디즘이 전이돼 폭력이 생산되고, 그 폭력이 파시즘과 같은 사회적 폭력으로 이어진다고 생각했죠. 하지만 라캉은 그 주장을 뒤집었어요. 주체의 위치를 자아가 아닌 타자에게 두었죠.

이 주장은 교육에 암시하는 바가 커요. 학대 받은 아이의 근본적 치유법은 아픔을 평화적으로 이완시키는 것이 아니라 정당한 권위가 새로운 욕망을 추동시킬 수 있을 때 가능하다는 주장의 근거가 될 수 있죠. 조금 더 확대해석하자면 교실 붕괴의 위험을 돌파하기 위해선 교사의 권위

자크 라캉

가 살아있어야 한다는 겁니다. 권위가 사라지면 권위가 없는 타자의 욕망으로 자기의 욕망을 실현할 수 없기 때문에 오히려 공격성이 짙어진다는 거죠.

라캉은 오늘날까지 유행하는 심리치료 방식에 저항하고 싶었던 겁니다. 진정한 심리치료는 환자의 눈높이를 맞추는 게 아니라 매력 있는 욕망의 권위를 세우는 것이죠. 모든 욕망은 타자의 욕망이기에 권위가 살아 있어야 사회는 역동적으로 움직일 수 있어요.

똥팔씨   그래서 라캉이 자신에게 정신분석학회의 권위를 달라고 요구한 거군요.

메뚝씨   그렇죠. 정신분석학회 자체가 정치놀이고, 권력 작용은 모든 집단의 근본 문제라는 겁니다. 이 권력 작용을 사회 구조를 개혁하는 데 사용하고 싶었던 사상가들은 라캉을 환영했고, 권력 작용을 다른 사람에게 이양하고 싶지 않았던 정신분석학회는 라캉을 침묵하게 하고 싶었던 거죠. 라캉이 바랐던 것은 적절한 치료가 아니라 근원적인 치료였어요. 치료는 윤리학이죠. 라캉이 스피노자를 계속 읽었다고 했죠? 읽으면서 사회를 개선시키기 위한 정치의 맥락이 욕망의 구조와 닮았다는 개념을 발견해요. 지젝의 주장도 유사해요. 인간은 이기적인 동물이라는 것을 인정하고, 그것을 조절하기 위해서는 권좌가 필요하다는 실천적 개념으로까지 나아가는 것이죠. 이것이 라캉의 인생에서 자신을 괴롭혔던 그리고 자신이 실현하고 싶었던 명령이기 때문에, 라캉은 나쁜 사람의 오명을 뚫고 제 진로를 개척했던 겁니다. 중요한 해찰이에요. 상상계, 상징계, 실재계와 같은 개념보다, 정신분석은 정치논리와 다르지 않다는 이론을 발굴한 것이 라캉의 가장 독특한 성과라고 생각해요.

똥팔씨   라캉의 박사 논문은 정신의학계에서 그다지 주목 받지 못했었는데, 이 사건을 계기로 라캉은 새로운 활력을 찾았을 것 같아요.

메뚝씨   학회에선 그랬지만 세상은 라캉을 알아보기 시작했죠. 라캉의 편을 들어 준 사르트르와 초현실주의자 등 비주류들의 응원을 받으며, 라캉은 자신이 틀리지 않았다는 향락을 맛보면서 자기 치유를 완성해 가기 시작했어요. 아주 우연히 말이죠.

똥팔씨   이제 라캉의 생애에 대한 마지막 사건으로 제2차 세계대전 이후 영국과 일본 여행을 이야기해볼까요? 이곳을 여행하면서 실재계로의 자기 사상적 변화를 만들어 간다고 하는데, 그 과정에 어떤 일이 있었나요?

메뚝씨   전쟁이 끝나고 휴가차 영국으로 갔는데, 사람들이 자유롭고 쾌활한 분위기에서 전쟁의 상흔을 복구하는 모습을 보고 자기 말년의 계획을 수정해요. "폐허 속에서도 웃는 저 힘은 뭘까? 과거로 회귀하지 않는 저 욕망은 뭐지?"하는 물음과 함께 '실재계'라는 개념이 탄생되죠. 일본의 동양 사상과, 영국의 미래적 욕망이 라캉의 사상을 형이상학적 완성으로까지 이끌고 가요. 이 개념의 핵심은 심리학만으로는 치료가 불가능하다는 것이에요. 실재계란 언어로 환원될 수 없는 세계니까요.

똥팔씨   실재계라는 게 아직 좀 막막하게 느껴지는데 조금 더 설명해주세요.

메뚝씨   그럼 더 깊은 이야기는 좀 이따 다루기로 하고 간략하게만 접근해 볼게요. 금기를 위반하면서 인간은 실재계에 접근할 수 있어요. 합법적으로 금기를 위반할 수 있는 장치는 예술밖에 없으니 바타유는 예술을 조명했던 것이고, 예술을 넘어설 수 없는 일반인의 치료가 필요했던 라캉은 영국에서의 경험으로 인해, 상처 받은 사람의 긍정을 해석해 내고 싶었던 거죠. 라캉은 분석가가 치료 행위를 하려면 자기 분석에 통달해야 한다고 말해요. 그 말은 내가 해봐야지 더 잘한다는 뜻이에요. 자신의 경험을 통해서 실천적으로 그 사람의 내면세계를 치료하고 싶은 욕망이 있었다는 거죠. 어떻게 말하면 더러웠던 과거사로 자기의 사상을 발전시킴과 동시에 순수해지기 시작한 거예요. 그리고는 말년에 개념을 살짝 수정해요. 욕망은 타자의 욕망일 수밖에 없지만, 타자의 욕망이 자본주의에 퇴폐적으로 이용당할 수 있는 가능성을 본 뒤, 순수욕망이라는 개념을 가져오죠. 타자의 욕망이되 순수해야 한다는 역설적인 상황을 말해요. 여기서 순수는 깨끗하다는 뜻이 아니라 반체제적이라는 겁니다. 욕망을 실현하는 게 윤리이지만 반드시 반체제적이어야 한다는 것이죠. 체제적인 욕망은 외부에서 아주 쉽게 거둬들인 욕망이라 실재계로의 접근인 주이상스*, 즉 향락을 주지 않아요. 존재의 궁극 지점을 맛볼 수 있게 해주는 불편한 쾌락을 주지 않는다는 거죠. 때문에 이런 욕망으론 존재의 실현이 불가능해요. 반체제적인 욕망을 꿈꾸라는 도덕 교과서를 남긴 것이죠. 이렇게 라캉은 자기 경험을 통해서 자신을 치료하는 과정에서 생을 돌아보며 자기 이론의 개념을 발달시켰어요. 라캉의 모든 분석은 자기 분석이라고 했어요. 저는 그걸 좀 더 전이시켜서 모든 철학의 궁극은 자기 철학이라고 생각해요. 제 몸을 통과한 철학 세계와 입장에서 다른 철학을 가져와야 철학의 심도까지 접근할 수 있죠. 내 일상생활에서 사유를 뭉뚱그리거나 판단을 조급하게 하면, 아무리 철학 공부를 해 봐야 말놀이거나 체제에 이용당하는 논술밖에 되질 않아요.

똥팔씨   라캉의 생애는 철학을 대하는 윤리 문제로 끝났네요. 라캉이 철학과 접선하면서 제 사상을 발전시켰기 때문이라는 생각이 들어요.

메뚝씨   라캉의 인생은 자신이 세운 개념과 함께 이해할 필요가 있어요. 할아버지의 이름을 죽이면서 상상계적 단계를 넘어가는 시기, 상징계라는 사회 체제 안에서 인정 욕망을

         자크 라캉

충족하기 위해 타자의 욕망을 욕망하는 시기, 반체제적이지만 자기 욕망에 가까이 다가갈 수 있는 순수욕망을 통해 주이상스라는 쾌락을 맛볼 수 있는 실재계에 다가가고자 했던 시기로 나눌 수 있죠.

똥팔씨   요컨대 라캉의 인생은 라캉 사상의 발전사와 같은 거네요.

경험 vs 이론

경험과 이론의 융합이 주는 폭발력에 대하여

똥팔씨   오늘 밤 주제는 간결하네요. "경험인가, 이론인가?" 보통 이 주제는 둘 다 중요하다는 식의 절충주의적인 태도로 끝나기 쉽죠. 어중간한 합의점을 찾아 쉬운 결론으로 끝나는 경우가 많으니까요.

메뚝씨   어중간한 합의가 제일 나쁘죠. 그건 절충도 합의도 아무것도 아니에요. 두루 섞어 경험과 이론 모두를 지워버리는 나태에 불과해요. 단지 혼합이지 융합이 아닌 것이죠. 융합은 다른 물질이 되는 것인데 미지근한 절충주의는 융합까지 가지 못하고 혼합에서 제 영역을 완강히 지키는 것으로 끝나요.

똥팔씨   그럼 라캉은 어떻게 결론을 냈나요?

메뚝씨   라캉의 지점은 이론과 경험의 융합입니다. 영국에서 그것을 보았죠. 결론부터 말씀드리면 라캉이 강조한 것은 실천이에요. 실천을 경험만으로 오해하면 안 돼요. 라캉은 경험과 의식, 아울러 무의식을 융합하는 행위가 실천이라고

     자크 라캉

봤어요. 욕망이 그 결과물이죠. 사람들은 의식의 실현을 통해 자기 경험을 축적한다고 믿죠. 그러나 존재의 실현은 경험만으로는 절대 해결할 수 없어요. 경험이 해결할 수 없는 이론이 있어야 의식과 무의식을 융합해 경험의 의미를 정확히 집어낼 수 있죠. 이론가들은 이론이 경험을 지도할 수 있다고 믿는데 이것 또한 잘못된 주장이에요. 이론은 경험의 지휘자가 될 수 없어요. 경험 없는 이론은 공허한 것이죠. 예컨대 대학교수와 같은 연구자가 인문 치료 등을 하면서 실천가들을 어설프게 만나는 것보다 오히려 라캉처럼 오랫동안 실험실에 처박혀 자기 이론을 완성하는 것이 훨씬 더 큰 경험의 가치가 될 수 있어요. 반대로 2~3년 어설프게 이론을 공부한 뒤 실천에 억지로 끼워 맞추는 것 역시 실천을 가속화하지 못하죠. 경험과 이론의 두루뭉술한 혼합은 화해가 아닙니다.

똥팔씨 라캉은 경험만으로는 접근 불가능한 존재 실현의 영토가 있기 때문에 이론의 과정이 반드시 수반되어야 한다고 했죠.

메뚝씨 실재계는 경험은 할 수 있되 재구성할 수 없는 공간이에요. 경험은 의식을 거친 선택인 탓에 내 의지가 내 경험을 설계할 수 있어요. 그러나 무의식은 개인의 의지로 조정할 수 없어요. 체제에 의해서 차단돼 있거든요. 우리는 사회적 구조에 의해서 차단된 경험만을 기억해요. 알튀세르가 라캉을 보호하고 싶었던 이유기도 하죠. 무의식을 실현할 수 있도록 하려면 모든 학술은 정치적 맥락을 띨 수밖에 없다고 얘기했었죠. 무의식의 자유는 개인적 차원에서 해결될 문제가 아니기 때문에, 경험주의는 한계가 있어요. 경험주의는 개인의 문제를 해결하는 데 집중하기 때문이죠. 그렇게 되면 사회와 개인의 관계를 놓칠 수 있어요. 사회가 저당잡고 있는 무의식적 압제를 볼 수 없는 것이죠. 때문에 경험주의는 시간을 축적시키지 못해요. 반면 이론의 강점은 시간을 축적하기 때문에 작은 각도에서 빗나가도 현실 사회를 바꿀 정확한 진단이 가능하죠. 경험은 현실적 참여를 유도하긴 하겠지만, 그 참여를 새로운 융합물인 보편적 지식의 형태로 창조해내는 데까진 도달하기 어려워요. 화려하지만 일발로 끝날 가능성이 많죠. 4.19 때만 해도 중·고등학생이 거리로 나왔잖아요. 그런데 지금은 '나이가 깡패'인 시대가 되어 버렸어요. 경험이 이론과 융합되지 못한 결과죠. 반면 우리가 선진국이라 부르는 곳에서는 혁명 후 그 혁명의 의미를 이론화했기에 새로운 사회로 진입할 수 있었죠. 유럽에선 나이가 깡패가 아니니까요.

똥팔씨 철수들의 생애를 보더라도 거의 열 살에서 스무 살 사이는 친구처럼 지내더라고요.

메뚝씨 그렇죠. 덕분에 체제 밖으로 나가려는 시도들이 존재하는 게 가능했죠. 나이가 깡패인 사회에서는 이론만 홀대받는 게 아니라 우리의 무의식도 억압받는 사회일 수 있어요. 그 무의식의 통제는 누군가가 나에게 가하는 폭력이 아니

자크 라캉

라 우리 서로가 상호 사인한 일종의 증서라고 라캉은 주장
해요. 체제가 요구했고 우리는 적응했다는 의미예요. 체제
와 주체가 긴장관계에 있다는 것이죠. 이런 긴장은 새로운
상상을 차단해요. 무의식적 차단이기 때문에 겉으로 나타
나기 까다로워요. 무의식이 사회와 합의하면 닫힌 쾌락만
느끼게 돼요.

똥팔씨   우리는 매체를 통해 무의식적 합의를 강압 받고 있는 것
같아요. 뉴스, 신문, SNS 등 각종 매체에서 사고 소식을 접
하면서 자유의 끝이 불행이라는 걸 암시 받는 거죠. 더 나
아가 다른 사람에게까지 피해를 줄 수 있다고 강조해요.
예를 들면 담배가 그렇죠. 담배는 개인 선택의 문제가 아
닌 사회적 범죄 행위가 되고 있으니까요.

메뚝씨   사회구조적 악에 대한 판단을 우선 가져야 하는데 경험주
의는 감각으로 들어온 지각만으로 무의식을 강탈해서 흡
연 자체만을 문제 삼게 해요. 담배보다 악랄한 사회구조
의 악, 다시 말해 자유를 구속시키고 공기 순환을 차단하
는 도시의 구조로, 새로운 정책을 만드는 상상력을 자극시
키지 못하게 하죠. 라캉이 이렇게 말해요.

"진실은 허구의 구조를 지닌다."

진실과 허구는 같은 구조를 가지고 있고, 진실과 허구에
대한 인간의 반응이 똑같다는 거죠. 경험만으론 진실과 허
구를 구분할 수 없어요.

똥팔씨   허구가 진실로 유통되면 진실처럼 느껴지니까요.

메뚝씨   그래서 기득권 세력들은 역사 교과서를 바꾸고 싶어 하죠. 허구에다 진실 딱지를 붙이면 진실이라고 믿게 되니까요. 허구를 진실로 변환하는 힘은 경험만으론 해결하기 어려워요. 이론적 투쟁이 이런 구조를 깨트릴 수 있는 결정적 힘을 지녔죠. 이론이 잘못된 감각이 가지고 있는 경험을 견제시켜줘야 사회의 억압에서 벗어날 수 있어요.

똥팔씨   라캉에게 윤리는 의식이 아닌 무의식의 문제겠네요.

메뚝씨   라캉의 윤리는 무의식의 윤리예요. 쾌락의 윤리죠. 의식의 윤리만으론 체제의 지배를 받기 때문에 사회가 부여한 룰을 깨트리기 어려워요. 때문에 사회는 극렬한 쾌락을 경계하죠. 극렬한 쾌락은 고통을 이기는 자신감을 주니까요. 사회에 저항하고 세력에 반항할 수 있는 힘의 원천에 쾌락이 있어요. 이 극렬한 쾌락을 주이상스*라고 부르죠. 주이상스는 사회가 통제할 수 없는 무의식의 자유를 뜻해요. 물론 극렬한 쾌락은 엄청난 고통을 불러오죠. 그러나 쾌락의 궁극에서 인간은 해방의 자유를 얻고, 그 자유의 힘이 인간을 구속시키는 사회 구조를 변화시키는 동력이 될 수 있어요. 무의식에 근접하기 위해 라캉은 환자를 치료할 때 말실수에 주목해요. 실수가 무의식의 해방을 불러오니까, 의식이 장착한 옥쇄가 풀리는 거죠.

           자크 라캉

똥팔씨   프로이트가 꿈이나 최면으로 무의식에 접근하려 했다면 라캉은 말실수에서 무의식적 행동 표출을 찾았던 거네요. 어쨌건 공통점은 무의식에 있군요.

메뚝씨   그렇죠. 거기까지 파고들 수 있어야 주체를 읽어낼 수 있어요. 라캉에 의하면 심리학처럼 설문지를 풀고 분석하는 것만으론 무의식에 접근할 수 없다는 겁니다. 의식을 재구성하여 사회에 적응할 뿐이죠. 주체의 심도에 접근하기 위해선 무의식을 캐물어야 해요. 물론 무의식까지 파고드는 라캉식 치료는 의사의 입장에서도 극렬하지만 고통스럽죠. 이는 고통스런 수준까지 파고들어 가야 윤리의 근본 문제에 도달할 수 있다는 뜻이기도 해요. 라캉의 세미나 시리즈 중 12권에 이런 이야기가 있어요.

> 주체의 진실은, 그 주체가 주인의 입장에 있을 때조차 주체 자신이 아니라 대상 속에, 본성상 베일 속에 감추어 있는 대상 속에 있습니다.
>
> 자크 라캉 《세미나 12》

대상 속에 주체의 진실이 있다는 말은 사람의 내면만으로는 결코 감추어진 베일을 벗길 수가 없다는 거예요. 주체의 진실은 주체와 연결된 대상물을 통해 간접적으로 유추할 수밖에 없죠. 마치 범죄 사실을 밝히는 형사의 행위처럼 상상력에 기반한 추적 행위만이 주체의 진실에 닿을 수 있는 유일한 방법이에요. 때문에 주체의 진실을 읽기 위해선 권위가 있어야 해요. 수사권과 기소권이 있어야 사건의 해결에 접근할 수 있듯 권위 없이는 인간의 진실을 밝힐 수 없어요. 그런데 오늘날의 심리학은 어떻게 가동되고 있나요? 주체의 진실로 접근할 수 있는 권위가 살아 있을까요? 의사와 환자의 관계를 벗어난 상담 행위가 무의식의 윤리까지 접근할 수 있을까요?

똥팔씨　어렵겠죠.

메뚝씨　권위는 일종의 이론이고, 과학적 사례 분석을 통해 축적된 진실들의 집합이죠. 분석가의 경험뿐 아니라 분석가가 도달한 이론의 경지가 있어야 주체의 문이 열릴 수 있어요. 라캉이 본질적으로 이해하고 싶었던 것은 스피노자라고 했었죠? 스피노자는 《에티카》의 첫 장에서부터 이 평행론을 수상해요. "의식과 정서는 불일치한다. 그것은 일치할 수 있는 것이 아니다. 이성과 감정은 불일치한다. 두 세계가 있는 것"이라고 말이죠. 스피노자의 감정은 라캉의 무의식과 비슷해요. 의식과 감정은 평행하되 같은 구조를 띠고 있다는 것이고, 의식과 무의식 또한 같은 구조를 갖고 있다고 할 수 있죠. 같은 구조를 띠고 있기 때문에 의식의 작용을 통해서 이론을 완성했으면 무의식의 추적 과정도 유추할 수 있다는 것이죠. 그러나 의식과 무의식은 분리된 게 아니에요. 평행하다는 인식이 바탕 돼야 의식과 무의식의 교류가 가능하다는 의미죠. 의식의 구조를 잘 파악하면 무의식의 구조까지도 접근 가능하다는 뜻이

　　　　자크 라캉

고, 의식의 구조를 파악하기 위해 경험을 이론화시키면 무의식 차원의 이해까지도 도달할 수 있다는 것이죠. 이론을 경험화시키는 게 아니라 경험을 이론화시켜 보편적 언어로 바꿀 수 있을 때 주체의 진실까지 접근할 수 있어요.

무의식의 구조를 과학적으로 알려면, 제 고유의 경험을 이론화시키는 작업을 해야 한다는 거예요. 진실의 구조를 잘 파악하려면 허구의 구조를 잘 알고 있어야 돼요. 그 구조를 파악했을 때만 우리는 진실과 대비되는 허구를 판단할 수 있고, 그 반대도 판단할 수 있죠. 구조를 모르면 똑같이 느끼게 되어 진실도 허구처럼, 허구도 진실처럼 착각한다는 뜻이에요. 시대마다 인격이 바뀌는 거죠. 실제로 공무원들은 정부마다 인격이 바뀌잖아요? 순수한 인간이 아니에요. 무의식을 지배당해 제 깊은 곳까지 가 보지 못한 아픈 인간인 셈이죠.

똥팔씨   지금 우리의 경험은 이벤트적인 경우가 대부분인 것 같아요. 예를 들어 학교에서 체험학습을 많이 가잖아요. 라캉의 이론에 빗대어 보면, 아이들의 이러한 체험학습은 한 번의 이벤트를 통해 아이들의 무의식을 통제하려는 수단으로 느껴져요.

메뚜씨   이벤트와 같은 단편적 경험은 무의식이 강탈당하고 있다는 진실을 은폐하는 수단으로 쓰일 수 있어요. 단편적 경험으론 나 자신을 완성해 낼 수 없고 사회를 제대로 볼 수 없죠. 오히려 내가 겪은 경험대로만 보고 싶은 관성이 생기기도 해요. 우리의 지각은 제멋대로 움직일 수 있으니까요. 감각 세계는 일관될 수가 없으니 인간을 속일 수 있는 것이죠. 그 사실을 최초로 의심한 사람이 플라톤이에요. 스승인 소크라테스의 죽음이 바로 이 문제 때문에 일어났다고 생각했죠. 경험이 오히려 사회를 망치고 인간을 부정하는 이론적 장치로 사용될 수 있어요.

똥팔씨   그렇다면 이분법과 두 세계론은 똑같다고 볼 수 있겠네요?

메뚝씨   똑같아도 작용이 다르면 다른 말이에요. 하나는 진실의 편이고 다른 하나는 허구의 편일 수 있죠. 그 판단의 혜안은 이론에서 와요. 뭔가를 선택할 때, 경험을 바탕으로 선택하다 보면 실수를 할 때가 많아질 수 있죠. 경험보다 이론이 훨씬 더 보편적일 수 있어요. 역사를 견딘 보증수표니까요. 우리는 많이 살아봐야 100년 아니겠어요? 따라서 이론은 경험만큼 중요한 인간 이해의 축이죠.

똥팔씨   지금 사회는 경험을 강조하는 분위기잖아요. 그 사회적 무의식에 소비 사회가 있고요. 오늘 메뚝씨는 라캉의 입을 빌려 이론이 죽어가고 있는 사회를 비판하고 있는 듯 보여요.

메뚝씨   이론을 경험의 십분의 일만이라도 하면, 경험을 훨씬 풍부하게 만들어 낼 수 있다고 생각해요. 경험은 사회가 구성

                자크 라캉

한 룰에 속박당할 수 있음을 의심해야 해요. 하루 동안 10 시간을 경험했다면, 반대로 10시간은 이론에 투자했으면 좋겠어요. 이론과 경험이 만나면 경험이 훨씬 더 폭발적이 될 수 있어요. 10%, 20%라도 경험과 이론을 채울 수 있도록 공부하라는 이야기죠. 공부를 한 번도 해 본 적이 없는 사람들이 너무 많아요. 스스로 선택한 공부는 사회가 상정한 룰을 뛰어넘을 수 있어요.

똥팔씨   우리는 항상 시키는 공부만 해왔고, 그게 전부라고 생각해 왔죠. 그래서 입시, 취업과 같은 목표가 사라지면 공부도 삶의 궤도에서 이탈해 버리죠. 공부를 수단으로써만 몸에 두었기 때문인 것 같아요.

메뚝씨   《세미나 1》에서 라캉은 이런 말을 해요. "개념은 자신만의 고유한 현실 차원을 갖고 있다. 개념은 인간의 경험으로부터 불쑥 솟아오르는 것이 아니다." 경험을 추적해서 '고유한 현실 차원'으로 언어화하지 못하면, 경험은 공허한 체험으로 끝나게 되죠. 그 경험이 아무리 고상하다 해도 세계를 이해하는 차원으로 승화될 순 없어요. 라캉은 "고상한 대화는 우리 둘 사이에 일종의 협약을 수립한다. 마치 녹음된 웃음을 통해 내가 진정으로 즐거운 것처럼" 인간을 꼭두각시로 만들 수 있다고 충고해요. 늘 강조하지만 많은 철학자들은 고상하게 앉아 있지 않았어요. 사르트르가 제일 존경했던 사람이 체 게바라였다는 사실을 이해할 필요가 있어요. 경험의 극단에 갔던 체 게바라는 반대로 철학을 궁금해 했죠. 이 둘이 상생할 때 인간을 향한 이론과 경험의 일치가 가능해요. 경험을 믿지 말자는 이야기가 아니죠.

똥팔씨 경험제일주의가 만연해 있는 이 시대의 속물화를 꼬집는 거죠.

메뚝씨 라캉은 데카르트를 유치하다고 표현했어요. "나는 생각한다. 고로 존재한다."라는 데카르트의 유명한 말은 라캉이 보기에, 거울 단계에 있는 유치원 애들이나 하는 말처럼 느껴졌어요. "나는 내가 생각하지 않는 곳에서도 존재하고, 존재하지 않는 곳에서 생각한다."고, 데카르트의 코기토*를 비틀어 버렸죠. 이 말의 뜻은 경험이 생산한 생각을 통해 존재를 구성해내는 존재는 있을 수 없고 무의식을 통해 구성해내는 존재만이 진실의 주체라고 보는 입장이에요. 무의식은 내가 아직 알 수 없고 알아가야만 다가갈 수 있는 것이죠. 더구나 그 진실의 주체는 아주 흐릿하게 잠깐 동안만 알 수 있는 순간의 것이에요. 잠깐 안 것 같지만 곧 잊어버릴 수밖에 없는 신비죠. 라캉은 이와 같은 이론을 통해 경험주의자들뿐 아니라 이론주의자들의 고상함도 비판했어요. 이론과 섞이지 않는 경험은 유치하고 경험이라는 바탕이 없는 이론은 공허한 것이죠.

경험을 받쳐주는 이론 작업은 인간과 개인을 풍부하게 하기 위해 필요한 조건입니다. 일기를 쓴다든가, 자신을 표현

자크 라캉

하는 한 문장을 써보고, 한 페이지의 글이라도 읽고, 노동에서 억압받았던 무의식을 해방시키는 공부는 굉장히 중요해요. 이 이론의 작업은 현실적으로 우리 시대의 질병을 치유할 수 있는 힘이 될 수 있죠.

똥팔씨   무의식의 영토까지 자유롭고 싶었던 라캉의 모습을 보니 검열된 저의 무의식을 해방해야겠다는 생각이 들어요. 사회가 만들어 놓은 체제 안에서의 경험은 육체를 길들인다는 사실을 기억해야겠습니다. 그러기 위해선 제 삶에 이론화 작업을 붙이는 과정도 반드시 필요하겠고요.

메뚝씨   라캉의 《욕망이론》 첫머리에 에드거 앨런 포의 소설을 바탕으로 한 <도둑맞은 편지>라는 글이 나오는데요. 이 편지는 사건의 본질에 다가설 수 없도록 의도를 벗어나게 하는 역할을 하죠. 이는 인간의 욕망 또한 끊임없이 필연의 의도를 벗어난 방황 속에 있다고 라캉은 주장하는 겁니다. 욕망은 멈출 수 있는 게 아니니 착취, 착복하지 말고 자유롭게 구성해야 한다는 충고가 녹아있죠. 그러기 위해서는 세계와 주체를 이해하는 전지적 시점은 없다는 것을 이해해야 해요. "삶을 어떻게 살아야 합니까?"라는 질문 앞에 명확한 답안을 낼 수 있는 존재는 없어요. 그것은 누구도 대답해줄 수 없죠. 우리는 근본적인 질문에 누군가 답을 갖고 있을 것 같은 착각에서 벗어나야 해요. 멘토, 멘티 문화는 시대가 만들어 낸 욕망 구속 장치라고 볼 수 있죠. 불안이 몰려오면 오늘날의 청춘들은 멘토를 찾으려 해요.

그러나 그 사람도 잘 몰라요. 내 인생에 이정표를 가르쳐 줄 사람은 아무도 없습니다. 아프지만 그것을 인정해야 해요. 멘토보다 시간을 이겨낸 철수들의 문서를 통해 제 스스로 삶을 구성해보는 게 훨씬 좋은 처방이라고 생각해요. 철수들의 문서가 스스로의 욕망에 다가갔을 때, 흔들림은 과감한 도약의 용기가 될 수 있어요. 죽을 때까지 흔들리는 게 인간이라는 진실을 인정하게 되니까요.

자크 라캉

성가신 노자, 라캉

불편함의 실용화에 대하여

똥팔씨   이제 라캉 개념의 지도를 그려 보고, 저작들에 대해 이야
기해볼까요? 그러려면 어김없이 메뚝씨가 철수를 어떻게
정의했는지 들어야죠. 자, 오늘의 철수 라캉, 어떻게 정의
하셨나요?

메뚝씨   "성가신 노자!"라고 정의했어요.

똥팔씨   무위자연, 그 노자요?

메뚝씨   네. 노자는 자연 속에서 세속의 허무를 말했기에 듣기 싫
으면 충분히 도주할 수 있지만, 라캉은 도시에서 우리를 성
가시게 괴롭히거든요. 노자 철학의 핵심은 '도가도비상도
명가명비상명(道可道非常道 名可名非常名)'입니다. 허공이
진실이라는 뜻이죠. 수레바퀴 살에 비유해서 도덕경에 설
명되어 있는데, "빈 그릇이 핵심이냐, 비어 있는 공간이 핵
심이냐?"라는 물음에 노자는 비어 있는 공간 자체가 핵심
이라고 말하죠. 라캉의 "성관계는 없다."는 것과 같은 맥락
이에요. 아이를 잉태하는 성관계는 쾌락을 동반하는데,

그 쾌락은 타자인 대상이 주는 게 아니라 제 스스로 구성하는 욕망의 빈 공간이란 이야기죠. 타자가 나를 만족시켜주는 게 아니라 내 스스로 환상을 주조해서 포만을 얻는다는 뜻이에요. 환상은 허공이고 허공은 아무것도 없는 빈 공간이에요. 누구나 이기적으로 자신의 욕망을 채우기 위한 관계만을 형성한다는 뜻이기도 하죠. 반면 심리학은 정서의 평형상태를 찾아주는 적응이 치료행위의 본질로 보죠. 라캉은 이를 비판했어요. 적응은 확실하지 않은 타자를 확실한 대상으로 만드는 조작이고, 그릇이 아닌 허공이 핵심임을 놓치게 하는 논리인 것이죠. 라캉은 인간 치유의 핵심은 적응이 아니라 돌파라고 보았어요.

아이들은 거울에 비친 완벽한 제 자신을 보고 평형상태에 들어가요. 하지만 평형상태에만 있으면 발달이 안 되겠죠. 적응의 사회학적 용어는 문명의 평화고 발달의 사회학적 용어는 문명의 성장이에요. 때문에 진짜 발달은 문명의 적응, 즉 평화 이후겠죠. 발달장애는 적응 장애고 일종의 광기인데, 광기는 시대를 파괴하는 불순물이 아니라 시대에 적응하지 않겠다는 다른 욕망이라고 라캉은 보았어요. 상상계의 아이가 평형상태에서 만족하면 상상계로의 진입이 불가하듯, 사회가 광기를 이물질의 상징으로 보면 성장동력을 잃게 돼요. 파괴는 구축의 전제인 것이죠. 따라서 존재는 강렬한 쾌락이에요. 끝없는 만족이 빈 공간을 마련하고 도달할 수 없는 불편한 쾌락, 즉 '주이상스'입니다.

자크 라캉

똥팔씨   주이상스를 향락이라고 번역하죠? 라캉은 이 주이상스를
       감각하려면 체제 밖으로 나가야된다고 하잖아요. 우리가
       느끼는 쾌락이 상징계 안에 있다면 주이상스라는 향락은
       보통사람들이 쉽게 접근하기 어려운 것 아닌가요? 왠지
       광인이 아니고는 범접할 수 없을 것 같아요.

메뚝씨   그렇지 않아요. 접근이 어려운 게 아니라 접근하고 싶은데
       그게 뭔지 모르는 것일 뿐이죠. 우리 사회가 주이상스에
       공포를 심어 다가갈 수 없도록 우회시키기 때문이에요.

똥팔씨   예를 든다면 마약과 같은 것들이겠네요.

메뚝씨   맞아요. 위반하면 안 될 것 같은 뭔가가 있어요. 그렇기 때
       문에 하고 싶은 욕망에 접근하지 못하는 것이죠. 하지만
       극도의 쾌락을 맛본 사람은 벗어날 수 있어요. 그들이 예
       술가들이고 광인들이에요. 따라서 욕망에 순수한 사회는
       예술가와 광인을 탁월한 존재 층위로 격상시킬 수 있어야
       하죠. 그러나 우리는 그들을 두려워해요. 평범한 인간, 적
       응된 인간으로 끌어내리고 싶어 하죠. 가장 손쉬운 방법
       은 범죄자나 이방인으로 만드는 거예요. 왜냐하면 상징계
       의 세계가 욕망의 끝이라고 정의해야 문명은 평화를 유지
       할 수 있어요. 그러나 적응은 욕망에 순수한 접근법이 아
       니죠. 욕망의 실현은 상징계의 질서를 거역하는 쾌감이고,
       다른 공간으로 이동하는 적극적 행위니까요. 위험하고 금
       기시되는 그 무언가에 도전해야지만, 다시 한번 존재 심연

에 가까이 갈 수 있다는 게 라캉의 주장이고, 그것이 '욕망의 실현'이라고 본 것이죠. 욕망의 가장 낮은 실현은 인정 욕망이지만, 인정은 상징계의 질서에 포섭되기 때문에 욕망의 최전선이 될 순 없어요. 체제에 감금당할 수 있죠. 실재계라는 라캉 욕망의 꼭짓점에 접근하려면, 현실 세계의 쾌락 원칙이 작용하는 상징계를 뚫을 야망 없이는 불가능해요. 순수한 욕망은 체제 밖에 있는 것이죠.

똥팔씨 체제 안에 있는 '상징계적 욕망'과 체제 밖에 있는 '실재계적 욕망'이 현실 세계에서 구분될 수 있을까요? 욕망의 실현에 있어서 누구는 실재계고 누구는 상징계라 그 기준을 정하기란 곤란할 것 같아요.

메뚝씨 쉽지 않겠죠. 실재계에 접근하는 가짜 욕망과 진짜 욕망은 같은 구조니까요. 상징계의 눈으로 보면 실재계는 마치 상징계와 똑같은 것처럼 보이죠. 진실과 허구는 같은 구조를 띠고 있죠. 그러나 두 가지 면에서 달라요. 첫째는 강도죠. 진실은 순간이지만 폭발적으로 삶을 이어가기 때문에 순수한 욕망의 실재계에 접근한 사람은 아주 오랜 시간, 그 쾌락을 잊지 못하고 준비해요. 예술가들의 창작 행위를 보면 알 수 있죠. 반면 허구는 지속적이긴 하지만 휘발성이 강해요. 금방 잊게 되죠. 둘째는 '고통'을 이해하는 방식에 있어요. 진실은 직접적인 고통이고 허구는 간접적인 고통이에요. 허구는 고통의 간접성이라서 느껴지기는 하지만 놀라운 아픔은 없죠. 영화 감상을 생각해 보세요.

자크 라캉

매체를 통해 들어온 간접세계는 계속 재생돼야 해요. 허구의 구조는 간접적이라 지속적으로 재생해야 하죠. 그래서 우리의 심금을 울리는 영화가 매년 계속 나와야 하는 거예요.

똥팔씨 그런 영화나 매체들이 실재계로 진실성 있게 접근하는 통로를 차단하는 거군요.

메뚝씨 그렇죠. 그게 체제의 요령이죠. 실재계로 접근하게 하는 주이상스는 극렬한 고통을 수반하긴 해도 극도의 쾌감으로 다른 존재가 되고 싶은 욕망을 긍정하게 해요. 그 강렬한 쾌감은 나를 완성시켜주면서 다시 도전할 수 있는 힘을 주기도 하죠. 이것이 라캉 후기 철학의 핵심으로, 제대로 사는 것이 무엇인지 묻는 윤리학이라고 볼 수 있죠. 욕망에 순수하게 충실한 삶이 가장 아름다운 삶인 셈이죠. 욕망은 타락된 것이 아닐뿐더러 타락될 수도 없어요. 라캉은 이를 설명하기 위해 생톰*이라는 개념을 만들어 내요. 생톰이란 성스러운 증상이라는 뜻이에요. 주이상스로 가는 고통은 성스럽다는 뜻이죠. 고통이 성스럽지 않고 고통만 있으면 사람들은 가려 하지 하겠죠. 그런데 이 성스러움은 누가 만들까요?

똥팔씨 사회가 만들겠죠.

메뚝씨 맞아요. 사회가 성스러움과 천박함을 결정하죠. 예컨대 사회가 책을 천박한 거라고 결정해버리면 우리는 책을 보지 않겠죠. 아직 우리의 철학 이야기가 사람들에게 전해진다는 사실은 적어도 책이 성스럽다는 증거죠. 독서는 고통을 수반하니까요. 지젝이 주장하는 것 중 하나도 이와 유사해요. 사회가 천박한 쪽으로 나빠지고 있다는 것이죠. 사회의 타락은 독서를 성스러운 것으로 여기지 않는다는 것이고, 더 나아가 그것을 창피하게 여기지 않는다는 거예요. 전에도 말했듯이 경험주의가 패권을 차지해버리면 성스러움은 편파적으로 변색돼요. 경험적 만족만이 성스러움의 기준이 되니까요. 그런 사회에선 욕망을 순수하게 실현할 수 없어요. 이정표가 없으니 실재계에 접근할 길 자체가 사라지는 것이죠. 성스러운 증상이 없다면 인간은 실재계를 오해하거나 없는 거라고 생각합니다. 욕망이 상징계에서 실재계로 갈 때 타자가 개입되는데, 그 타자는 바로 성스러움을 결정하는 인자예요.

상상계에서는 '아버지', 상징계에서는 '문자와 증서'가 중요했다면, 실재계에서는 '타자'가 결정적이죠. 타자는 너와 나라는 2인칭 관계가 아니라 '그들'이라는 3인칭 관계에 위치해요. 사회가 어떻게 성스럽게 타자를 결정하느냐가 그 사회의 전망을 좌우하죠. 상징계 속에 포섭돼 실재계를 만나지 못하면 우리는 존재의 궁극에까지 절대로 다가갈 수 없어요. 성스러운 통증, 즉 생톰을 통과해야만 실재계로 편입될 수 있죠. 이를 위해 사회는 성스러움의 기준을 주체에게 부여하고, 주체는 그 성스러움에 몰입할 수 있어야

자크 라캉

해요. 욕망에 순수한 역동적인 세계가 건설될 수 있는 조건이죠.

똥팔씨   라캉의 말대로 인정에 충실한 삶이 보통 우리가 느끼는 욕망이잖아요. 저 또한 그것을 순수하지 않다고 보기 때문에, 타자의 욕망을 욕망한 사람 중 하나임을 인정할 수밖에 없네요. 실재계를 향한 순수 욕망을 추구했을 때 일어나는, 성스러움의 사회적 범위를 넓혀가는 것이야말로 인간의 윤리를 확장해나가는 진보라는 생각이 들어요.

메뚝씨   새로운 감각을 확장해 나갈 수 있는 철학함이 부재해버린 시대가 되어버렸어요. 철학 그 자체부터 성스럽게 해야 할 시대가 된 것이죠. 이것이 우리 수다의 실천윤리고, 우리가 하는 정치라고 믿어요. 철학이 성스러워져서 사람들과 공명하면 이렇게까지 망가진 사회는 되지 않아요. 불안에 패배한 무기력한 사회에서 벗어날 수 있죠. 무기력한 사회의 특징 중 하나가 현실을 불안 자체보다 더 크게 상상한다는 거예요. 미래에 대한 전망이 사라졌다고 믿기 때문이죠. 전망이 안타깝게도 낙원에 있었기 때문이에요. 전망을 낙원으로 생각하면 상상력은 마비되고 욕망은 오해될 수밖에 없어요. 상상력은 원망과 맞짱 뜰 수 있는 자신감에서 시작돼야 해요. 원망을 견딜 수 있는 능력이 곧 존재의 두께이기 때문이죠. 존재 실력을 키우는 길은 자신을 원망하지 않는 것이기도 해요. 라캉이 말하고자 하는 바도, 내가 나 자신을 원망하지 않는 것이 무엇보다 가장 중요하고, 남에게 인정받으려고 애쓰는 게 아니라, 나를 원망하지 않으려고 애쓸 때 욕망은 순수해지는 거라고 저는 읽었어요. 노자가 말한 무위자연도 그런 겁니다. 내 미래는 원망의 대상이 될 수 없어요. 제아무리 거센 악몽이라도 인간을 파괴할 수 없죠. 아플수록 실재계에 접근할 수 있는 시도가 한 번 더 남았다고 긍정할 수 있는 생체 에너지가 인간 모두에겐 있어요. 우리는 욕망하는 존재니까요. 그래서 라캉은 성가셔요. 계속 귀찮게 우리가 할 수 있다고 말하니까요. 우리 자신을 원망하는 버릇을 고치라고 채근하는 것이죠. 생활 면면에서 내 선택에 확신을 갖는 것이 나를 원망하지 않는 길이고 욕망에 충실한 겁니다.

똥팔씨 이야기를 듣다 보니 라캉이 말하는 순수한 욕망으로 안내하는 병원이 있다면 금방 망할 것 같은데요.(웃음)

메뚝씨 라캉의 분석 방법이 효과적이긴 하지만 무척 까다로워요. 환자의 흔적과 실수들을 분석해서 자기만의 차트를 만들고 총체적으로 접근해야 하기 때문이죠. 어렵기 때문에 라캉이 주장했던 실천윤리가 정신의학계에 수용되지 못하고 있는 거죠. 한국도 마찬가지고요.

똥팔씨 라캉은 문학계나 문화계의 비평을 위한 이론으로 주로 사용되고 있죠.

메뚝씨 그것도 한계예요. 남용되고 있어요. 라캉은 분명 세계를 치유하려는 의사예요. 실질적으로 쓰이지 못하거나 일부

자크 라캉

이론을 갖고 여기저기 가져다 붙이는 것은 라캉을 오해하는 거예요.

똥팔씨   그건 우리나라뿐만이 아닌 것 같아요. 미국은 그렇다 치고 라캉의 고향인 프랑스에서도 라캉의 정신분석학 혹은 그의 사상이 인정받고 있지 못하다고 들었어요.

메뚝씨   라캉의 이론은 주류가 되기 어렵죠. 돈도 안 되고 불편하니까요. 돈이 돼도 불편해서 실용화되지 못할 겁니다. 자꾸 귀찮게 굴어.(웃음) 그래서 정신의학계에서 라캉은 거의 다뤄지지 않아요. 하지만 교육적으로 시사하는 바는 상당히 크다고 생각해요.

"교실에 권위가 살아있어야 한다. 교사는 사회를 총체적으로 바라볼 수 있는 눈을 가져야 한다. 자기 자신을 원망하면 안 된다. 교사는 욕망하는 주체여야 한다."

이런 말들은 교육의 몰락 시대에 교사가 장착해야 할 새로운 윤리가 될 수 있죠. 교실이라는 세계에서 교사는 확실성을 가지고 있는 세계의 창조자가 돼야 해요. 이런 의미에서 우리 교육 정책에서 바꿔야 할 게 많이 있죠. 미국식 프래그머티즘 민주주의*가 들어와 눈높이 교육을 해야 한다는 어설픈 정책이 우리 교육의 붕괴를 가속시키고 있어요. 그렇다고 몽둥이를 다시 들어야 한다는 게 아닙니다. 교사들에게 이론 공부를 단단히 시켜야 한다는 뜻에 가깝죠.

똥팔씨   교사들의 권위가 많이 추락했다고 하는데, 그 권위를 세우는 과정에서 실력이 아닌 지위만을 높이려 하는 것 역시 문제인 것 같아요.

메뚝씨   그렇죠. 국가는 교사들을 대우해줘야 해요. 어떻든 권위가 있어야 하니까요. 그러나 권위를 받침하기 위해선 엄청난 실력이 필요하죠. 주이상스를 경험하는 교사만이 아이들이 실재계에 눈을 뜰 수 있게 할 수 있어요. 극도의 욕망 주체로 살아야한다는 것은 불편함과 고통을 견디며 숭고함을 향해 달려가려는 맹렬한 정신과 실천이잖아요. 그것이 존재의 실력이고요. 요컨대 시스템이 문제가 아니라 사람이 문제라는 겁니다. 사람이 문제라면 반드시 시스템을 구축하는 것에 앞서 사람을 향한 정책이 세워져야 한다는 뜻이기도 하죠.

라캉은 의식을 통해서가 아니라 무의식을 통과해야만 진실에 다가갈 수 있다고 이야기했죠. 그 무의식은 생각한다고 이해되는 영역이 아니에요. 이 사회 구조에 퍼져있는 무의식적 호명테제*들을 예민한 언어로 재창조할 때 알 수 있는 것이죠. 우리에게 공부가 필요한 이유예요. 공부를 통해 사회의 심도를 톺아볼 수 있는 교사일수록 아이들에게 합당한 교육을 할 수 있어요. 영화 <죽은 시인의 사회>에 나오는 그 캡틴 선생님처럼 말이죠. 캡틴이 살아있을 때 아이들은 무의식을 치료할 수 있었고, 제 존재가 완성되는 지점까지는 가볼 수 있었죠. 이런 시도가 반민주

자크 라캉

적이거나 파쇼가 아니라 욕망 앞에 순수한 자기실현의 과
정임을 깨달을 필요가 있어요.

똥팔씨   순수한 욕망의 실현을 위해 저는 오늘 동물이 돼 보아야겠
어요.(웃음)

라캉으로 가는 길

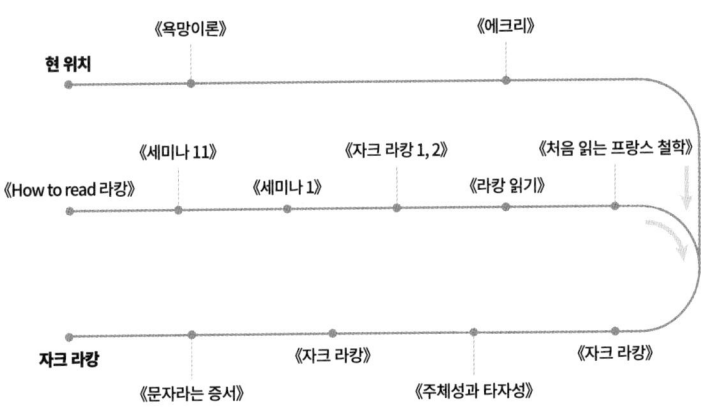

라캉은 번역서가 많고 좋아하는 학도들도 많기 때문에 다소 쉽게 접근할 수 있어요. 일단 《욕망이론》을 읽는 것이 좋아요. 라캉의 《에크리》가 완역되지 않았기 때문에 일부 번역된 이 책이라도 접하는 것이 중요하죠. 지식계에서는 번역이 형편없으니 읽지 말라는 권고가 있지만, 이렇게 번역이라도 해줬으니, 우리 같은 허접한 인문학도들에겐 고마운 일이죠. 욕망의 라캉식 이해가 라캉으로 가는 가장 효과적인 길입니다.

욕망에 대한 감이 잡히셨다면 라캉의 욕망 그래프(graph of desire)를 이해하는 길로 이동하면 좋아요. 라캉 중기엔 욕망의 삼각구도와 욕망의 에고 그래프가 있어요. 후반기로 가면 욕망의 타원세계, 보로메오 매듭이 있죠. 이것만 이해하면 라캉에게 가는 길은 쉽게 열려요. 이 그래프의 이해 방식은 인터넷 자료도 많고 친절하게 설명한 책도 나와 있으니 천천히 탐독하시면 라캉을 논리적으로 이해하

자크 라캉

시는 데 어려움은 없을 거예요.

라캉으로 가는 두 번째 길은 "정신분석학의 네 가지 개념"이라는 부제의 《세미나 11》과 《세미나 1》을 추천드려요. 이 책들이 어렵다면 지젝이 쓴 《How to read 라캉》을 읽는 것도 좋습니다. <두 남자의 철학 수다>를 듣고 읽으면 더 이해하기 편할 거예요.(거만한 웃음)

다음으로 인생 편에서 다뤘던 《자크 라캉 1, 2》와 《라캉 읽기》라는 얇은 개론서가 있으니 앞의 두 권의 책을 읽으시면서 참고하세요. 창비에서 나온 《처음 읽는 프랑스 철학》 "라캉편"도 라캉 입문으로 좋아요.

혹시 안내대로 가다가 길을 잃은 느낌이 들면 살림지식총서에서 나온 아주 얇은 《자크 라캉》이란 책을 열어보세요. 라캉 사상의 전반을 간략하게 요약해 놓은 책이라 갈 길을 재정비하는 데 도움이 됩니다. 길을 잃지 않은 분들은 "철학으로 읽는 자크 라캉"이란 부제의 《주체성과 타자성》이란 책을 읽어보세요. 메뚝씨의 독해 방식의 다수는 이 책에서 기초된 것이니까, 독자분들도 새로운 라캉 읽기에 도움이 될 수 있어요. 여기까지 오셨는데도 라캉에 대한 허기가 남았다면 아니카 르메르의 《자크 라캉》과 장 뤽 낭시, 필립 라쿠 라바르트가 쓴 《문자라는 증서》를 접해보세요. 라캉을 통해 철학의 시력을 넓히는 데 매우 유용한 책입니다. 라캉은 난해하기로 유명하지만 전제는 '욕망' 그 하나이기에, 욕망이란 단어를 머리에 강하게 인각해 두고 접근하면 소문만큼 어렵지 않게 라캉에 닿을 수 있으실 거예요. 이 시대의 유행인 라캉을 통해 욕망하는 자신을 탓하지 않는 진실의 주체로 거듭나시길 바라요.

성가신 노자, 라캉

이반 일리치

1926 ~ 2002

하바나 블루스를 노래하는 시대의 이방인

'소박한 자율의 삶'에 대하여

메뚝씨   자, 오늘 밤 철수를 소개해주시죠.

똥팔씨   오늘 철수는 이론가라기보다 활동가에 가까운, '삶과 앎'을 일치하고자 노력했던 사회학자와 교육자, 바로 이반 일리치입니다.

메뚝씨   일리치는 철학자라고 부르긴 좀 애매하죠.

똥팔씨   그래서 그런지 일리치는 세계 곳곳에서 강의 부탁을 많이 받았죠. 그런데 초대해준 단체를 대놓고 비판했어요. 니들 지금 잘못하고 있다면서 말이죠. 엄청 밉상이었겠죠. 그곳에 모인 사람들도 매우 불쾌했을 거예요.

메뚝씨   환경운동단체에서 부르면 "정부에 지원받아서 환경을 살리자는 운동은 틀렸어! 그냥 꽃 심어!", 건축가들이 부르면 "건축가부터 없어져야 돼."라고 말했죠. 노동자들이 프롤레타리아*의 권리에 대해 얘기해달라고 하니까 "국가에 의존하지 마라. 복지를 받는 것이 프롤레타리아의 목적이 아니다. 돈 받은 거 토해네!"(웃음) 진보주의자들에게도 쓴 소리를 아끼지 않았죠. 특히 페미니스트들은 일리치가 《젠더》라는 책을 낸 다음부터 그를 몹시 싫어했어요. 때문에 1980년대 신자유주의 이후부터 일리치는 죽을 때까지 어둠 속에 갇히죠. 특히 여성해방운동에 대해 "여성이라는 실체가 본질적으로 있는 게 아니다."라는 주장이 일리치를 시대의 '이방인'으로 남게 하는 가장 큰 원인이 됐어요. 페미니스트를 비롯한 진보운동가들이 일리치와 결별했으니까요.

똥팔씨   아주 재밌겠는데요? 그럼, 본격적으로 일리치의 유년시절부터 그의 생애를 이야기해볼까요? 일리치는 1926년에 오스트리아 빈에서 출생했지만 곧 아드리아 해에 있는 크로아티아의 달마티아라는 지방 도시로 이사해서 그곳에서 성장하죠.

메뚝씨   일리치는 유년시절에 학교 교육을 거의 안 받았어요. 그런데도 외국어를 특히 잘했죠. 그 이유가 학교에 가지 않았던 덕분입니다. 자신이 원하는 외국어를 터득할 여유가 있었던 거죠. 우린 어쩌면 학교에 너무 많이 가서 외국어에 약한 건지도 몰라요.(웃음)

똥팔씨   학교에 다니지 않아도 될 만큼 부유했기 때문은 아닐까요? 물론 당시 반유대인 정서가 심해서 자주 옮겨 다니기도 했고요.

메뚝씨   일리치가 1926년생인데 같은 해 태어난 유명한 인물들이 있죠. 미셀 푸코와 피델 카스트로예요. 이 세 명의 공통점이 있다면 집안이 부유했다는 점과 사회를 바꾸기 위해 노블레스 오블리주를 실천한 마지막 세대라는 거죠. 어렸을 때부터 탄탄한 경제적 기반이 있었던 탓에 재산에는 큰 관심을 두지 않았기 때문이죠. 물질적 제반 조건을 통한 안정된 보호는 매우 중요해요. 그래야 아이가 커서 타인을 위한 삶을 살 수 있기 때문이죠.

똥팔씨   여유는 두둑한 지갑에서 나온다잖아요.(웃음) 이반 일리치는 정규 교육을 이탈리아 피렌체에서 받았죠. 의외로 그곳에서 철학이 아니라 화학을 공부했다고 하더라고요.

메뚝씨   이공계 출신이었죠. 일리치가 관념주의자를 특히 비판했던 이유가 여기에 있어요. 일리치는 어렸을 때부터 실질에 관심을 가졌어요. 물체의 배치를 연구하는 게 '결정학'이잖아요. 일리치가 결정학을 공부한 계기는 결정학을 통해 세상의 원리를 이해하고 싶었던 거예요. 나중에도 결정학 공부는 일리치가 사회학자로서 살아가는 데 큰 힘이 돼요.

똥팔씨   사회학자로서 물질의 구체적 흐름과 변화는 중요한 재료이니까요.

메뚝씨   그렇죠. 물질은 과학적 용어로 변환 가능하기 때문에 여러 자료들을 귀납해서 보편적인 지식을 얻을 수 있죠. 일리치는 사회를 물질의 연구와 같은 과정으로 파악하려 했죠. 예를 들어 이론을 펼칠 때 통계자료를 세밀하고 구체적으로 활용해요. 공교육에 필요한 돈 얼마? 베트남전쟁에 사용된 돈 얼마? 이런 식으로 말이죠. 자유 대학을 만들 때도 계산기 두드리고 금액별로 계산해서 운영의 효율을 높이죠. 일리치는 계산에 능통했어요. 과학적이고 실증적인 데이터에 익숙했죠.

똥팔씨   독특하네요. 일리치의 독특한 이력이 하나 더 있죠. 다빈치의 고장인 피렌체에서 배움을 마치고 그곳에서 신부가 됩니다. 대부분의 철수들은 학자의 길을 가는데, 특이하게도 일리치는 신부가 되었어요.

메뚝씨   비유럽인에 대한 차별이 일리치를 신학으로 이끌죠. 인종차별법이 당시만 해도 강성했기 때문이에요.

똥팔씨   신부가 된 일리치는 오스트리아 잘츠부르크대학에서 영국 역사가였던 아놀드 조셉 토인비를 연구하면서 12세기 역사를 통해 현대를 재해석했어요.

메뚝씨   일리치는 배운 과정 그대로 제 생을 실천해갔어요. 전반기에는 화학의 이론으로 사회학을 재탐구했고, 후반기에는 토인비의 역사학을 연구하면서 신학을 버리죠.

똥팔씨   신부가 된 일리치는 여러 외국어도 잘하고, 문장도 잘쓰고, 말도 잘하니까 교황정에서 '국제부'로 배정해요. 하지만 그는 관료적이고 폐쇄적인 부서 발령을 거부하고 자신에게 필요하다고 생각한 현장을 찾아 갑니다. 그곳이 푸에르토리코죠.

메뚝씨 카리브 해에 있는 섬이죠. 미국의 동남부 섬 지역에 나라들이 모여 있잖아요. 지금도 빈민의 상징인 곳이죠. 카리브 해 사람들이 미국에 영향을 준 음악이 레게예요. 레게는 일종의 노동요로 가난한 삶을 달래는 축제였죠. 당시나 지금이나 캐나다를 제외한 미국의 주변은 황폐했어요. 일리치는 그 실상을 보고 신학 활동에 공허함을 느끼게 되죠.

똥팔씨 자신이 가야 할 곳은 나를 필요로 하는 사람 곁이라고 느꼈나봐요.

메뚝씨 다른 이유가 하나 더 있었다고 저는 추측해요. 가톨릭 국제부에 있으면 불편한 파티를 많이 해야 하는데, 그럴 바에는 레게 음악이 있는 신나는 축제에 가고 싶었던 거죠.(웃음) 일리치는 축제를 무척 좋아했어요. 관공서의 딱딱한 행사에 참여하기보다 마당극처럼 공연을 보는 게 더 끌렸던 거죠. 러시아 철학자, 미하일 바흐찐의 철학과 통하는 부분이죠. 주체와 객체가 없는 모두가 주인인 축제 속으로 들어가면 존재의 생동감을 느낄 수 있어요. 일리치는 그 현장성을 카리브 해 사람들에게 배운 거예요. 그들은 가난해도 흥이 있었거든요. 실제로 일리치는 아파트를 하나 얻어 민중들을 많이 불러 오죠.

똥팔씨 일리치가 사람들을 불러온 이유가 측은지심 때문이라는 분석이 있었어요.

메뚝씨   저는 그렇게 생각하지 않아요. 왜냐하면 일리치는 문명을
         비판했지만 또 한편으로는 문명을 좋아했거든요. 세계 강
         연을 하면서 제트 비행기도 탔으니까요. 가톨릭보다 더 흥
         분적인 것을 알게 된 후로 일리치는 민중의 편에 서고 싶었
         던 겁니다.

똥팔씨   자, 그럼 일리치가 거주했던 푸에르토리코로 돌아가볼게
         요. 그 나라는 자치권은 있는데 외교권과 국방권이 미국
         에 있는 반식민지였죠. 일리치는 그곳에서 사제 일을 시작
         해요. 이내 주교의 추천으로 가톨릭 대학의 부총장에 임
         명되고 정부의 교육위원으로도 활동하죠. 하지만 그는 거
         대하게 움직이는 교육 시스템의 한계를 보게 됩니다.

메뚝씨   당시 미국 자본이 가난한 자를 위한다는 명목으로 학교를
         지어줬어요. 계몽이 생활 수준 향상에 도움을 줄 수 있다
         는 인간적 정책이었죠. 그런데 민중들의 살림살이가 나아
         지질 않는 거예요. 거기다 남미쪽에서는 난민들이 올라오
         기 시작하죠. 그러자 당시 미국 대통령 케네디가 미국이
         위험해질 것 같으니까 수십억의 차관을 무이자로 줘요. 남
         미의 빈곤이 미국의 장기적 발전을 망칠 수 있다는 판단이
         었죠. 남미를 근대화시켜 미국의 장기 발전을 도모하려는
         전략이기도 했어요. 그러나 케네디의 판단은 틀렸어요. 남
         미는 더 가난해지기 시작했죠. 정치가 안정되지 못한 국가
         에서 차관을 들여오면 독점자본이 만들어져요. 독점자본
         이 만들어지면 농촌이 파괴되고, 농촌이 파괴되면 가족이

해체되면서 공동체가 붕괴되죠. 공동체가 붕괴되면 소비의 양이 늘고 노동 시간까지 증가해요. 일리치는 이 현상을 보고서로 작성해요. 아주 실질적으로 계산기를 두드려 보죠. 그랬더니 차관이 들어 온 이후 남미 사람들은 그전보다 더 가난해졌고 수명에도 별 차이가 없었다는 결론이 나온 겁니다. 평균 수명에서 일하는 시간과 잠자는 시간을 빼니까 차이가 없었죠. 과연 어떤 것이 부유한 삶이고 인간적인 삶인지 일리치는 저울질해봅니다. 그리고는 근대화 이후 오히려 삶의 품질이 더 나빠질 수 있다는 결론에 닿죠. 사람들의 자생능력을 빼앗은 억지 근대화는 겉만 화려한 거짓 풍요인 것이죠.

똥팔씨   일리치는 이것을 '현대화된 가난, 근대적 빈곤'이라고 정의했죠. 이때부터 일리치는 반가톨릭, 반미적 발언을 쏟아내고 CIA의 관찰대상이 되기도 했어요. 결국 푸에르토리코에서 추방당해 멕시코로 떠나게 되죠. 이후 일리치는 쿠에르나바카에 정착해서 '문화교류 문헌자료센터'라는 큰 자율 대학을 설립하죠.

메뚝씨   대학이라기보다는 도서관이에요. 말 그대로 자료센터죠. 일리치는 구체적인 자료를 수집하고 그 자료를 바탕으로 사회가 움직이는 현상을 이해하고 빈곤의 문제를 해결하고 싶었어요. 자율적으로 모인 사람들은 평의회를 구성하여 결정 권한이 한 곳에 집중되지 않는 민주적 시스템을 만들기도 했죠.

똥팔씨　하지만 이곳도 딱 10년 동안 운영하고 문을 닫습니다. 그래도 이곳은 당시 제3세계 운동가들이 모여 교류하는 장소로 아주 유명했죠. 난다 긴다 하는 사회 운동가들이 다 모였어요. 이곳에서 그들은 다양한 제3세계적 실험들을 할 수 있었다고 해요.

메뚝씨　일리치가 보기엔 콩고물만 먹으려고 온 놈들이 많았다고 봤어요. 실제로 당시 브라질 교육학자이자 소설가인 파울로 프레이리와도 그런 이유로 소원해지죠. 다시 말하면 미국이 좌파 지식인에게 돈을 엄청 주면서 명성까지 주는데 거기에 지식인들이 붙어서 미국에 놀아나는 분위기가 팽배해지니까 일리치가 손을 뗀 거죠. 일리치는 당시 지식인들이 제 명성을 키우는 데 집중해 지역이 빈곤화되는 것에는 무관심했다고 보았어요. 돈을 많이 따오는 게 좋은 게 아니라는 거예요. 일리치가 보기엔 재개발이 일어나면 기존에 그곳에 거주하던 사람들은 주변부로 밀려나게 되고, 일자리를 위해서 버리는 시간이 늘어난다고 판단했죠. 지역의 특수성이 떨어지는 건 물론이고요. 악순환은 반복되고 지식인들은 나날이 자본에 종속되는 꼴을 보고 일리치는 멕시코를 떠나게 돼요. 막대한 외부의 수혜는 자생력을 파괴할 수 있다는 사실을 몸으로 체감했던 거죠.

똥팔씨　이런 경험을 1967년에 《사라져가는 성직자》라는 글로 발표하죠. 이 글로 인해 천주교와 교황청으로부터 해고당하게 되고요.

메뚝씨   그렇죠.《누가 나를 쓸모없게 만드는가》에 이 대목이 나옵니다. 읽어볼게요.

> 일련의 과정을 통해 저희는 교회의 암담한 현실을 보았습니다. 그리스도교인으로 살고자 했던 저의 선택과 성직자, 교육자로서의 역할을 더 이상 계속할 수 없어 보입니다. 지금 이 순간 저는 교회를 떠나고자 합니다. 신부로서 해왔던 모든 역할과 지위, 사무실 특혜와 특권 모든 것을 공식적으로 포기하겠습니다. 이제 두 번 다시 어떤 식으로도 로마 가톨릭교회가 사제활동이라 생각하는 어떠한 활동에도 관여하지 않겠습니다. 그리고 어떤 의무도 특권도 거부합니다.
>
> 이반 일리치《누가 나를 쓸모없게 만드는가》

똥팔씨   저는 이 책의 첫 구절이 좋았어요. "로마교회는 이 세상의 가장 큰 규모의 비정부적 관료제도"라고 선포하고 시작하잖아요. 일리치 글은 선포가 많아요. "교회를 위한 노동자 수를 줄여야 한다. 사제의 독신주의도 반대한다. 사제도 가정을 꾸려야 한다." 등의 문장들엔 뜨거운 힘이 느껴지죠. 아마 자료센터에서 활동하던 열정이 일리치의 문체를 만들지 않았을까 생각해요. 이때 어마어마한 문헌들을 발표했고 남미문화의 색인까지 발간했다고 하죠.

메뚝씨   공부의 핵심은 실증적이고 과학적인 자료와 그 자료를 바탕으로 논리를 구성하는 추론 능력이죠. 일리치는 이 둘의 기반이 탄탄했어요. 이탈리아 피렌체에서 공부할 때도 스콜라 철학*(논리)을 접했고, 과학을 전공해 자료를 모으는 법을 배웠죠.

똥팔씨　그보다 더 중요한 것은 공부의 자발성이겠죠.

메뚝씨　자발적인 고통은 고통 자체가 배움이에요. 반면 설득되지 않은 고통은 폭력이죠. 배우려면 고통을 겪어야 해요. 고통 자체보다 공부를 완성한 후의 쾌감에 집중하면 공부를 끈질기게 밀고 갈 수 있죠. 이런 공부 방식만이 결핍을 이겨낼 수 있어요. 배고파도 공부를 포기하지 않게 되죠. 결핍을 피하기 위한 공부는 언젠가 또 다른 결핍을 불러올 수 있어요. 직업을 위한 공부가 대표적이라 볼 수 있죠. 결핍을 아는 순간 필요가 생겨요. 근대가 인간을 가난하게 만드는 심리적 장치가 결핍이에요. 결핍의 사전적 정의가 "있어야 할 것이 없어지거나 모자람"인데, 있지도 않았던 것이 없어질까 두려워하면 우린 이 거대한 체제에 지고 말죠. 결핍을 느끼지 않으면 학위가 뭔 소용이고, 돈이 뭔 소용이고, 예쁜 집이 뭔 소용이에요.(웃음) 결핍을 느끼지 않으니 당당하죠. 지식은 내 결핍을 느낄 때 필요한 것이지만, 근대는 결핍이 생기면서 필요가 생긴 게 아니라 필요가 생기면서 결핍이 생겨나 버렸어요. 그 결핍은 이 시대의 전문가들이 만들고 있죠.

똥팔씨　그런 그의 이야기들이 《학교 없는 사회》,《성장을 멈춰라》,《행복은 자전거를 타고 온다》,《병원이 병을 만든다》 등의

　　　　　　　　　　　　　　　　이반 일리치

책으로 우리 손에 와 있죠.

메뚜씨   이런 면에서 일리치는 푸코와 비슷해요. 푸코도 학교가 우리의 권력의 구조를 재생산한다고 했잖아요. 그런데 일리치는 더 위험한 얘기까지 하죠. "학교를 없애라"고까지 외쳐요. 이것이 탈학교운동*의 시초가 되지만 교육 자체를 부정하는 오해를 낳기도 하죠.

똥팔씨   일리치는 학교 제도 혹은 구조를 넘어 본래 교육이라는 개념 자체를 두고 광범위하게 말한 것인데, 학교라는 제도에 초점을 맞춰버리기도 했죠.

메뚜씨   일리치의 교육론을 요약하자면, 가르침과 배움의 관계에서 외부에 의존을 줄이라는 겁니다. 학교를 없애라는 것은 학교에 의존하는 당신의 사고방식을 없애라는 뜻이에요. 예컨대 방과 후 학교가 생기면서부터 아이들이 정규 수업을 마치고도 교실 안에 모여 있게 됐잖아요. 거기서 아이들끼리 규칙을 정하고 노는 자생력이 줄었어요. 더 심각한 예는 어린이집에 있다고 봐요. 제가 사는 마을만 보더라도 애들을 어린이집에 보내는 걸 부모들이 좋아해요. 맞벌이 가정이 아닌데도 거의 모든 아이들이 어린이집에 가죠. 이 경험은 아이들의 자발성을 망가트릴 수 있어요. 아주 어린 나이부터 기관에 맡겨진 아이들은 사랑하는 사람과 멀어지는 방법에 익숙해지죠. 사랑하는 사람과 이별하는 방법을 터득한 아이는 자발성이 낮을 수밖에 없어요. 내가 선택한 대로 할 수 없는 공간으로 밀려난 아이가 스스로 터득하는 능력을 키우긴 어렵죠. 인성이 파괴되는 거예요. 그렇게 자란 아이가 사랑에 대해서 알 수 있고, 타인에 대해 진정으로 희생할 수 있을까요? 사랑의 빈곤상태에 빠지는 겁니다. 이런 사회가 조금씩 도래했고, 지금 완성되고 있어요. 일리치는 국가 주도의 교육제도가 가진 치명적 결함을 이와 같이 말한 것이죠. 그런데 일리치는 자기편이라고 생각한 사람들에게 오히려 비판을 받아요.

똥팔씨   일리치가 복지정책을 엄청 씹었으니까요. 그래서 욕도 많이 먹고요.

메뚝씨   돈 주려는 국가에게 "돈 주지 마!"라고 했죠. 받으면 익숙해지고 길들여지니까요.

똥팔씨   일리치가 이런 말을 하죠. "국민을 위한 정부가 될 수 있을진 모르지만, 국민에 의한 정부는 될 수 없다."

메뚝씨   우린 국민이 아니라 인간이에요. 사람이죠. 사람이 갖고 있는 잠재성은 의식주 문제를 돌파하면서 진화했다는 사실을 잊어서는 안 돼요.

똥팔씨   잠재성을 믿기 위해 1976년에 도서관을 문을 닫았던 것이군요. 이때 일리치는 "계몽의 시대는 끝났다."라고 선언했죠. 자기가 설립한 도서관의 영향력이 커지자 자유로운 분위기가 제도화되는 것 같아 폐쇄했다고 볼 수 있겠죠?

메뚝씨 맞아요. 인간의 잠재력을 지키는 것이 그 어떤 제도적 완성보다 중요하니까요.

똥팔씨 독일로 간 일리치는 생의 마감까지 저술과 강연에 집중해요. 강연을 많이 다니죠.

메뚝씨 일리치의 사상이 약화된 계기가 저는 강연이라고 생각해요. 이동이 잦아지면 사람을 오랫동안 자세히 살필 수 없기 때문에 단편적인 면모만으로 이론을 구성할 수밖에 없거든요. 심도가 약할 수밖에 없겠죠. 말년에 도서관에 파묻혀서 심도를 팠어야 했는데, 너무 여행을 많이 다녔어요. 안타깝죠. 그래서 실제로 후반기에 읽을 책이 별로 없어요.

똥팔씨 후반기에는 푸코와 비슷하게 계보학적인 역사적 접근법을 활용한 작업을 많이 하죠. 특히 12세기를 통해 자율성을 잃어버리는 원시점을 추적해 갑니다.

메뚝씨 왜 12세기일까요?

똥팔씨 글쎄요. 제가 모를 걸 알면서 질문하시는 거죠?(웃음)

메뚝씨 당근이죠. 책에 안 나오니까요.(웃음) 일단 이베리아 반도(에스파냐와 포르투갈)에서 이슬람 문명이 유럽을 자극하는 번역 운동이 일어나요. 그리스 시대 문헌을 발전시킨 이슬람의 과학 저술을 유럽의 언어로 번역하게 되죠. 남유럽의 이슬람 문화는 유럽에 활력소로 새로운 문화를 창달

하는 기폭제였어요. 또한 북부에선 칭기즈 칸이 유럽을 흔들죠. 이슬람과 몽고의 강력한 외부 세계가 유럽의 판도를 바꿔 놓는데, 일리치는 그 지점을 연구한 거죠. 그래서 12세기 관점으로 현대가 가지고 있는 산업성을 분석해 갑니다. 말년에 낸 책으로는《그림자 노동》,《젠더》,《H20와 망각의 강》,《ABC 민중의 마음이 문자가 되다》,《텍스트의 포도밭》등이 있죠.

똥팔씨   그리고는 끝까지 독일에서 살다가 죽음을 맞이한 거군요. 일리치가 50대 후반부터 혹이 달려 고생하는데 병원 치료를 거부하고 자가 치료에 힘을 썼다네요.

메뚝씨   아픈데 참았어요. "타인을 알기 위해서 공포를 알고 싶다."고 했거든요.

똥팔씨   "헐벗은 예수 그리스도의 마음을 배워보고 싶다."고 얘기하기도 했죠.

메뚝씨   그 마음을 관념으로 배우는 게 아니라 고통으로 배우겠다는 것이죠. 때문에 몸의 극렬한 고통을 아편을 태워가며 버텼죠.

똥팔씨   마지막이 멋있네요. 혹부리 영감이 되었지만.

메뚝씨   혹부리 영감이 둘이 있잖아.(웃음) 사르트르와 일리치. 이 둘은 반문명의 신화처럼 회자되고는 하는데, 그들이 바란 것은 아니죠. 신화가 되기 위한 연출이 아니라 인간이 가진 잠재성의 끝을 보기 위한 윤리의 실천이었어요. 고통 앞에 패배하지 않는 지식인의 공격성이라고 해도 좋은 듯해요.

똥팔씨 저도 혹 하나 키워야겠네요.(웃음) 자, 그럼 인생편은 여기서 접고 슬슬 일리치 사상의 구체안들에 대해 떠들어 보죠.

전문가, 그 이름 뒤에 숨은 나는 [할 수 없음]

전문가 사회가 만들어 놓은 그 빈곤함에 대하여

메뚜씨   똥팔씨는 병원에 자주 가나요?

똥팔씨   어릴 적에 아프면 어머니가 밤새도록 간호해주셨어요. 웬
만하면 그냥 다 낫더라고요. 그런 경험이 있어 병원에는
잘 안 가요.

메뚜씨   저도 어릴 적 냇가에서 혼자 놀다가 깨진 병을 밟아 두 발
모두 발바닥이 10cm 이상 찢어졌는데, 병원에 가지 않았
던 기억이 있어요. 제 아버지는 울고 있는 아들의 발을 붕
대로 감고 버티게 했죠. 엄청 아팠고 빨리 나았죠.(ㅠㅠ)
제겐 병원에 가 본 기억이 거의 없어요. 당시만 해도 자생
력이 상당히 높았던 것 같아요. 그렇다고 큰 상처가 났는
데 저처럼 집에 가만히 있으라는 건 아니에요. 그렇게까지
의학 기술을 비판하는 건 무모한 짓이죠.

똥팔씨   일리치도 병원이나 학교를 죄다 없애자는 주장은 아니잖
아요. 다만 자생력이 추락해가고 있는 현실을 비판하고 있
는 거죠.

                                 이반 일리치

메뚝씨   네, 맞아요. 현대 사회는 필요를 과잉생산하고 일반화해버렸어요. 사람들은 과잉된 필요에 따라 결핍을 느끼고, 그 결핍을 채우기 위해 누군가를 찾죠. 점차 의존적인 인간이 되는 겁니다. 일리치는 이것을 '현대적 가난'이라 말했죠. 필요가 없었는데 자꾸 필요 있다고 선전하니까 진짜 필요한 것처럼 학습되었어요. 이 결핍은 열등감을 자극했죠. 혹시 <괴물의 아이>라는 만화영화 보았나요?

똥팔씨   만화영화도 보세요?(웃음)

메뚝씨   당근이죠. 만화가 철학만큼 배움이 많을 때가 있어요.(웃음) 안 보셨다니까 간략하게 영화에 대해 이야기할게요. 영화 속엔 인간 세계와 괴물 세계가 있는데, 괴물은 인간 세계를 왕래할 수 있고 인간은 괴물 세계의 존재 자체를 몰라요. 괴물 세계에서는 인간을 데려오는 것이 금지되어 있어요. 인간은 어둠을 품고 있기 때문이죠. 그 어둠이 바로 '열등감'이에요. 괴물의 세계에선 자기보다 강한 괴물에게 존경의 박수를 보내며, 더 강해지기 위해 그와 가까워지려 해요. 반면 인간세계는 어떨까요?

똥팔씨   반대로 끄집어 내리려고 하겠죠.

메뚝씨   그렇죠. 이것이 바로 결핍을 느끼는 가난이며 열등감이에요.

똥팔씨 하지만 이 열등감도 점차 무감각해지는 것 같아요. 무엇이든 결핍이 생기면 당연히 전문가가 해결해 줄 것이라는 믿음이 도래한 사회가 되었잖아요. 결국 돈만 있으면 다 해결되는 사회죠.

메뚝씨 자신이 일하는 분야 바깥을 애써 배우거나 몸을 부리려고 하지 않죠. 이런 이유로 오늘 밤 수다의 주제는 '전문가 사회가 만들어 놓은 그 빈곤함'에 대하여 이야기해보려고 해요.

메뚝씨 일리치가 전문가 사회의 도래를 염려하는 이유는 우리 삶에 필요한 단순한 기능까지도 전문화된다는 겁니다. 기능이 전문화가 되면 노동이 생과 무관해지죠. 예전에는 땅을 일구는 노동을 통해 성취욕을 느꼈어요. 반면 오늘날은 노동의 직접적인 성취가 모두 돈으로 환원돼 버렸죠. 기능의 전문화를 통해 모든 쾌락의 구조를 '여가 생활'이라는 방식으로 균질화해버린 것이죠. 때문에 소소한 문제까지도 돈을 써가며 전문가를 찾아가는 거예요. 일리치가 분석한 전문가들의 특징은 일단 어렵게 만들어서, 다른 사람이 못 알아듣게 설명하는 배타성이에요.《누가 나를 쓸모없게 만드는가》엔 이렇게 표현돼 있죠.

> 누가 우리를 쓸모없게 만드는가. 당신이 찾아가는 그 전문가들이 우리를 쓸모없게 만든다. 그들이 우리를 불구로 만드는 거다. 우릴 도와주는 게 아니라 도와주는 흉내만 내는 거다.
>
> 이반 일리치《누가 나를 쓸모없게 만드는가》

　　　　　　　　　　　　　　　　이반 일리치

또 《성장을 멈춰라》에선 "우리를 불구로 만드는 네 가지 환상"이 있다고 이야기해요. 첫째, '사용가치에 대한 평가 절하'입니다. 예를 들어 설명해 볼게요. 한 10년 탄 자동차가 있어요. 내 발에도 맞고, 운전하는 데 문제가 없어요. 나한테 좋은 자동차죠. 사용가치의 측면에서 보면 나에게 아주 중요한 차예요. 그런데 시장에 내놓으면 똥값이고, 옆집 주차장에 주차된 스포츠카 때문에 상대적 박탈감을 느끼죠. 가치를 교환의 대상으로 균질화해 버리기 때문이에요. 둘째, '기술 진보에 대한 환상'이 있어요. 물론 최근엔 이런 환상이 조금 지워지고 있죠. '더 이상의 발명은 없다. 혁신, 재배치만 가능하다.'고 생각하는 사람이 늘고 있으니까요. 다행이죠. 셋째는 '전문가의 보증'이라는 환상이에요. 자기 자신을 믿지 못하는 불구로 만드는 환상이에요. 이 환상 속에서 존재는 미천해질 수밖에 없어요. 스스로에 대한 불신이 커지는 것이죠. 마지막 네 번째는 '자유와 권리의 혼동'이에요. 자유를 권리로 축소시키는 경향이죠. 자유와 권리가 혼동되면, 권리의 확장이 자유의 확대와 같은 것이 되어 버려요. 무한한 자유와 유한한 권리를 혼동하면, 인간의 자유를 향한 의지는 축소돼요. 자유를 향한 위대한 도전이 사라지는 거죠.

똥팔씨 그 환상들 속에서 전문가의 발언은 근거가 되고 대부분의 사람들은 이를 신뢰하죠.

메뚝씨   그렇죠. 전문가에게 의존하면 나를 정말 생각해주는 사람, 나를 정말 사랑하는 사람의 말은 듣지 않게 돼요. 면허를 취득한 전문가의 말만을 믿게 되는 분리된 삶의 관계가 만들어지죠. 면허가 근거가 되고, 국가의 인준이 신뢰의 전부가 되는 것이죠. 실제로 미국에선 자가 치료를 위한 면허증 제도가 있어요. 면허증을 딴 사람에게만 자가 치료 행위를 허가한 거죠.

똥팔씨   하지만 면허증이 그 사람을 완전히 보증할 수 있는 건 아니잖아요. 운전 면허증을 땄다고 운전 잘하게 되는 건 아니니까요.

메뚝씨   가치가 제도화되고 제도가 기능화되면 진짜 기능하고는 상관이 없어지는 거예요. 일리치를 소개한 박홍규 교수가 이렇게 말해요.

"이 시대 대부분의 사람들은 소박한 자율의 삶을 살지 못하고 사치스럽고 거대하며 편리한 타율의 삶에 미쳐 있다."

똥팔씨   그렇죠. 실제로 학교에서도 교육의 질을 높이겠다는 목표를 두고 연구학교를 시행하잖아요. 그리고 그 결과를 일반화, 제도화한 뒤 각 학교에 뿌리죠. 화려하게 포장된 공문이 내려와요. 하지만 그만큼 각 학교의 자율성은 축소되죠.

이반 일리치

메뚝씨 　교육은 사람을 공명시켜서 고통이나 장애물을 함께 넘을 수 있도록 자생력을 키워주는 행위죠. 때문에 교사는 전문적인 방법론이 아닌 살을 부대끼는 능력을 배워야 해요. 각자의 존재가 가진 언어의 실력으로 끌고 당기면서 충돌하는 일련의 과정이죠. 교육은 '가르고 치는 행위'입니다. 옳고 그름을 가를 수 있는 기준이 있어야 하고, 양육하고 보호하려는 책임이 따라야 하죠.《교사 가르고 치다》라는 제 졸저의 주장이 이것이었고요. 요컨대 교육은 관계의 충돌을 두려워하지 않는 행위예요. 하지만 전문화는 배타성을 품고 있기 때문에 충돌을 꺼려해요. 요즘은 교사들이 컴퓨터로 수업 많이 하잖아요. 전문가의 사회일수록 제 존재를 충분히 감출 수 있죠. 교사들도 자신을 감춰요. 하지만 아이들은 다 알아요. 아이들이 선생님을 존경하지 않는 이유죠. 교직이 전문화될 때 가장 심각한 문제는 교사를 존경하는 문화 대신 서비스를 존경하는 문화로 바뀐다는 것이죠.

똥팔씨 　요즘 교사 평가의 기준도 '서비스를 얼마나 잘하느냐'로 확실히 바뀌어 가고 있어요. 예를 들면 교사의 역량을 평가할 때 "무엇을 얼마만큼 공개했느냐?"라는 항목이 생겼잖아요.

메뚝씨 　교사가 전문직으로 바뀌면 교육을 상생이 아닌 서비스 산업의 매개체로 바라보게 돼요. 요즘 교사도 아이들이 좋아하는 서비스를 알고, 그것을 배우려고 하고 있죠. 교육에 서비스가 잠식해 들어오는 거예요. 이게 전문가 사회의

한 특징이에요. 서비스의 대리를 받지 않으면 서로가 교통하지 못하는 관계까지 가는 거죠. 애들하고 실제로 살을 비벼야 해요. 쉬는 시간, 공부 시간, 마치는 시간에 같이 있으려 해야죠. 그런데 지금은 그 직접적 소통을 고통스러워하는 듯해요. 서비스를 받지 않으면 아이들과 소통이 잘 안 돼요. 벌써 익숙해진 거죠. 심지어 학부모들도 그런 교사를 바라잖아요. 학력을 높여주고 잔소리 안 하게끔 아이들의 나쁜 습관을 바로 잡는 식의 훌륭한 서비스를 제공해주는 교사를 바라죠. 서비스 천국이에요. 서비스가 소통의 매개체로 들어오면 교육은 오해되거나 파편적일 수밖에 없어요.

일리치는 이를 염려해 기능 교육을 중요시 여겼어요. 일리치는 영어를 공부할 때 6개월 정도 외국인들이 있는 환경에 강제로 보내지면서 매우 빨리 영어에 능숙해질 수 있었죠. 자신에게 필요한 기능에 직접 노출되는 경험이 교육의 자생력을 높일 수 있어요. 그런데 이런 교육을 보편, 의무 교육이라는 것 때문에 할 수 없어요. 교육이 평등해야 한다고 하죠? 그러나 평등은 환상의 기표에 불과하고 실질은 교육적 무기력에 빠질 수 있어요. 성직자에게 찾아가 고해성사하는 신도처럼 말이죠. 교육이 신도들을 키우고 있는 거예요. 자기가 해결하지 않고, 어떻게 해야 할지 질문만 하는 거죠. 전문가는 대리인이에요. 누군가가 대리해주는데 내 삶이 나아지거나 쌓이겠어요?

이반 일리치

똥팔씨 저는 '필요'에 관한 문제도 중요하다고 생각해요. "내가 필요한 것이냐? 누가 만들어 놓은 필요냐?"의 문제죠. 전문가의 속성 중 하나가 배타성이라고 하셨잖아요. 저는 이 배타성을 바탕으로 자기들만의 견고한 카르텔*을 형성하고 필요를 독점해버리는 방식이 전문가 사회의 큰 문제가 아닌가 생각해요.

메뚝씨 내가 필요한 걸 내가 결정하지 못한다는 거죠.

똥팔씨 일리치는 내가 필요한 것은 늘 동사로 표현된다고 했죠. '나 이거 할래', '이거 하겠어', '하고 싶어'라는 식으로요. 반면 누군가가 만들어 놓은 필요는 명사로 표현돼요. 예를 들면 '~위한 교육', '~한 건강관리'처럼요.

메뚝씨 복잡한 여러 갈래의 활동이 단순해지는 것이죠.

똥팔씨 전문가에 의해 진로가 규정되고 매뉴얼화되는 것 같아요. 여러 개의 길이 아니라 하나의 길로 말이에요.

메뚝씨 매뉴얼은 인간을 기계와 비슷하게 만들어요. 자발성이 떨어지고 무기력해지죠. 요즘 아이들의 무기력은 전문가 사회와 무관하지 않아요. 학교에서 돌봄교실 운영하고 있죠? 방학 때도 학교에 오잖아요. 아이들을 서비스 기관에 맡기는 거죠. 서비스 기관을 전전한 아이들은 자기가 선택한 걸 해본 경험이 없으니 당연히 무기력해지죠. 그건 노동이랑 똑같은 거예요. 수업시간이 줄었으면 하는 아이들의 요구는, 노동 시간이 줄었으면 좋겠다는 어른들의 요구와 같은 거예요. 자발적인 공부가 아닌 탓이죠. 그러나 자발적 노동은 한 번이라도 더 하고 싶어요. 만약 땅을 개간하여 자신의 소유로 만들 수 있는 농부가 있다면 그 농부는 시간을 더 들여서라도 완벽하게 하고 싶겠죠. 내가 선택한 노동은 시간을 아껴가면서 노력을 들이지만, 남이 시킨 노동은 대충 하게 되죠. 그러면 무기력해지고 폭력성은 내부로 침전할 수밖에 없어요.

똥팔씨　그 무료함을 달래기 위해 나보다 힘이 약한 놈을 괴롭히면서 자신이 가진 에너지를 사용하는 것이겠죠? 학교가 무기력하면 학교폭력은 점점 더 많아질 수밖에 없겠군요.

메뚝씨　맞아요. 전문가 사회는 왕따 문제가 반드시 도래해요. 전 지구적인 왕따 현상이 일어나고 있죠. 인간의 자생력이 무너지고 있는 형상이고, 교육이 파괴돼 미래가 어두워지는 징후예요. 전문가라는 팻말을 달기 위해 애쓰기보다, 살을 부대끼는 능력을 키우는 게 중요해요. 비전문가면 어때요? 아이들이 좋아하면 훌륭한 교사일 수 있죠.

똥팔씨　저는 아이들에게 6년째 기타를 가르쳐 주고 있어요. 재밌는 선 제가 먼저 가르쳐주겠다고 하지 않아요. 제가 재미있게 치고 있으면 애들이 와서 가르쳐달라고 하죠. 세 번 정도 거절해도 알려달라고 하면 포기하지 않겠다는 다짐을 받고 시작해요.

　　　　　　　　　　　　　　　　　　이반 일리치

메뚜씨   그래야죠. 자신이 선택했으니까 책임을 지는 것까지 알려 줘요 해요. 자신의 선택에 철저하게 책임질 수 있도록 도와주는 것이 교육이고 교사의 역할이에요. 결코 전문성을 키우는 게 교육이 아니죠. 요새는 심지어 아이들과 놀 때도 전문가를 통해 놀려고 하잖아요. 수많은 위탁 시설들이 생겨났죠. 아이들을 어둡게 만드는 길이에요. 부디 스스로 선택하게 만들어 주세요. 자생력을 키우는 게 중요한 것이지, 전문가에게 노출되는 빈도수를 늘리는 것이 교육의 질을 결정하지 않아요. 그래서 전 혁신학교에 대해 상당히 비판적이에요. 혁신학교라는 모델링이 잘 이루어지면 낙수효과가 있을 것이라는 믿음이 그 정책 안에 있어요. 일리치도 실패한 것을 오늘날 가능하게 만들 인재가 과연 몇이나 있을까요?

똥팔씨   사실 혁신학교라는 것도 몇몇 선생님들이 자발적으로 모여 시작한 운동이잖아요. 그런데 이것이 제도권 교육에 사로잡혀 버렸어요.

메뚜씨   시작은 좋았죠. 교육의 혁신을 온몸으로 바라는 사람들이 참여했으니까요. 그러나 혁신학교가 제도화되면서 전문가를 양성하고 전문가는 매뉴얼을 만들어 보급했죠. 시간이 지날수록 자발적 교육 운동은 사라지고 엄청난 교육 예산으로 뒤범벅 된 체험 학습을 위한 학교가 되고 있는 것이죠. 혁신학교가 많아지면서 예산의 의존도가 높아지고 있어요. 예산이 빠지면 망하는 시스템이죠. 잘못된 길을 가고 있는 거예요. 아이들에게 자기가 선택한 길로 갈 수 있게 도와주는 것이 아니라, 그 길을 오히려 지우고 있으니까요.

똥팔씨 사실 교사들도 교육과정에 있어서 선택할 수 있는 게 없어요. 국가에서 전문가들을 불러 모아 놓고 모든 과정을 다 짜놨잖아요.

메뚝씨 더 심각한 문제는 교사들도 거기에 적응했다는 점이에요. 교육을 노동으로 믿고, 교사는 관료가 되고 있어요. 학생들의 감수성을 읽고 직접 교통하는 방법은 매뉴얼에 나와 있지 않으니 지킬 이유가 없죠. 교사는 아이들의 눈만 보고도 무슨 일이 있는지 알아채야 해요. 그리고 물어봐야죠. 관심은 사랑의 출발이니까요. 그런 관심이 있는 사람은 훈육해도 아이들은 받아들여요. 이게 아이들을 사랑하는 심도죠. 하지만 지금은 사라지고 있죠. 서비스에 잘 접근하는 것이 전문성이라고 한다면 우리 교육은 무너지고 있어요. 교육에서 낙수효과를 믿어서는 안 돼요. 어떤 학교가 잘했다고 우리 학교에도 무조건 잘될 거라는 보장이 없어요. 아이들은 각기 다른 우주이기 때문에 각기 다른 질서를 갖고 있어요. 아무리 좋은 법이라도 아이들의 색깔에 따라 좋은 법이 될 수도 있고, 나쁜 법이 될 수도 있죠.

똥팔씨 어디 교육만 그런가요? 정치, 경제 등 사회 모든 분야가 서비스에 의존하는 사회가 되어가고 있어요.

이반 일리치

메뚝씨	전문가 사회가 되어가고 있는 거죠. 일리치는 이 전문가 사회의 특징을 세 가지로 축약했어요. '기능의 전문화', '가치의 제도화', '권력의 집중화'가 그것이죠. 기능이 전문화되면서 노동은 생과 무관한 고통을 받아들이고, 가치가 제도화되면서 사랑은 봉사와 돌봄으로 바뀌었어요. 연애할 때 뭘 해줬는지 따지는 습관이 전문화 사회를 대변하죠. 마지막 권력의 집중화는 정치를 대리운전처럼 만들어버린 현상에서 찾을 수 있어요. 목적지까지 안전하게 도착하게 해주는 대리인을 마치 정치의 전부라고 믿게 되었죠. 권력은 정치를 대리하는 전문가들에게 맡겨지고 있어요. 그 전문가들은 이 세계를 데이터로 정리하고 있고요. 일명 빅데이터는 권력의 집중화의 최종 지점이죠. 어떤 걸 좋아하고, 무엇을 원하는지 특정한 사람만 알 수 있어요. 세계 시민의 모든 선택이 읽히고 있는 거죠. 빅데이터는 촘촘해서 도망갈 곳이 없어요. 생의 모든 선택이 데이터 속의 오지선다형 답안을 푸는 시험문제처럼 되고 있죠.
똥팔씨	빅데이터 안에서 벗어날 수 있는 방법은 없는 건가요? 알튀세르의 호명테제처럼 말이죠.
메뚝씨	있어요. 매우 단순하죠. 소박한 삶을 선택하는 겁니다. 검소하기만 해도 훨씬 더 자유로워질 수 있거든요.
똥팔씨	올해 큰 목표 중에 하나가 작은 보금자리를 하나 마련하는 것인데, 막상 설계를 시작하려니 겁이 나더라고요. 그래서 집에 관한 전문가들을 이곳저곳 찾아다니며 시간을 보내

게 됐어요. 건축 비용은 올라가고 저는 집을 짓는 데 무관한 사람이 되고 있는 것 같아요.

메뚝씨 차라리 그 시간에 건축의 문헌과 역사를 찾는 건 어떨까요? 옛날 집을 보면 한두 칸 방만 있었잖아요. 그 한 칸 방은 가로와 세로가 150cm밖에 되지 않았어요. 예전 백성들은 키가 150cm가 안 됐었으니까요. 그렇다고 방 한 칸짜리 집을 지어서 살라는 건 아니지만, 그 역사를 통해 소박한 삶을 배울 수는 있겠죠. 어차피 돈도 없잖아요.(웃음) 풍요로운 삶을 살기 위해서 검소함을 연마하는 것이 삶의 실력이에요. 어떻게 화려해질까를 고민하면 반드시 근대의 빈곤 속, 전문가들이 만든 가치의 제도 속에 편입돼요. 화려함은 반드시 타율적 삶으로 가는 길이죠.

똥팔씨 네, 전적으로 공감합니다. 때마침 일리치가 저에게 왔고요. 딱 걸린 거죠. 일리치가 저한테 이렇게 얘기하는 것 같았어요. "이런 식으로 집 지을 거면 뭐하러 지어?"

메뚝씨 집 자체를 포기하란 이야기는 아니죠. 소박하게 지을 정도의 권한은 우리에게 있어요. 욕망을 품은 자는 그 욕망이 어떻게 실현될 수 있는지 구체적으로 실현할 필요는 있죠. 인간은 욕망하는 동물이잖아요. 우린 신학도가 아니라 철학도니까요.(웃음)

이반 일리치

인생을 DIY하자! 그대도 르네상스적 인간이다

자율성을 위한 도구의 최소화에 대하여

똥팔씨   시간이 깊어진 만큼 수다의 심도도 깊어져야겠죠. 벌써 독법 시간이네요. 우리 철수, 오늘은 어떻게 정의하셨나요?

메뚝씨   "르네상스적 인간"입니다. 우선, 르네상스적 인간을 설명하기 전에 전제가 있어요. 질문 하나 하고 갈게요. 이 시대의 가장 급진적인 사람은 누구일까요?

똥팔씨   서비스가 판을 치는 이 시대에 소박해지려는 노력만이 자율적인 삶으로 나아갈 수 있다고 이야기했죠. 복습했어요.(웃음)

메뚝씨   네, 맞습니다. 그런데 이 소박한 삶이란 물질의 유무만을 가지고 말할 수는 없어요. 그 바탕에는 실력이 있어야 하죠. 제 생각에는 이 시대의 대표적인 급진주의자는 '무능의 급진성'을 외친 철학자 김영민이에요. 김영빈은 산골의 농가주택을 비싸게 샀는데 주변에서 속았다고 말하니까, 이 자본주의에서 내가 아니면 누가 손해를 보면서 살 수 있겠느냐며 허허로이 웃으며 살고 있어요. 물질의 가진 정도가 소박한 삶의 척도로 평가될 수 있겠으나 더 중요한 것은 김영민 같은 실력이에요. 이 체계와 싸울 검이 있어야죠. 그 검을 함부로 빼지 않고 실력을 감춰 놓고 미래를 기다리는 사람이 이 시대의 가장 급진적인 존재예요. 일리치는 말년에 제 권좌를 포기하면서 소박하게 몸을 부리며 살았으면 좋았을 텐데, 그렇게 하지는 못했죠. 엘리트로 평생을 살아왔기 때문일 거예요. 학교를 비판했지만 대학교수로 남아 있던 이유기도 하겠죠.

똥팔씨   물론 일리치가 여러 대학의 직함은 가지고 다녔지만, 그래도 학교 제도 안에 고용된 정식 교수는 아니었잖아요. 말년에는 거의 강의와 저술로 생을 보냈고요.

메뚝씨   그렇다고 일리치의 사상과 삶이 일치한다고 말할 순 없죠. 급진적인 제도권은 다른 제도권일 뿐이니까요. 이것이 일리치 사상의 한계이기도 해요. 이면이 없는 정면은 없고 모든 현상은 이중의 나선구조 속에 있는데, 현실적으로 자신에게 다가오는 실패의 고통을 비용으로만 생각하면 사상과 생을 일치시킬 수 없어요.

똥팔씨   집짓기도 그렇군요. 하다가 실패하면 나중에 고치면서 배울 수 있는 것처럼, 그 실패의 경험이 제 자생력을 키워주겠네요. 르네상스적 인간은 그 실패의 과정을 통해 완성의 길로 나아가는 존재고요.

                     이반 일리치

메뚝씨 그렇죠. 이 시대에 가장 급진적인 삶은 소박한 삶이라고 했죠. 이것이 자율적 인간으로 가는 요령이에요. 자율이란 자유를 누리는 존재의 능력이죠. 자생력이 떨어진 사람에게는 자유가 허락되지 않아요. 자유가 있어도 무서워서 잡지 못하죠. 자율적 인간이 되기 위해서는 자생력부터 키워야 해요. 그러기 위해서는 무엇보다 전문가에게 의존하지 않아야 하고 학교와 교육을 신화화시키는 습성부터 고쳐봐야죠.

똥팔씨 그런데 교육이 인간을 바꿀 것이라는 믿음은 어느 정도 필요하지 않나요?

메뚝씨 하지만 교육만으로 사람은 쉽게 변하지 않아요. 교육이 인간을 바꾼다는 신화는 깨져야 해요. 일리치는 교육을 강조했지만 그가 강조한 교육은 '기능 교육'일 뿐이에요. 먹고 살 수 있는 하부구조를 단단히 해야 어떤 인간이 될 것인지는 스스로가 결정할 수 있을 것이라 보았기 때문이죠. 교육을 통해 창의적인 인간을 만들 수 있다는 신화를 버려야 해요. 새로운 교육 체계를 만들어 낸다고 해도 타율이 지배하는 사회에선 성공할 수가 없어요. 새로운 엘리트주의 교육이 더 강화되는 쪽으로 나갈 가능성이 크죠. 혁신학교가 그렇고 대안학교가 그래요. 교육이면 뭐든 될 수 있다는 신비주의를 버리고 교육 현실 자체로 접근해야 해요. 오늘날 교육이라는 제도 안에는 이미 자생력이 없다는 비극적 상황을 말이죠.

똥팔씨   인간은 인간에게 전수를 해주어야 하잖아요. 그 사이에는
          반드시 교육이라는 과정이 있어야 하고요. 교육을 부정하
          면 인간 사회가 유지될 수 있을까요?

메뚝씨   모든 교육을 부정하는 것은 아니에요. 신화로써 작동하는
          교육과 매뉴얼화 된 제도권 교육을 꼬집는 거죠. 자신의
          문제를 누군가가 해결해줄 수 있다고 생각하는 습관을 키
          우니까요. 오늘날 전문가들이 내 문제를 해결해줄 것이라
          는 믿음은 착각이고, 교사가 아이의 인성을 완성해줄 거
          라는 믿음은 이룰 수 없는 신비예요. 모든 문제는 일단 제
          스스로가 해결해야 해요. 줄탁동시(啐啄同時)라는 사자성
          어가 있죠. 알 속 병아리가 껍질을 깨트릴 때, 암탉이 밖에
          서 함께 쪼아 주죠. 그 행위가 동시에 이루어져야 병아리
          는 알을 깨고 나올 수 있어요. 동시에 이루어지는 순간을
          위해 암탉 역시 병아리가 껍질을 깨트리길 기다려야 하죠.
          이 절묘한 교육적 타이밍 기술은 1대 1의 관계에서 이루어
          지는 거예요. 1대 다수의 관계에선 불가능하죠. 1대 1 교
          육 시스템이 붕괴된 시대에 교육으론 삶을 바꿀 수 없는 이
          유기도 하죠. 물론 좋은 선생님을 만나서 혜택을 받을 수
          는 있겠지만, 그렇게 되면 평생 그 선생의 아류밖에 되지
          못해요. 자생력을 키우는 노력이 교육 환경의 개선보다 우
          선돼야 하는 것이죠.

똥팔씨   지금 함께 공명하며 지내고 있는 메뚝씨의 제자들도 초등
          학교 6학년 때 학교에서 만난 학생들이었잖아요. 그래도

이반 일리치

가르치고 배우는 일이 가진 힘과 의미는 무시할 수 없지 않나요?

메뚜씨 네. 그들도 저한테 의존하려고 할 때면, 저는 과감히 회초리를 들어요. 의존하려 할 때마다 습관이 되지 않게 밖으로 내몰죠. 지금은 자생력을 늘리려고 자기들끼리 프로젝트를 준비하고 있어요. 그게 잘되면 내보내야죠. 제자들과 증명하고 싶은 것이 있다면, 절망의 시대에도 소박한 급진성은 추구될 수 있다는 희망이죠. 불가능한 도전이라고 생각하지만 포기될 수 없는 업보이기도 해요. 거의 모든 일상을 그들과 공유하고 있지만 더 나아갈 자신은 없어요.

똥팔씨 쓸쓸하지만 저는 믿고 있어요.

메뚜씨 신화를 버려야 한다니까요.(웃음) 유쾌하게 가야죠. 자율적 인간으로 가는 마지막 요령이니까요.

똥팔씨 전문가에 의존하지 않고 자생력을 키우는 구체적인 방법은 무엇일까요?

메뚜씨 일리치는 《작은 것은 아름답다》를 쓴 경제학자 에른스트 슈마허와, 《미디어의 이해》란 책을 통해 "미디어는 메시지다."라는 유명한 문장을 설파한 문화비평가 마샬 맥루한에게 영향을 받아요. 두 사람의 핵심 개념은 작은 것을 아끼고, 미디어를 조심하라는 거죠. 미디어와 단절하고 작은 것과 접촉하는 삶이야말로 자율적 인간으로 가는 다른 요령이에요. 물론 소박한 삶은 검소하지만 궁핍하지는 않아야 해요. 검소함과 궁핍함은 다른 것이죠.

똥팔씨 궁핍해지면 자꾸 또 돈에 신경 쓰이게 되겠죠.

메뚝씨 그렇죠. '현대화된 가난'은 시간을 평준화시켜 버려요. 존재마다 다른 시간을 절대적 시간으로 환원하죠. 일리치도 수명의 길이를 과거 문헌을 찾아가며 실질적인 생의 질을 비교해 보았잖아요. 자율성의 시간으로 맞춰보면, 예나 지금이나 수명이 그렇게 늘어난 것도 아니에요.

똥팔씨 소박한 삶으로 가는 두 번째 요령이 되겠네요. 미디어와 끊고 자극이 적은 곳에서 사는 삶이 그래도 희망인 듯해요. 이 둘만 잘 지키면 절망의 시대에도 자율적 인간으로 탄생될 수 있는 건가요?

메뚝씨 아주 중요한 마지막 요령이 있죠. 관계를 심플하게 해야 해요. 관계가 심플해져야 소박한 삶이 가능하고 미디어와의 단절도 용이해질 수 있죠.

똥팔씨 옛날에는 제 삶의 모토가 얇고 넓은 인간 관계였죠.(웃음) 아주 복잡했고 바빴어요. 사람 만나러 다니는 것이 남는 것이라고 생각했거든요. 그래서 인간관계를 잘하려고 엄청 애썼던 기억이 있는데, 그럴수록 제 삶의 주인이 제가 아니라는 사실을 깨닫게 되더라고요.

이반 일리치

메뚝씨 철학을 만나기 전엔 저도 그랬죠.(웃음) 지난 주말 저는 제자와 아내, 아이들의 머리를 깎아줬어요. 제가 좋아하는 사람들에게 해줄 수 있는 일이라 기뻤죠. 다음에는 파마도 도전해보려고요. 파마 약을 사면 만원인데, 미용실에서는 10만원이 넘죠. 이것도 소박한 삶으로 가는 길 중 하나라고 믿어요. 기능을 배워야 하는 이유기도 하고요. 집 짓는 기술을 알면 소박한 삶이 가능하겠죠. 관계를 심플하게, 생활양식을 단순하게 만들기 위해 우리에게 필요한 기술을 연마하는 훈련이 필요해요. 교육을 통한 신분상승, 혁명을 통한 사회 변화 같은 철 지난 상상에 시간을 허비하지 말고 기능을 배우는 데 집중했으면 좋겠어요. 생활에 필요한 구체적 기능의 습득은 소비에 집중된 시간을 최소화할 수 있어요. 소비를 아예 안 할 수는 없으니까요. 여기서 최소화는 약간의 '손해 보기'예요. 물건 살 때 좀 비싸게 사도 괜찮다고 봐요. 차라리 조금은 불편해도 시장 같은 데 가서 물건을 사는 겁니다. 합리적 소비에 신경을 끄고 시간을 남겨 사랑하는 사람들과 보내는 구체적 기능을 익히는 것이죠. 합리적 소비를 한답시고 마트에 가서 이것저것 보고 고르잖아요. 노동만 해도 피곤한데, 그렇게 고르는 시간까지 합해지니 자율적 삶을 누릴 여유가 사라지는 것이죠.

똥팔씨 제가 요즘 피로를 느끼는 부분이에요. 집짓기를 하면서 어떻게 하면 손해를 덜 보고 지을 수 있을까 고민하다 보니,

그 과정에서 에너지를 너무 많이 쓰게 되더라고요.

메뚝씨 그럴 줄 알고 원점에서 시작해보라고 말씀드렸던 거예요. 좀 손해 보면서 살아야 자율적 삶으로 가는 시간적 여유가 생기죠.

똥팔씨 예전에 메뚝씨와 제가 서로 밥해줄 때 있었잖아요. 반찬은 몇 개 없어도 밥맛은 끝내줬죠. 반면 무수히 먹었던 화려한 맛집들의 기억은 금세 잊혀졌어요. 어려운 시절 밥을 함께 나누었던 몸의 기억들은 오래가는데 말이죠.

메뚝씨 기억에도 오래가고, 한번 해봤기 때문에 다시 할 수 있어요. 우리는 가장 급진적인 존재로 살기 위해 소박해져야 해요. 일리치가 보기에 이 시대는 더 이상 변화 불가능한 시대였어요. 더 이상 사회 구조 개선을 통해 인간을 바꿀 수 없는 세계죠. 여기서 할 수 있는 일은 소규모 작전밖에 없어요.

똥팔씨 이제 일리치가 쓴 작품을 통해 그의 사상을 정리해볼까요? 대표 작품으로 《학교 없는 사회》가 있겠죠. 탈학교를 알려면 기본적으로 읽어야 할 책이라고 알고 있어요.

메뚝씨 일리치는 신부로 있을 때 굉장히 사회 비판적이었다고 이야기했죠. 그 비판의 칼로 쓴 책이 《학교 없는 사회》, 《성장을 멈춰라》, 《병원이 병을 만든다》, 《행복은 자전거를 타고 온다》예요. 모두 제도를 비판하는 책들로, 소재만

이반 일리치

다를 뿐 취지나 성격은 비슷해요. 자율적인 사람들이 공생하려면 도구를 잘 다뤄야 한다는 주장이 이 책들의 핵심 주제죠. 도구에 지배받지 않고 도구를 지배하는 삶만이 자율적 공생이 가능하다는 이야기죠. 《성장을 멈춰라》에서 일리치의 요구는 도구의 성장을 멈추라는 거예요. 자율적 공생을 위해서는 도구의 성장인 문명의 찬가를 믿지 말라는 얘기죠.

똥팔씨 이 책들의 핵심은 도구를 독점하고 있는 전문가 사회에 대한 비판이죠.

메뚝씨 도구 독점도 중요하지만 에너지 독점도 중요해요. 에너지를 많이 쓸수록 우린 속박당해요. 자전거 정도의 과학 기술이면 된다는 거예요. 자전거는 내가 먼저 나가거나, 다른 사람이 먼저 나가도 신경 쓰지 않죠. 자동차는 안 그래요. 서울 같은 대도시는 에너지의 효율이 높을 수 없어요.

똥팔씨 요즘 서울은 자전거가 자동차보다 빠른 듯해요. 자동차가 어찌나 많은지 앞으로 가질 않아.(웃음)

메뚝씨 에너지를 효율적으로 사용하지 못하면 인간은 도시라는 시스템에 속박당해요. 도시의 규모를 에너지 효율성의 최대치로 재편성하는 정치적 노력이 필요하죠. 도시가 커지면 소박한 삶은 불가능해요. 성장은 자율적 공생이 최대한 가능한 선까지만 제한돼야 하죠. 지금은 그 임계점을 넘어선지 오래예요. 더 이상의 성장은 폭력이고 파괴죠.

똥팔씨   도시는 파편화된 곳이고 원자처럼 움직이는 곳이다 보니
         공생이 힘들죠. 혼자서 해결하려면 도구가 자연스레 필요
         하지 않을까요? 도시에서 도구를 최소화하며 산다는 것
         은 정말 힘든 일인 것 같아요.

메뚝씨   《병원이 병을 만든다》라는 책처럼 문명이 질병 그 자체일
         수 있는 사회가 되는 것이죠. 그 책의 서문에 이런 말이 쓰
         여 있어요.

         "세계는 하나의 거대한 의료기관으로 변할 것이다."

         괴테가 한 말을 일리치가 인용한 문장이에요. 문명의 과도
         한 성장은 세계 전체를 병원으로 만들어 버릴 수 있다는
         뜻이죠. 지금은 거의 완성 단계에 와 있다고 봐요. 그 징후
         가 병원을 너무 자주 찾는 현대인의 습관 속에 있어요. 작
         은 아픔에도 우린 병원을 찾죠. 그러나 인간은 누구나 다
         아파요. 고통을 가지고 있죠. 생명체에게 질병의 완치란
         있을 수 없어요. 고통을 다루는 법을 먼저 배워야 하는 이
         유죠. 예를 들어 현대인의 신경통은 어쩔 수 없는 비용이
         기 때문에 안고 가는 능력을 키우는 게 좋아요. 그 고통에
         적응해야지 해결하려 드는 순간 타율적인 인간이 되어 버
         리죠. 우리가 병원에 자주 갈수록 의료 보험비는 올라가고
         국가는 시스템을 유지하기 위해 세금을 더 걷을 수밖에 없
         죠. 세금은 서민들의 살림살이를 어렵게 만들고, 경제적
         빈곤은 재차 병을 부르고, 다시 병원에 가야 하는 악순환

의 고리가 생겨요. 이 악순환의 고리는 민주주의의 진전까지 가로 막게 돼요. 규모가 커지면 절차적 민주주의를 용인할 수밖에 없으니까요. 이런 사회는 반드시 이기적인 사회일 수밖에 없죠. 나한테 혜택을 더 많이 주는 사회가 좋은 사회라고 인식하게 되는 거죠.

똥팔씨   오늘 머리가 살짝 아픈데 병원에 가지 말고 해결해야겠어요!(웃음)

메뚝씨   물론 아주 나쁜 병은 병원에 가야합니다. 큰일나요.(웃음) 병원에 가지 말라는 게 아니라 치료의 자생력을 키우자는 주장이에요. 내 스스로 고통, 아픔에 적응해보는 것이죠. 일리치처럼 혹을 크게 키우고, 아편으로 버티며 살 순 없어요. 균형이 중요하죠. 이 균형을 위해 생활을 단순하게, 사유는 복잡하게 사는 것을 추천해요. 생활이 복잡하거나 사유가 단순하면 생의 균형이 깨질 수 있죠. 생활이 복잡하면 고통을 대면할 여유가 사라지고, 사유가 단순해지면 무기력해지니까요.

똥팔씨   사실 전 의문이 드는 게 성장의 임계점을 이미 넘어버린 이 시대에 메뚝씨가 말씀하신 방법만으로 희망을 설계하는 게 가능할까요?

메뚝씨   일리치는 그 마지막 가능성을 《학교 없는 사회》에서 판도라의 상자 이야기로 설명해요. 판도라 상자의 교훈은 막연한 희망의 가능성이 아니라, '그래도 한번', '그럼에도 불구

하고' 장착해야 하는 것이 희망이라는 것이죠. 흔히들 불
가능한 건 희망이 없다고 생각해요. 그러나 인간은 늘 불
가능한 싸움을 이겨가며 진전했죠. 희망은 그럼에도 불구
하고 뒤에 붙는 형용사예요.

똥팔씨   요컨대 '물질적으로는 소박하게, 정신적으로는 부유하게'
라는 거군요.

메뚝씨   그렇죠. 정신적 부를 위해 책의 소비를 늘리는 것도 한 방
법이에요. 책을 과도하게 많이 사는 거죠. 그러면 손해 보
는 것 같아서 어떻게든 보게 돼 있어요. 정신이 풍요로워
져야 생활이 단순해질 수 있죠.

똥팔씨   그렇다면 그럼에도 불구하고 도전해 보겠어요.(웃음) 마지
막으로 일리치의 후반 사상인 12세기 연구에 대해 간략하
게 말씀해 주실 수 있을까요?

메뚝씨   1981년에 쓴 《그림자 노동》이 후반 사상의 집약이에요. 그
림자 노동은 한마디로 무보수 노동이에요. 돈을 받지 않고
도 최선을 다해 일에 봉사하는 행위죠. 일리치는 노동 통
계 바깥에서 이 체제를 받치고 있는 또 다른 움직임을 포
착했어요. 보수를 받지 못해도 기본적으로 해야 할 일들
이 많은 사회가 후기 자본주의라고 판단한 것이죠. '그림
자 노동'은 결과적으로 연장된 노동 시간이지만, 보수가 늘
어나진 않은 거죠. 그림자 노동은 문명의 발전 속도와 궤
를 같이 해요. 도시가 복잡해지면 질수록 노동 시간은 늘

어나고 자율적 삶의 창조를 위한 시간은 줄어들죠. 혁신적인 제도가 만들어져도 소용없어요. 도시를 받치는 최소 비용 자체가 늘어났기 때문이죠.

똥팔씨   최소한의 삶을 유지하는 데 너무 많은 시간이 필요하다는 말씀이시죠?

메뚝씨   맞아요. 생존을 위한 노동 시간이 너무 긴 사회에 살고 있죠. 도시는 편리한 듯 보이지만 비효율적인 시스템이에요. 연비가 굉장히 좋지 못한 고급 세단인 셈이죠.

똥팔씨   도시를 벗어난 삶의 형태를 기획하는 노력과 일상에서 자율성을 높일 수 있는 여유를 찾는 것이 중요할 듯해요.

메뚝씨   교육에 의존할 때마다 《학교 없는 사회》를 읽어보시고, 병원에 의존하고 흔들릴 때 《병원이 병을 만든다》를 읽어보시면 좋겠죠. 끝으로 이런 이야기를 해드리고 싶네요. 일리치는 "이성으로 비관하되 의지로 낙관하라."라는 이탈리아의 정치 사상가 안토니오 그람시의 말을 자주 인용했어요. 아무리 생각해도 이 시대는 비관돼요. 아무리 생각해도 미래는 없어요. 그렇지만 포기할 순 없죠. 의지로 낙관하는 다소 무거운 낙천성이 우리를 발랄하게 만들어 줄 수 있다고 믿어요.

똥팔씨   리오타르의 차가운 열정과 비슷한 얘기네요.

메뚝씨 그렇죠. 결핍이 없으면 필요가 없고, 필요가 없으면 의존하지 않게 돼요. 제 스스로 결핍되지 않아도 당당하게 살 수 있다는 잠재력을 믿어야 해요. 의지로 낙관하면서 자신의 삶을 한번 제작해봅시다.

똥팔씨 "내 삶을 DIY 하자!"가 되겠네요. 한번 해 보죠. Do It Yourself!!

이반 일리치

일리치로 가는 길

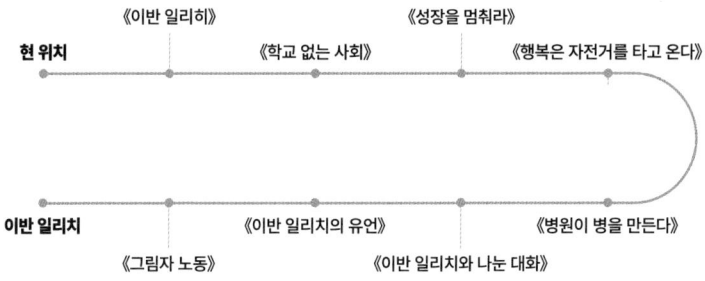

일리치의 사상은 지금까지 우리가 다룬 다른 철수들에 비해 접근이 쉬워요. 미니멀리즘 화가의 그림처럼 해야 할 이야기만을 담아 놓았죠. 그렇다고 만만히 볼 수는 없어요. 일리치의 삶이 알량한 우리들의 습성을 괴롭힐 수 있으니까요.

우선 일리치의 전반을 다룬 책부터 권해요. 박홍규 교수가 쓴 《이반 일리히》가 좋아요. 박홍규 교수는 자신이 소박한 삶을 실천하면서 마치 일리치처럼 학계의 외부에서 소박한 삶을 실천하고 있는 분이에요. 이 책 속의 일리치는 박홍규 교수 자신이기도 하죠. 사상 전반에 대한 맥락을 잡을 수 있게 소개된 책이니 일리치 정복으로 가는 길을 알려주는 친절한 지도가 될 수 있어요.

《학교 없는 사회》, 《성장을 멈춰라》, 《행복은 자전거를 타고 온다》, 《병원이 병을 만든다》는 일리치를 유명하게 만든 초기 저작들이에요. 교육, 문명, 질병에 대한 현대인들의 문제의식을 풀어 놓은 책이죠. 지금 현재 자신의 관심사에 따라 순서 없이 읽어보시면 좋습니다.

자녀를 둔 분은《학교 없는 사회》를, 몸이 아픈 분께서는《병원이 병을 만든다》를 보시면 되겠죠. 새 차를 사고 싶은 분이 계시다면《행복은 자전거를 타고 온다》를 추천해요. 가정 경제에 실질적인 도움이 될 수 있답니다.(웃음)

일리치의 비판에 매력을 느끼셨다면《이반 일리치와 나눈 대화》를 읽어보세요. 일리치가 현대인들에게 전하는 메시지가 집약돼 있어요. 우리 일상을 다시 설계하는 데 도움이 될 수 있죠. 이 책 후엔《이반 일리치의 유언》을 접해보세요. 고통과 싸우며 그럼에도 불구하고 희망을 말하는 진실한 학자의 품격을 느낄 수 있습니다.

마지막으로 20대 청춘이라면《그림자 노동》의 일독을 권해요. 사실 요전에 유행했던《열정 노동》은 이 책의 번역본이죠. 미끄러질 수밖에 없는 청춘의 열정에 방향타가 될 기회가 되었으면 해요. 새로운 삶의 시작은 당시대에 대한 비판적 고찰에서 시작된다는 것을 기억하는 독서가 되길 빕니다.

모리스 블랑쇼

1907 ~ 2003

외부가 아니라 바깥이라고요

또 다음 혁명을 준비하는 침묵에 대하여

메뚝씨   '일지매'는 잘 하고 있어요? 벌써 잊었죠?(웃음) 일상이 만만하게 바뀌지 않아요. 말과 행동이 같아지는 게 쉽지 않죠.

똥팔씨   어려우니까 행동을 바꾸기보다 말을 줄이게 되더라고요.(웃음)

메뚝씨   말을 하지 않거나 망각하죠. 사람은 쉽게 변하지 않아요. 쉽지 않기 때문에 의미 있는 것이고요. 오늘 철수는 '불가능한 것만이 가능의 의미'라고 정의해요. 가능한 것을 찾지만 가능한 것은 확실치 않아요. 불가능하기 때문에 일상을 바꾸려는 또 한 번의 도전을 해야 하는 것이겠죠. 쉽게 바뀌면 뭐 하러 시도해요? 쉬울 거라고, 나는 할 수 있다고 자신했다면, 제 자신을 착각한 것이죠. 세상은 우리를 내버려두지 않아요.

똥팔씨   맞아요. 이런저런 이유로 미루다 보면 나중에 후회하게 되는 게 더 고통스러운 것 같아요.

메뚝씨 그러나 제 자신을 믿고 "강력하게 가야지"하면, 그 순간엔 아프겠지만 후회 없는 삶의 과정이 구성될 수 있어요. 과 감해져야 해요. 특히나 세속과 반대로 가는 선택은 집요해 야죠. 우리가 사는 '선전의 사회'에서는 손해 볼 때가 배움의 시기예요. 손해 보면 흔들리지만 그 순간이 변화의 디 딤이죠. 계속 되뇌어야지, 한두 번 시도한다고 해서 될 수 있는 게 아니라고 생각해요. 성공도 보장할 수 없어요. 우리는 시도만을 긍정할 뿐이죠. "너는 시도하고 있니?"라고 물었을 때 "시도했었어."라는 과거형은 아무런 의미가 없는 거예요. 현재형만이 중요하죠. 시도했냐고 물었을 때 "시도하고 있어."라는 대답만이 긍정이죠. 모든 것은 지금 이 순간이 존재하는 증거예요. 리오타르의 말 따라 '철학의 기원은 오늘'이에요. "오늘 시도 하고 있다."는 사실이 확실성이에요. 제 개똥같은 철학인데, 오늘의 철수에게 배운 것이기도 해요.

똥팔씨 그럼 전 개똥이라도 붙여야겠네요.(웃음) 오늘 철수는 모리스 블랑쇼입니다. 먼저 그가 어떻게 살아왔는지에 대해 짚어볼까요?

메뚝씨 아, 그 전에 블랑쇼가 얼마나 대단한 사람인지 홍보 좀 할게요. 자크 데리다가 가장 사랑했던 인물이 모리스 블랑쇼예요. 데리다뿐 아니라 장 뤽 낭시도 거의 블랑쇼주의자죠. 들뢰즈도 엄청난 영향을 받았고요. 푸코는 블랑쇼책을 썼고 블랑쇼도 푸코 책을 썼어요. 레비나스, 조르주 바타유와는 절친한 친구이고요. 이 사실만으로도 블랑쇼가 엄청난 인간이라는 사실을 추측할 수 있는데 아쉽게도 우리나라엔 블랑쇼의 전기가 없어요.

똥팔씨   요즘에 전집이 출간되고 있잖아요.

메뚝씨   지금은 안 되고 있어요. 근간이 2008년인데, 그 이후로 출판되지 않고 있죠. 우리나라엔 블랑쇼 연구자가 너무 없고, 연구자들도 연구실에서만 연구하기 때문에 번역이 깔끔하지 못해요. 이후에 언급하겠지만, 번역을 잘 못했어요. 제일 큰 이유는 블랑쇼 같이 은둔하고 침묵하고 세상에 알려지기를 꺼려했던 사람들을 밝혀서 굳이 그들을 상품으로 만들 만큼, 출판사나 도서시장의 영향력이 떨어졌다는 것이고, 그런 책을 내고 싶지 않다는 겁니다. 바흐찐 책도 나오지 않고 있죠. 신기하게 바흐찐과 블랑쇼는 삶도 비슷해요. 문학을 제 철학의 중심에 두었다는 것과 세속으로부터 이탈하려는 생활상, 68혁명 이후의 세대들에게 막강한 영향력을 미쳤다는 것도 비슷하죠. 문학적 구조주의자 롤랑 바르트의 경우도 바흐찐 반, 블랑쇼 반이에요. 블랑쇼는 '후기 구조주의의 비조(鼻祖)'라고 불릴 정도로 영향력이 막강해요. 블랑쇼의 장례식장에서 데리다는 이렇게 말했어요.

어떻게 여기서 이 순간, 블랑쇼라는 이름을 부르는 이 순간, 떨지 않을 수 있단 말입니까. 이름, 모리스 블랑쇼. 제겐 이 이름이 어떤 제3의 인물의 이름, 비밀에 쌓여있는 보기 드문 어떤 사람의 이름이 아니었습니다. 제게는 이 이름이 우리가 그의 부재 시 그에 대해 말하며 속마음을 알아보고자 하는, 가르치고 도움을 바라는 어떤 사람의 이름이 아니었습니다. 저는 이 이름을 현재 우리가 말 건넬 수 있으며 우리 자신을 열어보이도록 하는 살아있는 이름으로 부르는 데 익숙해 있었습니다. 그 이름은 다만 붙여진 이름, 그 너머의 이름, 즉 호소해야 하는 이름이었습니다.

모리스 블랑쇼《밝힐 수 없는 공동체 / 마주한 공동체》

풀어 말하면, 현대철학을 이루는 데 있어서 블랑쇼의 호소는 필연이라는 이야기죠. 현대철학의 마지막 거장인 데리다 자신에게도 호소해야만 하는 이름이라는 뜻이고요.

똥팔씨   얼마나 대단한 사람이었는지 그 생을 한번 살펴볼까요? 모리스 블랑쇼는 1907년, 프랑스 손에루아르 지방의 작은 마을인 켕에서 태어났어요. 아버지가 개인 교습을 하는 과외 교수였기 때문에 블랑쇼는 아버지를 따라 이곳저곳 떠돌아 다녔죠. 그 외에 어린 시절에 대한 정보들은 찾을 수 없었어요. 평전은 한 권 있는데, 우리나라에 출간된 건 아니라서 블랑쇼의 어린 시절에 대해 자세히는 모르겠더라고요.

    모리스 블랑쇼

메뚝씨   블랑쇼 다큐멘터리가 있어요. 프랑스어로 검색하면 나오는데, 뭐 알 수가 있어야죠. 제발 번역 부탁드립니다.(웃음)

똥팔씨   1923년에 프랑스의 수능시험이라는 바칼로레아 시험에 합격해서 대학에 진학하는데, 병으로 1년 늦게 들어갔다고 해요.

메뚝씨   스트라스부르 대학은 유명하죠. 레비나스가 활동했고 후에 68혁명의 중추이기도 했던 행동하는 대학으로 우리나라로 치면 한신대, 성공회대 정도 되겠네요.

똥팔씨   블랑쇼는 스트라스부르 대학에서 철학과 독문학을 전공합니다. 이때 친구로 만나게 된 레비나스와 대학시절 동안 같이 공부를 했다고 해요.

메뚝씨   독일의 3H(헤겔, 후설, 하이데거)가 프랑스에 준 파급력은 대단하죠. 프랑스 현대 철학자들의 다수는 코제브의 헤겔 강의에 영향을 받아 독일 철학을 이해하고 칸트주의로 선회하는 경우가 많은데, 블랑쇼가 대표적이에요. 헤겔을 통해서 칸트로 가는 이들의 특징이 문학을 철학에 중심에 두었다는 것이죠. 장 뤽 낭시, 임마누엘 레비나스, 모리스 블랑쇼, 조르주 바타유 같은 이들이죠. 반면 헤겔을 통해서 헤겔을 넘어서려고 하는 이들은 역사, 정신분석학을 가져와요. 헤겔 철학은 사회 변혁의 문제인 사회학과 어울리죠. 칸트는 존재의 예술화와 가까워요. 저는 헤겔과 칸트보다는 마르크스와 니체를 선호하는데, 마르크스는 변혁을 중요시 여겼어요. 인간 주체의 문제와 가깝죠. 물론 미묘한 차이에요. 마르크스도 니체적이고 니체 또한 마르크스적이니까요. 사회와 개인의 문제를 분리해서 사유하지 않았죠. 헤겔과 칸트도 비슷한 관계인데, 힘의 강도는 달라요. 현대철학은 마르크스와 니체라는 양극단을 버무리기에는 너무 위험하다고 판단되는 시기에 탄생했죠. 그들을 정복하기에 현대는 부족했죠. "성실하지 않다."라고 말할 수 있어요. 니체에 의하면 성실성은 '자기 자신에 가혹함'이거든요. 현대는 충분히 가혹하지 못했어요. 하지만 칸트와 헤겔 정도는 건드릴 수 있어서, 그들을 어깨 위에 두고 철학을 실현했던 거죠. 이렇게 정리하면 현대철학을 이해하는 데 좀 더 편할 거예요.

1930년대 경제공황으로 전 세계에 회의주의*가 도래했을 때, 다수의 철학자들은 회의주의 책들을 읽었는데 블랑쇼 또한 같았죠. 소르본 석사학위 논문은 회의주의에 관한 연구였어요.

똥팔씨   30년에 소르본에서 석사학위를 받고, 그 이후 극우 언론에 기사를 썼던 일이 블랑쇼의 발목을 잡았다고 하던데, 회의주의가 원인은 아니었을까요?

메뚝씨   이 부분은 참 재밌죠. 우리나라와 반대예요. 블랑쇼의 고백은 이중적이었어요. "부끄러웠다."고 반성하기도 하지만 "이때는 거짓말을 하지 않았다."고 얘기하기도 했죠.

             모리스 블랑쇼

이 이야기는 프랑스 문화를 잘 이해해야 파악할 수 있어요. 프랑스는 우리나라와 반대로 빨간 옷을 입은 공산주의자가 아니면 욕먹었어요. 블랑쇼는 젊었을 때 잠시 파란 옷을 입은 것이었죠. 블랑쇼가 파란 옷을 선택한 이유는 이렇게 생각하면 될 것 같아요. 시인 정지용이 두루마기를 입고 다니는 민족주의자였지만, 이상을 좋아했어요. 이상적인 시적 실험이 인정한 민족주의자였으니까요. 블랑쇼는 정지용과 같은 생각을 품었을 거예요. 어떤 정체성을 확고하게 찾은 후 문학적 실험이든, 철학적 시도든 해야 하는데, 흔들리는 이 세계에서는 그게 불가능하다고 본 거예요. 프랑스니까 극우에 가담한 이상한 과거 행각이라 얘기하지만, 블랑쇼는 민족주의적 애국을 옹호한 합당한 보수주의자였을 뿐이죠. 블랑쇼가 우리나라 사람이라면 훈장을 받았을 거예요.(웃음) 블랑쇼는 《정치평론》에서 "자유주의가 도래하면 정치 자체가 사라진다."고 썼죠. 자유주의*가 들어오면 공적인 문제가 부수적으로 다뤄질 수밖에 없어요. 그들을 몰아내기 위해서 자신은 극우적 발언까지 할 수 있다는 거예요. 정치가 사회를 움직이는 중심이 되기 위해선 온전히 공익이 사익 위에 있어야 해요. 자유주의가 하부에 도사리고 있는 정치 혐오증을 비판하고 싶었던 것이죠.

똥팔씨   블랑쇼는 이런 말도 했죠. "자유주의는 전체주의다. 그 속성 안에는 획일적으로 만들어 낸 전체주의 속성이 있다. 나는 그것을 거부한다."

메뚝씨   자유주의는 전체주의보다도 더 전체주의적일 수 있다는 것이죠. 정치를 뒷방으로 밀려나게 하니까요.

똥팔씨   다른 요소들이 없어진다고 본 것 같아요.

메뚝씨   늘 강조하지만, 상대주의, 회의주의는 다 다른 것 같은데 하나예요. '너도 옳고 나도 옳다.'는 것은 다 원자로 쪼개졌다는 거예요. 그러면 내가 옳다는 것을 어디에 되비쳐서 증명할 겁니까? 그걸 증명할 방식이 정치인데 그 증명 방식이 사라진 거예요. 정치 자체가 완전히 궤멸된 거죠. 전체주의는 획일화되어 나쁜 거잖아요. 나쁜 것은 우리가 동등하게 되는 거예요. 똑같이 다 잘라 버리는 거죠. 이게 바로 회의주의가 싹 튼 자유주의고, 전체주의보다도 더 무서운 균질화를 가져올 수 있어요. 무균의 세계요. 하나의 목적조차도 상실된 거예요.

똥팔씨   블랑쇼의 초기 사상에서 후기 사상으로 넘어갈 때까지 가장 큰 일관성이라고 한다면 반자유주의, 반전체주의에 대한 일관성이겠네요.

메뚝씨   항상 있었죠. 자유주의자를 아주 싫어했어요. 바흐찐도 "상대주의는 대화를 불능하게 한다."고 했거든요. 자유주의는 인간을 불가능이 아니라 불능하게 만든다고 본 거죠. 정치 혐오증은 가장 위험하게 파괴적인 거예요. 정치를 혐오하게 한다니까요. 술자리에서 대부분 "야, 정치적 발언 좀 하지 마."라고 얘기해요. 이건 '정치적 발언도 하지

           모리스 블랑쇼

말라'는 정치적 발언을 하고 있는 게 아닌가요? 정치 얘기 하면 인간관계가 깨지니까요. 그런데 그렇게 깨질 인간관 계는 왜 하고 있나요? 우리는 서로에게 술 먹으면서 서로 잘 살고 있다고 느끼게끔 하는 관계만 필요한 거예요. 이 회의주의, 자유주의 시대는 우리를 사랑하지 못하게 만들 어요. 사랑이 상실된 시대, 불능인 시대가 바로 자유주의 가 주조해낸 시대죠. 우리는 그 시대를 아주 뻔뻔스럽게 '신자유주의시대'라고 부르는 거고요. 블랑쇼가 보기에 당 시는 사랑이 불능인 시대였기에, 그걸 죽을 때까지 경계하 려고 했다는 거죠. 블랑쇼는 사랑이 불능인 시대에 사랑 을 하지 않았어요. 우정만 했죠.

똥팔씨   정리하자면 블랑쇼가 극우 언론에 참여했었다는 거네요.

메뚝씨   그들의 관점에서는 욕을 먹지만, 우리의 관점에서는 훈장 받을 정도의 애국자라고 칭송받았겠죠.

똥팔씨   1939년에 제2차 세계대전이 일어나기 전, 극우 언론에 기 사 쓰는 것을 중단합니다.

메뚝씨   극우라는 말을 쓰다 보니, 우리나라 조·중·동이 생각나 는데, 프랑스에서 극우 언론은 한겨레신문과 비슷해요. 프 랑스에선 민족주의가 극우니까요.(웃음) 블랑쇼는 자신이 몸담고 있는 언론이 반유태주의로 갈 때 그들과의 관계를 끊어요. 학살을 정당화하는 언론은 진짜 보수가 아니거든 요. 보수는 생명과 재산을 지키기 위해 안전과 평화를 중심에 두는 사상이에요. 자연의 법칙과 반대되는 안전을 옹호하는 사상이 보수이기 때문에 전쟁을 확산시키는 지적 풍토는 가짜 보수일 뿐이죠. 인간은 결코 생명을 함부로 대할 순 없어요. 블랑쇼가 유태인인 레비나스를 목숨 걸고 지켜줬던 이유기도 하죠.

똥팔씨 전쟁 기간에 세 개의 큰 사건이 있었죠. 40년에 조르주 바타유를 만난 것, 레비나스 가족을 구해준 것, 44년에 자기 집 앞에서 총살당하기 직전에 레지스탕스의 선제 공격으로 간신히 살아난 사건이요.

메뚝씨 블랑쇼는 50년 후 이 체험을 바탕으로 《나의 죽음의 순간》이라는 자전적 소설을 쓰기도 했죠. 아쉽게도 한국에는 번역본이 없어요.(ㅠㅠ) 거기서 '죽음'이 아니라 '죽어감'이라는 중요한 개념이 나와요. 블랑쇼는 이 책에서 "죽어감의 문제가 문학"이고, "죽음 자체와 다르지 않은 이 감정만이, 보다 정확히 말해, 언제나 진행 중인 나의 죽음의 순간이 가져온 이 가벼움의 감정만이 남아 있을 것"이라고 고백해요. 우리의 생은 죽음의 순간들의 연속이라는 뜻입니다. 그러니까 죽음 앞에서 자기는 떨지 않았고 오히려 쾌감을 느꼈다는 고백이죠. 이 부분에서 블랑쇼는 바타유와 만나요. 죽음의 순간을 두려워하면 생의 파동을 즉시할 수 없다는 뜻이죠. 우리 같은 범인들은 죽음과 가까운 상황만 상상해도 몸이 저려요. 블랑쇼나 바타유 같은 경지의 인간이 아닌 것이죠. 그러나 우리가 하루하루 느끼는

모리스 블랑쇼

피로와 고통은 엄청난 거예요. 거의 기적에 가까운 승리를 하면서 일상을 버티는 것이죠. 이를 인정하면 블랑쇼의 주장이 감각될 수 있어요.

똥팔씨   전 감각하기 어려워요.(ㅠㅠ)

메뚝씨   물론 어렵죠. 그러나 죽음은 하나의 소명으로써 삶에 붙여야 해요. 빛의 탁월함을 비추는 절대 어둠처럼, 죽음은 생의 강렬함을 비추는 배경이죠.

똥팔씨   블랑쇼의 '죽어감'에 대한 보충 설명이 필요한 듯해요.

메뚝씨   죽음을 체험할 수 없는 인간에게 '죽어감'의 간접 체험만이 허락되어 있죠. 그 '죽어감'의 세부적 표현이 문학이라고 했잖아요. 전후 문학이 탁월한 이유는 전쟁이 아니면 우리는 '죽어감'을 실제로 체험하기 어렵기 때문이에요. 문학이 생활과 가까울 때 우리는 생을 진정으로 긍정할 수 있는 거죠. 문학은 생과 죽음을 잇는 다리가 될 수 있다는 주장이 '죽어감'이에요.

똥팔씨   블랑쇼가 전쟁 이후 정치적 발언을 줄이고, 프랑스 남동부의 시골로 가서 소설을 썼던 이유기도 하겠네요.

메뚝씨   블랑쇼는 문학이야말로 정치의 가장 중요한 요소라고 여겼죠.

똥팔씨   그래서 "정치라고 하는 곳에서 벗어난 적이 한 번도 없었다."고 말하기도 했죠. 보통 사람들은 글쟁이는 정치에서 물러난 예술가로 보잖아요.

메뚝씨   63년에 알제리 독립운동, 68년 프랑스 혁명 후 블랑쇼의 은둔은 정치와 거리를 뗀 행위라고 보죠. 정치 혐오에 시달린 결과라는 해석도 있었어요. 그러나 블랑쇼는 바타유와 마찬가지로 죽음을 새로 정의하는 철학적 행위도 정치고, 붉은 깃발을 들었던 뜨거움도 정치며, 은둔과 침묵의 행각까지도 정치라고 봤죠.

똥팔씨   정치를 바라보는 관점이 사르트르와는 다른 것 같아요.

메뚝씨   참여 아닌 문학은 없어요. 사르트르적 참여와 블랑쇼적 참여가 다른 색깔일 뿐이죠. 그러나 블랑쇼와 바타유는 그 문학이 자유주의자의 뒷방 문학은 아니었으면 좋겠다고 토로해요. 바타유는 종교적으로 변질될 수 있는 퇴폐주의자라고 욕하고, 블랑쇼는 도대체 이해할 수 없는 글을 써서 문학이라 치장하는 글들을 싫어했죠. 이에 블랑쇼는 "알 수 없다고 규정한 건 당신이고, 대중을 무시하지 마라. 그들은 알려고 하지 않는다. 느끼려고 한다. 체험하려고 한다. 문학은 그 죽어감의 체험의 형식을 만드는 일에 최선을 다해야 하는 것이다. 그러면 기존의 문학에서와 똑같이 읽기 편하게 쓰라는 말이냐?"며 반문한 거죠. 사르트르와 블랑쇼의 문학이 갈라지는 지점이지만 그 궁극적인 지점은 문학의 정치성이죠.

똥팔씨   바깥을 사유하기 위한 문학이었다는 거죠?

    모리스 블랑쇼

메뚜씨   어떤 사회학자는 바깥을 외부라고 주장하는데, 저는 틀린
해석이라고 봐요. '안과 밖', '내부와 외부'는 다른 말이에
요. 내부와 외부는 공간적 개념이고, 안과 밖은 장소적 개
념이죠. 방 안이라고 하지, 방 내부라고 하지 않잖아요. 방
내부는 사람이 사는 곳이 아니에요. 안과 바깥은 인간이
기거하는 장소를 의미하는 것이고, 내부와 외부는 단순한
공간적 개념이죠. 장소와 공간은 달라요. 공간은 근대적
인 사고방식일 수 있어요. 블랑쇼는 외부가 아니라 '바깥'
이라고 말해요. 인간이 살을 부비고 사는 이 공간의 바깥,
직접성의 바깥이에요. 외부라는 개념과는 다르죠. 작은
차이지만 같은 게 아니죠. 바깥은 안이 아닌 것, 예를 들
면 낮과 밤 같은 것이죠. 낮과 밤을 대칭시켜 보면 낮의 바
깥이 밤이고, 밤의 바깥이 낮인 것처럼, 항상 우리가 안 또
는 전부라고 생각하는 거기에도 바깥은 존재한다는 의미
예요. 바깥은 열린 공간이고, 외부는 요소로서 닫힌 공간
이 여러 개 있는 형상이죠. 바깥은 열림의 전체인 겁니다.
외부는 그 또한 하나의 넓은 '괄호 치기(존재 이해)'라고 볼
수 있어요. 예컨대 '지구의 바깥'은 지구를 뺀 전체를 말하
지만, '지구의 외부'는 지구에 근접한 나머지만을 뜻하는
느낌을 주죠. 말 안에 그런 감각적인 의미가 포함되어 있
어요.

똥팔씨   언어는 아주 예민한 차이를 만들어 내는 것 같아요. 이쯤에
서 블랑쇼의 정치적 행각을 정리할 필요가 있는 듯해요. 정

치적으로 뜨거운 실천력을 보였던 블랑쇼가 문학의 정치성에 집중하게 된 계기가 있는 듯싶거든요. 1958년 파리로 귀환한 블랑쇼는 자유주의자들의 공화국 건설에 반대하면서 좌파적인 발언들을 하기 시작하죠. 알제리 독립 전쟁의 '120인 선언'에 앞장서서 기획안을 만들기도 하고요. 1960년에 국제잡지를 창간하려고 했었는데 실패하죠. 이때부터 블랑쇼가 정치를 바라보는 시각이 바뀐 것 같은데요.

메뚝씨 블랑쇼가 국제잡지 창간에 실패한 후 무기력에 빠진 것은 맞아요. 그러나 블랑쇼는 세속 속에서 정치적 영향력을 행사하는 것이 정치라 보진 않았어요.

똥팔씨 68년 5월 혁명에도 적극적으로 참여하잖아요?

메뚝씨 혁명에 참여했던 이유는 61년에 바타유가 죽었기 때문이에요. 바타유가 죽은 뒤에는 그의 역할을 맡아야 한다는 책임감을 가졌던 것이죠. 바타유의 죽음 후 그를 대치할 존재가 보이지 않았던 거예요. 절친인 레비나스는 자신보다 더 안 할 것 같았죠. 우정이 선택의 준거가 된 겁니다. 바타유, 레비나스, 블랑쇼의 우정은 탁월했어요. 서로를 각자 대신하고 싶어 했죠. 블랑쇼는 마지막에 레비나스의 영향으로 철학을 하려고 하고, 레비나스는 문학을 하려 해요. 탈무드 연구의 대가인 레비나스 곁에서 블랑쇼는 탈무드를 새로 공부하고, 레비나스는 블랑쇼에게서 문학의 독법을 다시 배우죠. 교류하며 존재가 바뀌는 우정이에요.

모리스 블랑쇼

그들을 이어주는 접착제였던 바타유였으니, 그의 죽음을 블랑쇼와 레비나스가 반쪽씩 나눠 가진 거죠.

똥팔씨   68혁명 후 블랑쇼의 영향력이 대단했다고 하던데 혁명 후 블랑쇼는 실망감이 컸을 것 같아요. 그 이후에 또 은둔하죠. 기 드보르처럼요.

메뚝씨   두 가지 이유가 있어요. 첫째는 정치를 새롭게 관찰하기 위한 은둔이고 둘째는 존재와 예술이 온전히 접착된 삶의 형식을 창안하고 싶었던 거예요. 블랑쇼의 은둔은 비겁한 선택이 아니라 과격한 존재적 실천이었죠.

똥팔씨   글을 계속 썼는데 출판하지 않은 건가요?

메뚝씨   글도 많이 쓰고, 편지도 많이 썼고 출판도 간혹 됐어요. 그러나 인세를 받아 생계를 유지하진 않았죠. 경제적으로 어려웠어요. 사랑하는 지인들이 블랑쇼의 책을 보고 싶어 하면 간혹 내는 정도였죠.

똥팔씨   68혁명을 블랑쇼는 "실패한 혁명이 아니었다."라고 얘기하더군요.

메뚝씨   모든 시도는 실패가 아니라 다음 시도를 위한 출발선이라는 주장이죠.

똥팔씨   그런 의미로 블랑쇼의 오랜 침묵은 다음 혁명을 위한 준비로 읽을 수도 있겠어요. 침묵과 함께 살았던 블랑쇼는 2003년에 95세로 생을 마감합니다. 레비스트로스와 거의 맞먹는 나이죠.

메뚝씨   위대한 침묵은 과감한 행동만큼 어려워요. 블랑쇼의 정치는 우리의 정치적 조급성에 가하는 하나의 정당한 폭력이에요. 저는 이 시대야말로 블랑쇼의 저 무게감 있는 침묵을 배울 때인 듯싶어요. '끈질기게 말하지 않음의 정치성'은 '용감하게 말함의 정치성'만큼 위대한 것이죠.

만 권이 아닌 한 권을 위한 책읽기

죽어감의 체험에 대하여

똥팔씨   이번엔 블랑쇼의 이론에 빗대 '다독의 효용과 독서 방법'에 대해 수다를 떨어보죠. 실은 제가 지금까지 철수들을 다루면서 느낀건데, 결국 책은 많이 읽는 게 맞는 건지, 한 권을 완전히 이해할 때까지 읽는 게 맞는 건지 여전히 헷갈려요.

메뚝씨   블랑쇼 책 읽어 봤어요?

똥팔씨   《문학의 공간》을 읽긴 했는데 완벽하게 이해할 순 없었어요.

메뚝씨   블랑쇼의 책은 완벽하게 이해되진 않아요. 블랑쇼의 철학 자체가 완벽하게 이해되는 내용의 책은 없어요. 독서는 재해석의 과정을 필요로 하는 것이고, 이미지의 형태로 힌트를 줄 수 있을 뿐이죠. "남는 건 이미지밖에 없다."고 블랑쇼가 강조한 이유기도 하죠. 그 이미지는 어떤 잔상이에요. 언어로 환원될 수 없으나 분명하게 '있는 것'이죠. 이 이미지를 포착하려면 개념을 생성하는 철학하기로만으로는 충분치 않다는 것이 블랑쇼의 아이디어예요. 독서는 하나의 사건을 체험하는 행위예요. 우리의 삶에서 언어로 절대로 환원될 수 없는 게 딱 한가지 있는데 '그것'으로 다가서는 행위가 독서인 것이죠. '그것'이 뭘까요?

똥팔씨   죽음?

메뚝씨   딩동댕! 죽음은 절대 경험될 수 있는 사건이 아니에요. 죽음은 '죽어감'을 통해 간접 체험하는 방법밖에는 없죠. 이 '죽어감'을 겪는 방법이 문학이고 이를 이해하는 것이 독서예요. 아주 불편하죠. 요컨대 블랑쇼의 독서론은 죽어가는 사람을 곁에 두는 행위예요. "죽음이야말로 인간이 발명해낸 최고의 발명품이다."라고 스티브 잡스도 얘기했죠. 우리는 죽음을 두려워하지만, 죽음은 도래할 수밖에 없는 것이고, 그 두려움이 오히려 인간을 완성하게 만들 수 있어요. 죽음을 이길 수 없으니까 그것을 이기려는 불가능한 시도를 계속 해보는 것이 존재의 심도에 담겨 있는 에너지죠. 이길 수 없는 죽음을 알면서도 시도하는 도전의 기록이 문학이니까, 블랑쇼는 철학보다도 문학에 집중하죠. 독서는 '죽어감의 체험'이에요. 사유만이 아니죠. 사유의 힘만으로 죽음을 파악하려 한다면, 그 직접성이 떨어지기 때문에 죽어감의 그 처절한 비통을 체험할 수 없어요.

철학사에서 보면 블랑쇼는 하이데거와 미묘한 대척점에 있어요. 블랑쇼는 하이데거가 말하는 '불가능성의 가능성'을 표적으로 '가능성의 불가능성'이란 개념을 만들죠.

모리스 블랑쇼

똥팔씨   지젝의 인터뷰집 이름과도 같네요.《불가능한 것의 가능성》.

메뚝씨   맞아요. 불가능성의 가능성이란 결국 인간성을 꽃피울 수
         있는 잠재적 힘의 발굴을 뜻해요. 불가능을 향해 무모하
         게 도전하는 용기가 인간의 높은 위상이 된다는 거죠. 그
         예로 시인 휠덜린과 니체를 들었죠. 그러나 블랑쇼는 이를
         뒤집어요. '가능성의 불가능성'이라고요. 가능성은 언제나
         불가능과 만나고(죽음), 불가능은 언제나 가능성의 기반
         (생명)이라는 겁니다. 가능성의 불가능성을 인정할 때 문
         학과 철학의 궁극적 지점을 포착할 수 있다는 뜻이죠. 완
         결된 가능성의 부재를 인정할 때가 새로운 시작의 지점이
         라는 거예요. 그래서 블랑쇼는 "슬픔의 시대에 문학은 도
         래한다."라고 말해요. 슬픔의 시대는 고독의 시간이에요.
         원자로 쪼개져 있는 이 시대죠. 그런데 왜 이 시대에 새로
         운 문학이 시작되지 않고, 위대한 철학이 나오지 않느냐?
         이유는 간단해요. 블랑쇼는《문학의 공간》에서 이렇게 말
         해요. "우리는 고독이란 말을 너무 남용했다." 그래서 우리
         는 고독의 본질에 접근을 못하는 거예요.

똥팔씨   지금은 고독이라는 말이 너무 많이 세탁된 것 같아요. 고
         독이 돈벌이가 되었잖아요.(웃음)

메뚝씨   그렇죠. 상품으로 팔리는 것 중에 하나가 치료의 인문학이
         고, 위로의 인문학이고, 세련된 상담인 자기계발인 이유
         가 그 남용에 있죠.

똥팔씨 | 릴케는 자기가 고독하게 글을 썼다고 했는데, 블랑쇼는 그에 대해 "그건 고독이 아니라 몰입이다."라고 했대요.

메뚝씨 | 릴케의 고독은 제 관성의 자유를 지키기 위해 다른 사람을 차단하는 게 아니라 몰입을 위한 수단이었어요. 고독은 슬픔이잖아요? 하지만 그 슬픔은 파괴의 원인이 아니라 몰입을 위한 어둠일 수 있다는 거죠. 우리가 고독을 남용하면 집중력을 잃게 돼 '죽어감'을 읽는 심도의 독서로 접근을 못해요. 다독을 통해 지혜를 얻는다는 관용적인 표현은 결코 현명한 독서가 아닌 것이죠.

똥팔씨 | 그렇지만, 대부분 그렇게 생각하잖아요. 어릴 때부터 많이 들어왔고 또 지금 어른들이 많이 하는 말이죠. 책 많이 읽어라~

메뚝씨 | 책을 많이 읽으면 훌륭한 사람이 된다거나, 연간 몇 권 정도면 교양 있는 사람이라는 사고방식을 갖고 있죠. 이런 태도는 독서에 대한 부채의식을 갖게 해요. 학교에서 배운 나쁜 덕목이죠. 여러 권의 책을 읽는 것보다 한 권의 책을 집중해서 읽는 것이 더 중요해요. 맹목적인 다독은 산만해져서 고독을 남용하게 되는 독서법일 수 있죠. 단 한 권의 책이라도 뿌리까지 읽고 나면 여러 권의 책에 접근할 수 있는 근육이 생길 수 있어요. 여러 권의 책을 읽으면 탐색 조건을 잘 찾을 수 있겠지만, 텍스트의 미묘함이나 글의 역설적 맥락을 익힐 수가 없어요. 한 글자, 한 문장이라도 미

모리스 블랑쇼

묘하고 예민하게 만져보는 행위가 진짜 독서죠. "책에는 고정된 물성이 있지 않다."고 블랑쇼가 얘기해요. 책은 언제나 비밀스럽고 불확실하고 필연적인, 스스로 변화하는 유기체라는 뜻이죠. 책의 가치는 맥락과 시대에 따라 바뀌기 때문이에요.

똥팔씨   "작가 자신도 제 책의 주인이 될 수 없다."는 데리다의 주장과 비슷한 맥락인가요?

메뚝씨   그렇죠. 전지적 작가 시점은 불가능하죠. 작가 자체도 작품을 모르기 때문에 작품을 명확하게 해석할 수 있다는 생각은 오류예요. 총체적이고, 분석적이며, 완결한 독서는 불가능해요. 독서가 이해가 아니라, 존재에 대한 접근 통로기 때문이에요. 그런데 시중에 지적 사기를 치는 책들이 많이 나오고 있어요. 교양을 팔아서 자유주의 교양인의 냉소를 선전하면서 고독을 남용하게 만드는 책들이죠. 고독은 비용이 아니라 고마운 회초리예요. 고독을 남용하는 게 아니라 고독을 긍정하는 기술이 독서죠.

똥팔씨   블랑쇼의 독서론은 정치적인 행위라고 메뚝씨가 일전에 이야기한 내용이 생각나네요. 독서가 고독을 다루는 기술이기 때문에 사회를 바꾸는 정치적 지향점의 준거가 될 수 있을 것 같아요. 영화 <동주>에서 몽규가 아무에게 "너도 시 한편 써라. 시 아무나 쓰는 거다."라고 할 때 동주가 아무 말도 못하지만 속상해하는 장면이 나오는데, 시를 쓰는 행위는 미래의 독자들에게 고독의 관점을 제공한다는 면에 있어서 정치적이란 생각을 했어요. 과한 논리적 비약일까요?

메뚝씨   빗대자면 동주가 블랑쇼고, 몽규가 사르트르죠. 그러나 이 영화의 핵심은 몽규와 동주가 우정을 나누는 친구였다는 거예요. 한명은 '실천적인 인간'이고, 한명은 '문학적인 인간'인데, 그들의 긴장관계 속에서 오히려 철학이 생기고 문학이 발생한다는 것을 이해해야 합니다. 사르트르가 있어야지만 블랑쇼가 있을 수 있어요. 그들은 양면이지 대척점이 아니에요. <동주>에서 몽규가 이런 말을 하죠.

"나는 총을 들 테니, 너는 펜을 들어라."

그 우정의 관계에서 정치가 무엇인지 알게 되죠. 죽음의 문제를 다루는 것이 정치라고 앞서 얘기했잖아요? 사람들이 죽어나가니까 몽규는 총을 들었고, 동주는 펜을 들었죠. 펜으로도 사람을 살릴 수 있다고 생각했으니까요. 그 둘이 같이 있을 때 정치는 우리의 생활 속 깊숙이 작용될 수 있어요. 총은 공간을 바꾸고 펜은 시간을 바꾸죠. 예컨대 펠레폰네소스 전쟁 때 죽어갔던 그리스인들은 잊혀졌지만, 플라톤이 쓴 소크라테스의 말은 아직까지 살아남아 세계의 질서에 영향을 주죠. 춘추전국 시대 무사들에 대한 기억은 사라졌지만, 제자백가들의 텍스트는 살아남아 세상을 바꾸고 있죠. 그들을 살아남게 했던 힘은 블랑

모리스 블랑쇼

쇼를 이해했던 사르트르에게 있었고, 동주를 이해했던 몽 규에게 있었죠. 만약에 몽규가 동주를 이해하지 않았다면 처단하거나 밀어냈겠죠. 당대에는 몽규가 훨씬 유명했겠 지만, 현재는 몽규는 몰라도 동주는 알죠. 그 미묘함이 문 학의 정치고, 그 미묘함을 읽는 게 독서라는 행위예요.

똥팔씨 블랑쇼가 문학 비평을 많이 했던 이유가 그것일 수 있겠네 요. 그럼 블랑쇼는 어디에 초점을 두고 비평을 한 건가요?

메뚝씨 블랑쇼의 비평 글들은 거의 정치적이었어요. 인간이 일발 로 끝나는 그 비극을 어떻게 미묘하게 다루느냐가 작품 의 품질이죠. 블랑쇼가 카프카를 좋아한 이유기도 하죠. 카프카의 글에는 죽는 이유가 아니라 '죽어감'의 상황만 이 나와요. 불편하고 무섭죠. 범인인 우리는 죽음의 공포 를 망각하고 싶어 하지만, 작가는 계속 슬퍼하고 아파하라 고 강제하죠. 블랑쇼는 작가가 가진 그 힘의 강도를 가늠 하는 잣대를 비평이라고 생각했던 것 같아요. 존재가 무로 가는 그 절대적 비극의 상황을 기억하면서, 꺼이꺼이 울면 서, 그 고통 속으로 더 들어가는 행위를 기록하는 것이죠. 우리가 좋은 책을 접하는 비법은 여기서 출발해야 해요. 작가가 '죽어감에 대해서 얼마나 고통스럽게 썼는가?'를 기준으로 접근해야 하죠. 블랑쇼는 "모든 작품은 상황의 작품"이라 말했어요. 독서는 그 상황을 체험하는 경험이지 결코 위안을 위한 영양제가 아니라는 걸 이야기하고 싶어 요. 자기 계발서를 읽지 않으면 좋겠어요.

똥팔씨   부끄럽지만 저는 독서가 자랑거리라고 여겼어요.

메뚝씨   요즘 시대의 독서는 옷이고, 가발이고, 패션이죠. 알몸이 아니에요. 블랑쇼는 "독서는 우리를 바깥으로의 경험으로 안내한다."고 했죠. 독서는 글의 예술 행위인 문학과 만나는 통로이기에《문학의 공간》에서 블랑쇼는 이렇게 말했죠.

> 예술은 내밀성도 없고, 서식도 허락하지 않는 이 바깥의 깊이를, 우리가 신조차 우리의 죽음조차 더 이상 어떠한 가능성의 관계도 맺지 못할 때 솟아나오는 그것을 표현하기 때문이다. 예술은 그러한 불응에 대한 의식이다. (중략) 예술은 스스로 상실한 자, 나라고 더 이상 말할 수 없는 자와 같은 응징에 의해 세계의 진리를 상실한 자, 추방에 처해진 자의 상황을 묘사한다.
>
> 모리스 블랑쇼《문학의 공간》

작가는 글을 쓰기 위해서 스스로를 추방해요. 얼마나 힘들까요? 그걸 접할 때 우리는 경건해질 필요가 있죠. 존재를 추방하면서 신과 죽음까지도 조정할 수 없는 무한의 세계로 안내하는 작가의 내밀성을 읽어내는 기술이 독서예요.

똥팔씨   독서의 방법이라는 측면에서 우리는 어린 시절부터 읽은 권수에 따라 스티커를 받고 독서 기록장을 쓰는 환경에서 살잖아요. 어렸을 때부터 독서를 잘못 배우고 있는 것 같아요.

메뚝씨   독서가 노동이 되는 거죠. 훌륭한 근로자를 키우는 방법이 다독자상이고 스티커 같은 보상 체계라고 생각해요.

똥팔씨   이런 상황 탓이겠지만, 요즘 시대에 아이들은 독서의 의미를 알기가 어려울 것 같아요. 메뚝씨는 아이들에게 어떻게 독서 교육을 하시죠?

메뚝씨   비법은 없어요. 자꾸만 같이 읽으려고 노력하죠. 독서를 깨닫게 하기 위해선 예민하게 키우는 방법밖에 없어요. 고독을 오해하지 않도록 안내해야죠. 때문에 저는 아이가 많이 기쁘게 컸으면 좋겠어요. 기쁘게 큰 아이들은 고독을 쉽게 느낄 수 있어요. 조금만 슬퍼도 고독 속에 들어가니까요. 너무 기쁘게 키우거나, 너무 슬프게 키우면 고독이 뭔지 알게 돼요. 아이들을 책으로 안내하려면 고독하게 만들면 되죠. 군대 가거나 감옥에 가면 책을 읽게 되잖아요?(웃음) 블랑쇼 또한 너무나 슬펐기 때문에 고독을 철저히 관찰할 수 있는 실력이 있었어요. 그러나 이 방법은 좋지 못해요. 열등감이 생겨 니체가 말한 '즐거운 학문'의 길을 차단할 수 있죠. 글로 하는 예술 행위들은 모두 고독, 외로움, 추방과의 전투 기록이에요. 서늘하고 차가운 세계로의 여행이죠. 따라서 우리 아이들이 독서의 강도를 높이기 위해선 아이들 자신이 창작가를 꿈 꿀 수 있게 도와줘야 해요. 블랑쇼는 "위대한 독서가는 위대한 글쟁이"라고 말했어요. 좋은 글을 쓰는 인간만이 좋은 책을 읽어낼 수 있다는 의미죠. 어렵고 음울하죠. 블랑쇼 철학의 핵심은 아주 음울해요. 《도래할 책》에서 블랑쇼가 "괴로워한다는 것은 궁극적으로 사유한다는 것일까?"라고 말해요. 이것은 슬픔은 궁극적으로 책을 읽을 준비가 되어 있다는 것인가? 아픔은 이제 글 쓸 자세가 되어 있다는 것인가?라는 물음이죠. 아파하는 것이 독서의 비법이에요. 아파해도 돼요. 너무 기쁘면 조금만 슬퍼도 아프다니까요?(웃음)

똥팔씨   그럼 메뚝씨는 책을 어떻게 읽는지 궁금하네요.

메뚝씨   "책은 글자 한 올 한 올이라도 꼬집어 읽는 습관이고, 고독을 돌파할 수 있는 창과 방패다. 죽어감을 인식하는 힘이다." 이게 제 독서론이고, 블랑쇼에게 배운 겁니다. 이해될 수 없는 공간으로의 접근이 독서죠. 쓸모없고 무용한 행위예요. 사실 독서만 한 사치는 없잖아요? 이 사치를 통해 우리 삶을 좌지우지하는 것이죠. 책만이 아닙니다. 독서는 책뿐 아니라 문자를 접하는 방식이니까, 그 언어를 접하는 방식이 우리를 좌지우지한다고 볼 수 있죠.

똥팔씨   지금까지의 제 독서 경험은 나 자신을 파괴할 수 있는 언어를 찾는 것이 아니라, 스스로를 위로하거나 포장할 수 있는 언어만 찾던 것 같아요.

메뚝씨   그런데 거기서 '나'라는 명사는 사회가 규정한 자아일 수 있어요. 그 '나'를 파괴할 수 있는 무기가 독서고, 그 전쟁 같은 행위의 숭고함을 느낄 때 독서가 다가올 수 있어요. 《카프카에서 카프카로》에 나오는 문학에 대한 표현으로 마무리를 하고 싶네요.

모리스 블랑쇼

쓰인 것은 잘 쓴 것도, 못 쓴 것도, 중요한 것도, 공허한 것도, 기억할 만한 것도, 잊혀도 괜찮은 것도 아니다. 이것은 내적으로 아무것도 아니었던 것이 어김없이 진실한 무엇과도 같이 어김없이 충실한 번역과도 같이 바깥의 기념비적 현실 가운데 나타나게 되는 움직임이다.

모리스 블랑쇼《카프카에서 카프카로》

작가는 작품을 택할 수가 없어요. 그러나 작품을 택할 수 없다는 그 불가능성을 인정할 때, 죽어감의 목록을 우연히 발설할 때, 거기서 작품은 만들어지는 것이고 그것을 읽는 게 독서예요. 요컨대 독서의 출발은 '가능성의 불가능성'을 인식하고, 거기서부터 '불가능성의 가능성'을 톺아보는 것이죠.

똥팔씨 　하나의 순환구조로 이해해야 하네요?

메뚝씨 　폐허에서 출발해야 하는 순환구조죠. 할 수 있다는 용기가 있을 때를 출발 시점으로 삼으면 그 출발점에서 유효기간이 짧고 작품은 허접하게 돼요. 아무것도 할 수 없을 때부터 "기념비적 현실 가운데 나타나는 움직임"을 포착할 수 있죠. 때문에 텍스트의 힘은 놀라워요. 우리는 죽음을 잊을 만할 때 행복이 찾아오죠. 그런데 죽음을 잊지 못할 때 문학이 옵니다. 행복하게 살아야 하지만, 행복하게만은 살지 못한다는 것을 인지하고, 불행은 어쩔 수 없이 삶의 한 요소라는 것을 문학을 통해서 받아들이는 행위, 자기 자신을 파괴하여 아무것도 없는 '무로의 접근'까지 시도하는 용기가 글쓰기고, 이를 읽어내는 시간이 독서인 거죠.

똥팔씨 블랑쇼가 얘기하는 독서가 음울하지만 더 가치 있다고 판단돼요. 책을 다 읽어야겠다는 압박에서 좀 벗어날 수 있기도 하고요.

메뚝씨 다 읽으려고 하지 말고, 글자 한 올이라도 만지면서 읽읍시다!!

모리스 블랑쇼

침묵에 다가서기 처사, 블랑쇼!

애써 말하지 않음에 대하여

똥팔씨   블랑쇼를 어떻게 재구성해야 되느냐에 대한 고민이 많으셨죠?

메뚝씨   네, 엄청 많았어요. 남은 머리털 다 빠지는 줄 알았어요.(웃음) 데리다는 추도사에서 블랑쇼를 신화화시켜 우리가 알고 있는 어떤 유형에 분류될까봐 걱정했는데 데리다의 우려는 틀린 것 같아요. 블랑쇼는 분류되길 거부하는 인물이거든요. 다른 사람들에게 블랑쇼를 체험시킬 수 있으려면 일반적으로 갖고 있는 언어의 구조로 이야기를 재편해야만 하는데, 블랑쇼는 이해될 수 있는 형식으로 만드는 게 거의 불가능하다는 생각이 들었어요. 번역 불가한 인물이죠. 저는 블랑쇼를 '아'하고 이해했는데, 사람들과 그 '아'라는 낱말은 교통될 수 없어요. 세상에 없는 말인 것이죠. 그 없는 말은 있는 말로 대치하기가 까다로웠고, 실패했다고 볼 수 있어요.

똥팔씨   요즘 둘째 기저귀를 갈아줄 때, 큰 소리로 "아, 냄새 좋다."하거든요. 그렇게 말하니 진짜 좋은 냄새가 나는 것 같아요.

이런 식으로 언어의 가치를 조정해서 이해할 수 있지 않을까요?

메뚜씨   역한 냄새를 향수로 치환시킬 수 있는 놀라운 힘이 언어에 있어요. 감각을 달리 만들 수 있죠. 똥 냄새는 본질적으로 더러운 냄새가 아니라는 뜻이기도 해요. 언어를 다루는 센스에 따라서 감수성은 충분히 조작될 수 있죠. 다른 언어를 쓰면서 다른 감각을 색출할 수 있어야지만, 다른 세계로 편입될 수 있어요.

똥팔씨   얼마 전에 친구가 기아차를 샀는데 노조파업 때문에 차가 출고되지 않는다고 엄청 불평하더라고요. 사람들이 노조를 상상할 때, 밥벌이 싸움꾼으로 인식하기 때문에 파업의 중요한 맥락이 지워지죠. 이것과 비슷한 것 같아요.

메뚜씨   자본가의 언어를 학습당했기 때문에 감각 체계도 자본가와 비슷해졌어요. 이런 흐름 속에서는 블랑쇼가 말하는 '바깥'은 아직 도래하기 어렵죠. 자본가는 자본가의 욕망을 갖고 노동자는 노동자의 욕망을 갖는 흐름이 정상화될 때 블랑쇼를 이해할 수 있어요. 제 정체성이 합당해야 그 바깥까지 가늠할 수 있는 거죠. 그러나 현재는 블랑쇼의 철학이 너무 멀어요. 바타유 같은 경우는 성을 건드렸기 때문에 저 멀리 있어도 사람들이 궁금해 할 수 있거든요. 반면 블랑쇼는 아주 세밀해져야 알 수 있는데, 이미 우리의 감각 체계는 평준화돼버려서, 세밀한 언어를 받아내기 어렵게 됐죠. 지

           모리스 블랑쇼

금 이 시대에 문학이 몰락한 가장 큰 이유는 사회를 체감하는 언어적 능력이 무뎌졌기 때문이에요. 거기에 문학인들이 둔탁한 문체로 편승했죠. 그들을 욕하고 싶지만 더 욕을 먹어야 하는 것은 경제적인 좌판 놀이에 사회가 죽어버린 이 형국이니 담론으로 상승하지 않을 뿐이죠.

똥팔씨 　 블랑쇼 같은 경우에는 제1차, 2차 세계대전을 겪으면서 예민한 감각으로 문학을 받아들일 수 있었던 거였는데, 이 시대가 그 예민한 감각을 받아들이려면 전쟁과 같은 폭동과 혁명이 일어나지 않는 이상 어렵지 않을까 싶어요.

메뚝씨 　 두 가지 문제점이 있어요. 첫째는 18~19세기 화려한 낭만주의시대 이후에 전쟁이 도래했다는 사실을 망각한 우리들의 무지가 있고, 둘째는 패가망신하기 전에 뭔가를 해야된다는 조급함이 있어요. 시대에 대한 몰지각과 조급함이죠. 더 이상 갈 데가 없다는 인식에서 다가올 지옥을 묵묵히 기다리는 블랑쇼의 가르침을 받아 낼 수 있어야겠죠.

똥팔씨 　 좋아요. 그럼 메뚝씨가 머리카락을 불살라가며 재정의한 블랑쇼는 무엇인가요?

메뚝씨 　 "겸허한 선비"라고 정의했어요. 조선시대에까지 존재했던 선비요. 변방에 있었던 선비를 처사라고 불렀어요. 처사는 관직에 나가지 않는 은둔의 실력자로, 대표적인 인물이 남명 조식이었는데 그의 가르침은 임진왜란 때 많은 의병을 탄생시키는 보이지 않았던 배경이었죠. 선비들이 가장 높게 평가했던 자리는 대제학이었고, 가장 존경했던 인물은 처사였어요. 실력이 있는데 나가지 아니하는 실력을 존경했기 때문에 그 사람에게 배우고 싶어서 서원 같은 일종의 비인가 학교들이 만들어진 것이죠. 세속에 발을 딛지 않는 정치적 영향이 이거죠. 아무것도 안 하는 사람이 아니에요. 막후 실력자예요. 블랑쇼의 꿈도 그게 아닌가 생각해요. 블랑쇼의 정치는 여기에 있죠. 블랑쇼의 정치는 현실 정치에 직구를 던지는 게 아니라 변화구를 던져 확고한 목표 지점을 향해 돌진하는 무모함을 견제하는 힘이었어요. 후세대들은 블랑쇼를 데려와 철학의 정치적인 영향력을 실천했죠.

똥팔씨 푸코가 대표적인 경우죠.

메뚝씨 푸코는 블랑쇼가 되는 꿈도 꿔요. 마치 조선시대 때 처사들을 보고 '나도 저렇게 되고 싶다.'며 선비들이 가졌던 욕망이에요. 침묵의 언어, 다시 말하면, 말하지 않음으로써 핵심을 찌르는 권력을 갖고 싶었던 거죠. 학자들은 그런 권력을 원해요. 정치가들처럼 TV에 나오는 건 싫으니까요. 블랑쇼의 장기간 침묵은 자신을 신비화시키려고 한 게 아니에요. 바깥에서 세속을 견제하는 놀라운 인간의 품격을 실천하고 싶었던 것이죠. 처사는 막강한 실력을 가지고 있어야 해요. 막강한 말발 말고, 글발이요. 똥팔씨는 그런 사람이 누구라고 생각해요?

똥팔씨 아직 분별할 수 있는 실력은 안 되지만, 예전에 잘 읽고 좋아해서 표지까지 모방한 작가는 있었어요. 부끄러워 말씀

모리스 블랑쇼

드릴 수가 없네요.

메뚝씨   누군가를 모방하여 접근하려는 시도는 나쁜 게 아니에요. 오히려 그런 시도를 반복하면서 가능하지 않은 꿈을 꾸는 게 문학이고, 정치라고 말한 사람이 블랑쇼예요. 가능한 시도는 전체주의로 가는 통로가 될 수 있어서, 불가능한 시도에서 실패하고, 또 실패하면서, 실패에 패배하지 않는 것이 블랑쇼가 말한 '불가능한 시도'예요. 실패에 패배하지 않는 것이 중요하죠. 우리는 뭔가를 시도했을 때 조급한 패배에 집중하는 바람에 다시 한번의 승부를 걸지 못하곤 해요. 졌다는 사실에 자기 자신이 지지 않으면 절대로 포기되지 않을 수 있어요. 블랑쇼가 말하고 싶은 바는 "우리는 졌다는 사실에 계속 승리하면서 가는 것이다. 우리는 질 수밖에 없다. 그러니까 졌다는 사실은 불가능하다는 것이고, 계속 지는 시합에 계속 시도하는 것이다. 그 시도를 대화로 하는 것을 무한한 대화라고 하는 것이고, 가능의 불가능성이다."라는 것이죠.

괴테, 셰익스피어는 자기가 글을 잘 쓴다고 생각했을까요? 괴테는 죽는 날까지 자기는 글을 못 쓴다고 생각했어요. 《파우스트》를 무려 60년 동안 퇴고했죠. 셰익스피어는 "나는 작가로 태어난 나를 죽여 버리고 싶다."고 했어요. 그들도 그랬다고요. 그들도 자기가 생각하는 경지에 도달할 수 없음을, 경지에 도달하는 것이 가능하지 않음을 인지한 것이죠. 니체는 그런 것도 지워버리고 "나는 왜 이렇게 글을 잘 쓰는가."라고 선언했기에 육체와 정신이 분리된 병을 얻었죠. 그 정도의 시도는 아무도 못해요. 니체가 꼭짓점이라고 늘 강조한 이유입니다. 그런 시도는 자기를 완전히 파괴해야지만 말할 수 있어요. 문학이 정치에 참여하려면 이런 시도를 하는 것이 블랑쇼의 아이디어라고 제가 해석한 거고요. 그래서 처사라고 하는 선비의 욕망, 조선시대에 존경을 받았던 처사가 블랑쇼와 비슷하다는 거예요.

똥팔씨 그 에너지가 지속이 가능할까요? 계속 바깥의 바깥을 향하는 시도에 한계는 없는 걸까요?

메뚝씨 그리하여서 공부죠. 니체도 얘기했죠. 우리가 그런 힘을 갖기 위해서는 학문이 즐거워야 해요. 학문이 즐거울 때까지 자기 육체를 다스리라는 것이 니체의 인식론이죠.

똥팔씨 내가 공부를 노동으로 해서 그런가 봐.(웃음)

메뚝씨 노동도 품질이 있어요. 자발적이고 무용한 노동은 우리가 생각하는 노동과 다르죠. 바깥을 향하는 무궁한 시도를 위해 우리는 무용한 것에 그만큼 철저해야 해요. 자기에게 이득이 되지 않은 것에 열정을 쏟을 때 블랑쇼가 말한 바깥의 경지가 감각될 수 있죠. 저도 노동하듯이 공부해요. "엄마가 보고 있다."라는 교실 표어처럼요.(웃음) 새벽 시간에 누가 나에게 말하듯, 내 자신을 타자화시키면서 공부해요. '지나간 시간은 오지 않는다.'고 외치면서 문자를 계속 씹죠. 오히려 돈 받는 노동할 때 보다 더 센 강도로 해요.

똥팔씨 며칠 전에 영화 <밀정>을 봤어요. "실패는 끝이 아니다." 라는 얘기를 하며 끝나더라고요. 이 말과 블랑쇼의 철학이 유사한 면이 있는 것 같아요.

메뚝씨 "실패는 끝이 아니다."라는 말이 실패를 추스르는 용기의 응원이 되긴 하겠지만, 철학을 존재 변화의 무기로 삼으려는 우리는 블랑쇼의 아이디어를 차용해서 이 시대의 진보를 혼돈스럽게 만들고 싶어요. 진보의 공동체(무위의 공동체)는 계속 그 혼돈을 인정하는 공동체라고 블랑쇼가 정의했죠. 블랑쇼의 철학을 차용해서 우리가 진보라고 믿는 역사를 한번 돌아볼게요. <밀정>을 말하셨으니 의열단의 수장 김원봉을 예를 들어 볼까요. 김원봉은 왜 의열단을 했을까요?

똥팔씨 독립을 위해서? 나라를 지키기 위해서?

메뚝씨 저는 아니라고 봐요. 아나키스트였던 김원봉의 목표는 '신이 없는 천국'의 건설이죠. 그는 마치 트로츠키가 영구혁명론을 통해서 전 세계를 이상국가로 만들겠다는 꿈을 꿨듯이, 이상향의 세계로 재편하고 싶다는 욕망이 있었어요. 그러나 이상향의 국가는 어디에도 없어요. 신의 천국도 없고, 신이 없는 천국도 없죠. 삶에는요, 천국이 없어요. 세계는 천국이 될 수 없고 천국이 좋은 것도 아닙니다. 우리가 숨쉬는 이 순간 자체의 현실이 최대 가치죠. 저 세계를 위해 이 세계를 희생하는 것보다 이 세계 자체를 긍정하는 것이 훨씬 더 위대하다고 생각해요.

똥팔씨 시대에 순응하는 이들을 긍정하자는 것은 아니죠?

메뚝씨 그러니까 김원봉 같은 독립 운동가를 진보의 끝으로 보는 그 시선에 혼돈을 주자는 이야기죠. 왜 우리는 그들이 진보의 끝이고 위대한 인간이라고 생각할까요? 특히 오늘날과 같은 상황에서 우리가 바라보는 진보의 방향이 대의 속에 머물 필요가 있을까요? 이런 질문을 통해서 우리가 바라보는 한계의 지점을 확장시킬 수 있어야, 블랑쇼가 말하는 바깥의 경지가 보일 거라고 생각해요. 정치는 정체성을 흔들어 놓는 겁니다. 우리는 진보주의자들을 좀 흔들어야 해요. '도래하는 공동체'와 '무위의 공동체'를 상상할 수 있게 하기 위함이죠. 외부의 불쾌한 자극은 버리고 싶고 차단하고 싶은 충동을 일으키죠. 그 불쾌함과 맞서는 문장을 완성하거나, 세밀한 세계를 표현할 수 있을 때 우리의 삶은 패배하지 않는 실패를 지속할 수 있죠. 쾌와 불쾌를 왕래하는 파장의 진폭이 존재의 묘예요. 천국은 없어요. 우리에게 가장 중요한 것은 우리에게 할당된 이 순간을 축복하는 힘입니다.

정리하자면, '블랑쇼는 겸허한 선비였고, 겸허한 선비의 욕망 또한 진보의 꿈이다. 그들이 꿈꿨던 정치의식도 공산주의였다. 블랑쇼는 공산주의를 끊임없이 파편화되는 세계라고 했고, 그 세계는 끝을 상정하지 않고 패배와 싸우는 실패의 연속이다.' 정도가 되겠네요. 이렇게 퉁치면 안 되는데.(웃음)

똥팔씨 당대에 블랑쇼는 결과로서 만들어진 공산주의를 싫어했다고 했잖아요? 도래할 공산주의에 대해서 얘기할 때 공산주의 말고 나는 공산주잉(ing)이라고 해야겠다고 생각했거든요.(웃음)

메뚝씨 맞아요. 《정치평론》이란 책에 <상속 없는 공산주의>라는 챕터가 있어요. 제목으로 끝이에요. 공산주의는 그 무엇의 상속자도 아니고, 이미 형성된 모든 공동체를 배제하는 관계들의 집합이기에, 진행형인 것이죠. 주의라는 말이 붙으면 철학을 명사화시키는데, 그 명사의 이후는 박제예요. 생명력을 잃는 것이죠. 서술어화시켜야 해요. 동사와 형용사로 철학을 이해해야 하죠. 과정이 전부인 것이 우리의 삶이고, 현재 진행형만이 현실 속에 작용될 수 있으니까요.

블랑쇼는 공산당의 공산주의는 아니지만 마르크스의 철학이 아니라고 말할 순 없다는 맥락의 표현을 자주했죠. "마르크스는 언어에 세 가지를 줬다. 하나는 언어는 직접적이지만은 않다. 두 번째는 무슨 언어든 정치적이다. 세 번째는 언어는 과학적 담론의 간접적인 언어다. 다시 말하면 과학적 담론으로 포괄할 수 없는 것의 바깥까지도 언어다."라고 했어요. 마르크스가 우리에게 혼동의 언어를 줬다는 것이죠. 블랑쇼는 마르크스의 진면은 실천적 선언이 아니라 그가 가졌던 언어관이라고 보았어요. 마르크스의 용어가 철학의 결정될 수 없는, 환원될 수 없는, 도달할 수 없는 경지를 발명했다는 것이죠.

똥팔씨 그러니까 마르크스가 당대에 있을 때 마르크스의 언어관은 최종 바깥이었다고 말하면 되겠네요? 마르크스주의자라고 자칭하는 인물들이라면, 그 바깥을 마르크스에서 끝내면 안 되고, 계속 바깥으로 나가야 된다고 주장한 사람이 블랑쇼라고 이해해도 될까요?

메뚝씨 마르크스가 얘기한 공산주의도, 코뮤니즘*도 공동체를 계속 의심하는 공동체였다는 뜻이죠. 공동체를 계속 와해하는 공동체, 과정으로서의 공동체고, 무위의 공동체예요. 때문에 진정한 공동체는 ~주의라는 말이 붙을 수 없어요.

똥팔씨 또 한번 주장해볼게요. 공산주잉(ing) 어때요, 괜찮지 않아요?

메뚝씨 좋아요.(웃음) 블랑쇼는 공동체, 커뮤니티, 공산주의, 코뮤니즘, 합일 같은 낱말들의 공통점인, '콤(com)'의 의미를 상당히 중요하게 생각했는데, 이 부분이 사르트르와 만나는 지점이에요. 대부분이 사르트르는 참여문학의 선두주자고, 블랑쇼는 은둔의 문학이론가라고 정의하는데 제 생각은 달라요. 블랑쇼의 문학을 참여문학이 아니라고 말할 수 없어요. 사르트르와 블랑쇼의 공통점은 '타자라는 무한한 세계로 열린 존재만이 인간'이라고 믿는 세계관에 있어요. 방법은 달랐지만 바라보는 소실점은 같았죠. 저는 이 둘의 관계가 진정한 우정이라고 봐요. 철학자들의 우정은, 타자의 고통을 지각하고 대변하는 능력을 겨루는 정당한 경쟁이에요. 물론 블랑쇼와 사르트르의 차이점은 있죠. 현실 앞에 서는 쪽이 사르트르고 현실 뒤를 받치는 역할이 블랑쇼니까요. 그런데 많은 학자들은 그들의 공통적인 세계관을 서술하지 않고 차이점만 부각하여 둘의 경쟁 구도를 마치 하나의 영웅 전쟁이라고 선전하는 경향이 있어요.

사르트르가 없으면 블랑쇼는 없습니다. 그들은 모두 '공동'의 문제를 평생의 업보로 삼은 철학자들이죠. 사르트르는 직접적인 행동의 역동성으로 문제를 해결하고 싶었고, 블랑쇼는 세밀하게 문제의 본질을 꿰뚫어 보고 싶어 했죠. 우리의 생의 주기에서도 행동이 과감할 때가 필요하고, 정확할 때가 필요하잖아요? 과감함과 정확함이 딱 맞아떨어져야 탁월한 인생을 살 수 있듯, 이 두 사상가들은 과감함과 정확함을 붙이면서 서로를 견제하며 철학을 세공했기 때문에, 그들이 살았던 시대에 철학이 영향력을 행사할 수 있었던 겁니다. 그걸 배워야 해요. 블랑쇼의 《우정》이라는 책이 있어요. 이 책도 마찬가지로 국내에 번역되지 않았어요.

똥팔씨   아니, 없는 책이 너무 많아. 번역 좀 해주세요!

메뚝씨   해주세요!(웃음) 이 책에 이런 말이 있죠.

> 진정한 우정은 경제 정치적 이득이 없는 공간 즉, 인류의 윤리적 측면을 고려한 공간에서만 가능하다.
>
> 모리스 블랑쇼 《우정》

자신과 사르트르는 하나의 우정 관계라는 비유적 표현으로 저는 읽었어요. 그 다음 표현도 주목할 만하죠.

> 기존의 신념과는 완전히 다른 확신으로 나가야 한다. 어렵고 본질적으로 위험하지만 이는 의심할 나위 없는 우리 시대의 과제이다. 간혹 제 의무를 다하지 못해왔던 공산주의는 이 과제를 엄격하게 우리에게 상기시켜야만 한다. 또한 예술 경험이 그의 고유한 영역에서 우리에게 환기시켜야 하는 것도 이 과제이다. 놀라운 일치가 아닌가.

"제 의무를 다하지 못한 공산주의"는 사르트르고, 예술 경험의 환기는 블랑쇼 자신이라는 거예요. 사르트르와 자신은 우정의 관계라는 거죠. 어때요? 놀랍죠? 이 공통점을 찾자고요. 뭔가를 배워야죠.

똥팔씨   영화 <동주>에서 동주와 몽규의 관계처럼요.

메뚝씨   그렇죠. 동주와 몽규처럼. 사르트르와 블랑쇼, 그 둘이 있어서 철학과 예술을 정치로 승화시킬 수 있는 가능성의 표본이 되죠. 그 둘이 사라진 시대, 한 명만 있는 시대에는, 정치가 행동주의나 선동주의로 가거나 사적 쾌락에 기댄 순수주의 쪽으로 가게 됩니다. 둘이 같이 있어야 해요. 블랑쇼가 말했던 정치는 기본적으로 타자의 고통에 대한 이해예요. 다른 것들은 그 다음의 문제죠. 내 고통에 대한 이해는 정치가 아니에요. 타자의 고통에 대한 이해가 정치죠. 그 고통을 해결하기 위해 블랑쇼는 고통의 세부를 서

모리스 블랑쇼

술하기 위해 문학을 사용했고, 직접적으로 고통을 막아주고 싶었던 사르트르는 문학을 이용한 것이죠. 사르트르가 잘못했다고, 블랑쇼가 비겁했다고 보는 관점은 나태한 사고방식이라고 생각해요. 그들은 시대와 현실 앞에서 극단적이었어요. 정치는 타자의 고통에 대한 극단의 우정이 펼치는 향연이자 축제예요. 보다 나은 세상은 고통의 쓸모를 정확하게 작동시킬 수 있는 장치의 창안으로 구성될 수 있죠. 그래서 국회의원들은 블랑쇼를 공부했으면 좋겠어요. 현실 정치에 참여하는 정치인들이야말로 타자의 고통에 아주 정확하고 예민한 감각을 키울 필요가 있죠. 반면 문학가들은 실천가를 만났으면 좋겠어요. 그래야 서로가 양극단에서 타자의 고통을 해소하는 지점을 찾을 수 있죠.

똥팔씨 우리 팟캐스트에 국회의원을 상시 초청하면 좋겠네요.(웃음) 이제 정리할 시간이 다가온 것 같아요. 블랑쇼의 세부에 대해 마지막으로 정리해 주세요.

메뚝씨 블랑쇼는 <문학과 죽음의 권리>에서 이렇게 얘기해요.

> 마르크스가 사회를 파악하려고 애를 쓴 것은 잘 알려져 있다. 중요한 것은 우리가 마르크스만큼의 수고를 문학에 대해서도 기울여야 한다는 것이다.
>
> 모리스 블랑쇼 <문학과 죽음의 권리>

현실과 가상은 분리가 불가능하기에 현실적 차원의 노력을 예술의 영토에도 궁리해야 한다는 뜻이에요. 현실은 명확한 듯 보여도 확증할 수 없는 미지의 세계예요. 가상의 질서와 같은 것이죠. 따라서 가상이 현실을 이해할 수 있는 형식으로 전화시켜야 현실을 확증하는 타성과 싸울 수 있어요. 쉬지 않고 나아가려면 현실을 현실답게 바라볼 시선이 있어야 하죠.

똥팔씨   직접적인 현실의 문제만큼 간접적인 문학이 현실이 될 수 있다는 뜻인가요?

메뚝씨   가능한 세계와 불가능한 세계는 뫼비우스의 띠와 같은 형상이에요. 가능한 세계는 불가능한 세계의 이면인 셈이죠. 간접적인 세계(불가능한 세계)가 직접적인 세계(가능한 세계)에 가장 강력한 타자라는 인식이 있어야 확증이라는 관성 속으로 빨려 들어가지 않을 수 있어요. 인류의 진보는 나아가는 과정 그 자체라는 의미예요. 완성은 없는 것이죠. 때문에 블랑쇼는 문학을 "죽음의 참을성"이라고 해요. 흔히 신념이나 이념으로서는 죽음을 초월할 수 있다고 믿지만 그것은 죽음을 오해한 시선이죠. 우린 직접적으로 죽음을 대면할 수 없으니까요. 문학을 통해 간접적으로 죽음을 붙일 수 있을 때만이 오해 없이 그 죽음을 현실 세계에 빈영할 수 있어요.

블랑쇼는 "나는 죽지 못하면 사라져간다."고 고백하기도 해요. 이 말은 죽음이라는 말조차도 이념과 신화에 오염되었기 때문에 문학은 이 말을 버려야 한다는 뜻이에요.

사라짐은 죽음보다 더 철저한 존재 이해의 형식일 수 있다
는 거죠. 무서운 말이에요. 죽음까지는 그래도 견딜 수 있
는데, 내 이름조차 사라져간다는 공포를 블랑쇼는 계속
대면하라고 가르치는 겁니다. 사라짐과 대면하는 게 문학
이고 예술이고, 철학이며, 정치죠. 이것이 현실 참여보다
덜 숭고하다고 말할 순 없어요. 저는 블랑쇼의 '문학은 죽
음의 참을성'이라는 개념이 지금 이 시대에 우리처럼 현실
참여에 가담하지 않으면서 진보를 말하는 사람이 가져야
하는 정치 의식 중에 하나라고 봐요. 철저한 문학은 그 자
체가 정치인 거죠. 때문에 글쟁이들에게 정치는 문자를 더
세밀하게 다룰 수 있는 실력이겠죠. 블랑쇼가 "진정한 독
서는 글쓰기"라고 주장한 이유도 여기에 있고요. '만권의
책을 읽고 만 길을 가는 건' 허무맹랑한 소리고, 빈 종이에
써 내려가는 그 몰입의 고통을 흔적으로 읽어낼 수 있을
때 독서는 하나의 정치가 될 수 있어요. 이 흔적을 추동하
는 힘이 블랑쇼가 보기에는 죽음에 대한 참을성이라는 거
죠. 훌륭한 작가는 죽음에 대한 참을성이 높은 작가고, 훌
륭한 책은 그 참을성이 그대로 녹아들어간 책이겠죠. 이
책이 니체가 말한 피로 쓴 책이고, 블랑쇼가 말한 문학이
고 독서예요. 현실의 타자로서의 책, 생의 촉발로서의 죽
음, 현실 정치를 견제하는 예술이 현실 변화를 위한 실천
만큼 위대한 정치 행각입니다. 공부 그 자체가 정치인 겁
니다.

블랑쇼로 가는 길

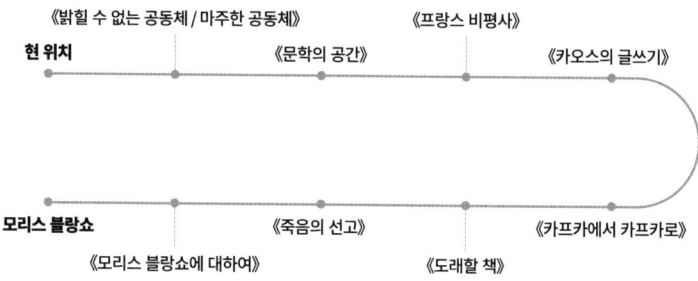

블랑쇼 독해는 딱히 순서가 있을 수 없어요. 변증법적으로 발전된 사유가 아니라 시대의 면면을 톺아보면서 서술한 글들이기 때문이죠. 그러나 먼저 공부한 사람으로서 블랑쇼 이해에 살짝 도움이 될 수 있도록 순서를 배치해 보았어요. 추천드릴 첫 번째 책은, 장 뤽 낭시와 같이 쓴《밝힐 수 없는 공동체 / 마주한 공동체》예요. 짧아서 좋은 책이죠(웃음). 두 번째로 추천드리고 싶은 책은 바타유가 블랑쇼의 대표작이라 말한《불의 몫》과《무한한 대화》인데 둘 다 번역본이 없어요(다시 한 번 번역 부탁드려요!). 아쉽게도 세 번째 책으로 넘겨야 합니다. 국내에선 그의 대표작이라 소개되는《문학의 공간》을 접하는 것이 블랑쇼로 가는 가장 현명한 길이 될 수 있어요. 이 책은 사실 대표적이기 보다는 질정기에 쓴 책이죠. "실패한 시도"라는 블랑쇼를 관통하는 개념이 여기에 나와요.

세 번째로 추천드리는 책은, 한국 비평의 신화 김현의 비평집《프랑스 비평사》중 블랑쇼 편을 골라 드리고 싶어요. 바슐라르 편과 함께 읽어보면 같으면서도 다른 미묘한 차이를 찾는 독서의 기쁨을 얻을

모리스 블랑쇼

수 있을 겁니다. 네 번째로 추천하고 싶은 책은 잠언으로 쓴《카오스의 글쓰기》예요. 니체의《아침놀》,《선악의 저편》처럼 강도 있는 잠언들로 구성된 책인데 하루 한 편씩 읽으면 블랑쇼를 지각할 수 있으리라 확신합니다. 다만 블랑쇼를 정확하게 잡을 순 없다는 것을 명심하고 접하셨으면 좋겠어요. 디저트로《카프카에서 카프카로》를 읽어 보시는 것도 좋아요. 카프카를 좋아하시는 분이라면 블랑쇼의 눈을 통해 새롭게 이해되는 카프카를 만나실 수 있을 겁니다. 다음은《도래할 책》과《죽음의 선고》인데, 제가 정말 추천하고 싶은 책은 블랑쇼가 직접 쓴 소설이에요.《죽음의 선고》속 주인공의 대화에 블랑쇼가 추구하는 바가 모두 있다고 생각해요. 블랑쇼를 알기 위해선 블랑쇼의 언어를 느껴야 하니까요. 마지막으론 레비나스가 쓴《모리스 블랑쇼에 대하여》란 짧은 책인데, 레비나스를 숭배하면서 번역했기 때문에 번역 방식으로 직역을 택해 어렵게 나온 것 같지만 좋은 책이에요.

블랑쇼 사상이 파노라마적으로 펼쳐져 있어서, 지도를 그리기가 좋지 못해요. 지도를 제작하는 것 자체가 불가능하기도 하죠. 특히 블랑쇼는 죽음을 떠나서 이해될 수 없기 때문에 작품마다 고통이 느껴집니다. 블랑쇼를 읽게 되면 생을 더 예민하게 사랑할 수 있죠. 다만 놀라운 사랑이 큰 아픔을 동반한다는 사실을 잊지 않고 접하셨으면 좋겠어요. 블랑쇼의 어려움은 블랑쇼가 쓴 고통을 우리가 참아내기 어렵기 때문입니다. 부디 죽어감의 막막함과 죽음의 공포에 패배하지 않으시길 빕니다. 생을 아끼기 위해 죽음을 감각하는 놀라운 시간이 함께 하시길...

클로드 레비스트로스

1908 ~ 2009

혹시 청바지 회사 사장님이신가요?

'가까운 것은 곧 먼 곳이고, 먼 것은 곧 가까운 곳'에 대하여

메뚝씨   오늘 밤 시간을 나눠 볼 철수는 누군가요?

똥팔씨   오늘의 철수는 프랑스 구조 인류학자인 클로드 레비스트로스입니다.

메뚝씨   레비스트로스!

똥팔씨   바로 레비스트로스의 생애부터 들어가볼까요? 그는 1908년 벨기에 브뤼셀에서 태어났죠. 친가는 예술가 집안으로, 아빠는 화가, 할아버지는 궁중 음악가였습니다. 그리고 외가 쪽은 아주 엄격한 랍비 집안이었죠. 하루에 기도만 10시간을 할 정도로 굉장히 엄숙했다고 합니다. 레비스트로스는 예술가적 기질의 풍부함과 신비적 엄숙함이 만난 집안에서 태어난 거죠. 특히, 화가이자 골동품 수집가였던 아빠의 영향이 어떤 하나의 대상을 꼼꼼하게 살피고 기록하는 사람으로 성장하게 했던 것 같아요.

메뚝씨   그렇죠. 레비스트로스는 어렸을 적부터 꼼꼼하게 관찰하고 카드 기록부에 정리해 두는 것이 습관화되었어요. 레비

스트로스뿐만 아니라 프랑스 철학자들은 병원 차트처럼 목록화된 것을 가지고 있어요. 구체성에서 시작하는 것이 그들의 특징입니다. 레비스트로스의 어린 시절 이야기 중 흥미로웠던 것은 세벤 지방 산지에 살 때 자연에 너무 감격한 나머지 10~15시간을 걸어 다녔다는 부분이었어요. 아마 이때부터 레비스트로스가 인류학적인 기질을 갖지 않았나 생각해보게 돼요.

똥팔씨 1914년 제1차 세계대전 발발로 파리에 살던 레비스트로스는 베르사유에 있는 외가로 피하게 됩니다. 굉장히 엄숙했던 분위기의 외가라, 그 답답함을 해소하기 위해《돈키호테》를 주야장천 읽었다고 하더라고요. 전쟁이 끝난 후 파리로 돌아온 그는 벨기에 사회주의자 반테르라는 친구를 통해 마르크스를 접하게 됩니다.

메뚝씨 레비스트로스는 마르크스의 사상적 측면보다 마르크스의 문체, 책의 문장을 많이 좋아했어요. 그의 책을 읽어보면 마르크스의 문장과 비슷한 리듬을 가지고 있는 게 많아요. 기존의 인류학 책은 대부분 보고서 형식이거든요. 그런데 그는 1인칭 문장의 인류학 책을 써 버립니다. 마르크스의 1인칭 문체에 영향을 받은 거죠.《슬픈 열대》를 읽어보면 마르크스의《독일 이데올로기》서문과 굉장히 비슷해요.

똥팔씨 문장뿐만 아니라 실천적인 측면에서도 마르크스주의 학생회 활동을 했었죠.

메뚝씨 그렇죠. 1928년부터 1931년까지 3년 동안 마르크스주의 활동을 뜨겁게 했죠. 그러면서 사회주의 학생회 사무총장으로 선출되고, 국회의원 비서도 하게 됩니다. 하지만 조직 내 갈등과 싸움이 정치에 대한 회의로 점차 바뀌기 시작했죠. 분명 정치적으로 성공할 수 있던 케이스였는데도 불구하고 싸우는 것이 싫어서 정치 현장을 결국 떠난 겁니다.

똥팔씨 그 후 정치보다는 학문 영역으로 자신의 진로를 바꿔 소르본 대학 법학부에 입학합니다. 부전공으로는 철학과를 선택하고요. 그리고 1931년 철학교수자격 시험에 응시하여 최연소로 합격을 하게 되죠. 그런데 의아한 것은 철학교수에 합격할 정도로 뛰어났는데, 그의 회고록에 이런 말을 남기죠. "나는 그 모든 공부를 수동적으로 행했다." 철학에 회의감을 갖고 있었던 듯해요.

메뚝씨 레비스트로스는 기본적으로 철학을 공부해본 적이 없어요. 왜냐하면 프랑스에서는 철학을 하려면 짧은 소설인 콩트부터 읽어야 하고, 당대에 유행했던 후설의 현상학을 접해야 했어요. 그러려면 데카르트를 읽어야 했을 텐데 그는 몰랐거든요. 그는 어렸을 때부터 생물학과 같은 과학 책들을 주로 읽었으니 철학이 어려웠겠죠. 그래서 법학으로 돌리고 곁다리로 철학을 공부한 거예요. 훗날 그는 철학을 평생 동안 철학이란 증표로 말하지 않는 이상한 철학자가 됩니다.

똥팔씨   한창, 철학에 회의를 느끼고 있을 때 로버트 로이의 《미개의 사유》라는 책을 접하게 됩니다. 이 책은 원시 부족 사회를 여러 가지 사진 자료와 함께 해설한 책인데, 레비스트로스는 이 책을 보고 인류학에 푹 빠져들게 되죠. 아카데미 철학은 머리로만 하는데, 인류학은 삶이라는 현장성을 갖고 있었기 때문이죠. 아마도 들판을 달리던 어린 시절의 심장이 다시 뛰기 시작했으리라 짐작됩니다.

메뚝씨   레비스트로스는 길게 늘어뜨려서 살았기 때문에, 자기는 항상 대단한 인물이 안 된다고 생각했어요. 그래서 그런지 학창시절부터 토론과 같은 자리에는 참여하지 않았죠. 열등감에 시달렸던 인물입니다. 왜냐하면 그는 학창시절에 특출한 능력이 있었던 것도 아니고 무엇을 잘한다는 칭찬을 받아 본 경험도 없었죠. 더욱이 그 시대를 지배하는 부류에 속해 있지도 못했어요. 프랑스는 철학 분야가 그 시대의 사상을 지배했거든요. 그래서 철학을 공부하지 않았고, 항상 그 밖에서 관찰하는 입장이었죠. 철학교수자격시험도 우연히 된 거예요. 평생 철학을 멀리서 관찰하는 관찰자의 입장으로 살았기 때문에 아마 《미개의 사유》와 같은 책의 현장성이 흥분을 주지 않았나 생각해요.

똥팔씨   대단한 인물은 아니었을지 몰라도, 늘 기회가 붙어다니던 행운의 철수였던 것 같습니다. 1935년 프랑스 중등학교에서 교편을 잡고 있을 때, 프랑스 문화 사절단 자격으로 브라질의 상파울루대학 사회학과 교수로 초빙되었어요. 이때 찾아 온 기회가 레비스트로스를 평생 인류학자로서 살게 하죠. 그는 브라질에 머물면서 아마존 유역의 수렵 채집 부족들을 찾아 로버트 로이와 같이 현장 속으로 들어가 봅니다. 그때 찾아갔던 부족이 카드메오족, 보보르족, 남비카와라족, 투피카와이 부족이죠. 이 부족들은 나중에 《슬픈 열대》의 배경이 됩니다. 하지만 안타깝게도 현장을 누빈 시기는 이때뿐이에요. 그것도 방학 때 잠깐이었죠.

메뚝씨   그것도 인류학적인 관점을 갖고 간 건 아니었어요. 관찰자 시점의 저널리스트로서 기자 정신을 갖고 간 거죠. 통역사 한 명과 수첩, 사진기를 갖고 말이에요. 그곳에서 있었던 이야기는 조금 있다가 더 할게요. 브라질에 머물고 있을 때 큰 사건이 발생하죠?

똥팔씨   네. 1939년 브라질에 머물면서 아마존에 있는 부족과 관련된 논문을 쓰고 있을 때 제2차 세계대전이 발발하게 됩니다. 그리고 참전을 위해 프랑스로 귀국하게 되죠. 하지만 나치가 프랑스를 점령하게 되자, 유태인이었던 그는 미국으로 피난가게 됩니다. 이때 때마침 록펠러 재단의 도움을 받죠.

메뚝씨   당시 록펠러는 석유 재벌이었어요. 그래서 전쟁을 통해 엄청난 이윤을 남길 수 있었습니다. 그들은 그렇게 벌어들인 재산의 비윤리적인 행각을 감추기 위해 유럽 지식인들의 탈출 작전을 도왔어요. 레비스트로스는 그 도움을 받은 것이고요.

똥팔씨   미국에 도착해서도 로버트 로이가 나서서 먹고 살 자리까지 알선해주잖아요. 정말 기회와 행운의 철수예요. 본인도 그렇게 말하고 있고요. 미국은 그에게 위기가 아니라 오히려 기회의 땅이 됩니다. 그의 사상에 지대한 영향을 주게 되는 구조주의 언어학자 야콥슨을 만나게 되니까요.

메뚝씨   그렇죠. 야콥슨의 사상은 레비스트로스에게 자신감을 불어넣어주는 계기가 됩니다. 야콥슨의 이론에 대해 간단히 설명드리면, 그는 음운론을 통해 일반 언어의 구조를 밝히려 했던 학자입니다. 예를 들어볼게요. 어떤 지역이든 많이 접하는 대상이 있잖아요. 어떤 데는 매가 많고 어떤 데는 물고기가 많죠. 그러면 그 물고기를 어떻게든 지칭해야 했고, 또 물고기와 새를 각기 다른 말로 지칭해 써야 하죠. 그러기 위해서는 차이를 발견해야 하고, 그 차이가 자연스럽게 말로 되었다는 겁니다. 물론, 이 이론에도 한계가 있어요. 그렇게 받아들이면 우리의 모든 세계는 닫힌 세계가 되어 버리거든요.

똥팔씨   구조주의가 가진 한계와 같죠.

메뚝씨   네. 하지만 유목민이라는 관점에서 보면 끊임없이 교류하며 살기 때문에 살짝 골 때리는 주장이 될 수 있긴 합니다만 야콥슨의 주장을 들은 레비스트로스는 큰 충격을 받죠.

똥팔씨   그런데 레비스트로스도 자기가 어렸을 때부터 구조주의에 타고난 인식이 있었다고 해요. 예를 들면 '정육점'의 'ㅈ'

과 '정당'의 'ㅈ'이 같은 'ㅈ'인데도 서로 다른 의미를 가지고 쓰이잖아요. 그래서 'ㅈ'에는 아무런 의미가 없다고 생각한 거죠. 이런 인식의 연장선상에서 야콥슨을 만났으니 무척 놀라워했을 거예요.

메뚝씨   자기가 분류하는 데 탁월한 능력이 있었다는 거죠. 그래서 야콥슨처럼 차트화해서 과학적으로 정리할 수 있겠다는 자신감을 갖게 된 겁니다. 그때까지도 인류학은 민족을 그냥 나열하는 정도였어요. 아직 발굴되지 않은 신기한 사람들이 살고 있다고 말하는 정도였죠. 다큐멘터리라고 생각하면 돼요. 그런데 그렇게 하면 모험가들의 호상적 취미 또는 자기 욕망의 충족밖에 안 되잖아요. 근본적인 사상도 될 수 없고, 철학도 될 수 없어요. 하지만 레비스트로스는 야콥슨을 만나면서 인류학도 보편적인 사상이 될 수 있는 가능성을 보게 된 거죠.

똥팔씨   그래서 프랑스 수학자들이 사용한 언어에도 관심을 갖게 되는 것이군요.

메뚝씨   그들이 부르바키 학파*죠. 형식 수학과 논리학을 통해 보편 이론에 도달하려 했던 사람들입니다. 즉, 논리체계로 하여금 완벽한 세계로 접근하려 했던 사람들이었죠. 물론 실제하고 거리가 멀다는 비판을 받았지만 그것은 아주 낡은 생각이에요. 완벽에 가까운 궁극의 사상이 되려면 우리는 수학적 언어 체계를 빌려올 수밖에 없어요. 레비스트로스는 그것을 중요하게 생각하고 있었고요. 우리는 진리가 있다고 어떻게 확인할 수 있나요? 보이지 않는 진리에 옷을 입힐 때만이 비로소 감각할 수 있습니다. 그 옷이 형식이라는 거죠. 예를 들면 예수님의 말씀과 부처님의 말씀을 비교함으로써 진리의 차이가 무엇인지 판단할 때 "아, 나의 말이 진리구나!"라고 느낄 수 있는 거예요.(웃음) 이렇게 형식을 카테고리화할 때 진리가 무엇인지 판단할 수 있는 것입니다.

똥팔씨   레비스트로스는 논리적 형식을 통해 변형을 가능케 하는 보편 구조를 찾으려고 했던 것이었고요.

메뚝씨   그걸 가리켜 심연 또는 원형이라고 합니다. 인류학은 미국에서 발달한 분과예요. 프랑스는 인류학 자체가 생물학에 한정되어 있었어요. 그런데 레비스트로스는 호상한 취미로써의 표피가 아닌 심연에 흐르는 보편적 구조에 접근하면서 프랑스 인류학을 진일보시키고자 했죠. 여기서 말하는 구조는 마르크스의 하부구조*예요. 레비스트로스는 마르크스가 하부구조를 분석하고 그것을 통해 상부구조*로 나아가는 데 실패했다고 말해요. 마르크스는 상부구조 이론을 만들지 못했다는 거죠. 그런데 마르크스는 그게 불가능한 줄 알았어요. 프롤레타리아는 민중 전체가 만드는 것이기 때문에 궁극적 보편성이라는 상부구조를 자기 혼자 만들 수 없다고 느낀 거죠. 그러다 말년에 갑자기 어디서 용기가 솟았는지 상부구조 이론을 만들려고 했습니다.

                                               클로드 레비스트로스

자, 그럼 상부구조 이론을 만들면 어떻게 될까요?

똥팔씨   당연히 여기저기서 화살이 막 날라 오겠죠.

메뚝씨   그렇죠. 진리를 만드는 거니까요. 그리고 자기가 지금껏 주장한 것이 문화적 상대주의*인데, 구조적인 상부구조 이론*을 만들면 어떡해요. 나중에는 내적인 모순이 생겨 인류학을 포기하게 됩니다. 이것이 레비스트로스를 이해하는 또 하나의 중요한 코드예요.

똥팔씨   구조주의적 접근으로서 그의 존재감이 드러난 글이 <친족의 기본 구조>라는 논문이었죠.

메뚝씨   여기서 구조라는 말을 잠깐 정리하는 것이 좋을 것 같아요. 구조라는 것은 어떤 한가지 보편적 질서를 통해 우리 사회에 일어나는 현상을 이해하려고 하는 거예요. 현재 인류학자들은 구조를 분석하기보단 이해의 확장에 있어요. 우리가 상식이라고 믿는 것을 조금 더 넓히려고 하는 거죠. 그런데 레비스트로스가 한 일은 조금 달랐어요. 그는 형이상학적 아이디어를 가지고 한가지 심층적 구조를 찾으려 했던 거죠.

똥팔씨   프로이트가 정신분석학을 통해 인간 심리의 구조를 찾으려 했던 것과 같은 맥락이군요. 아무튼 <친족의 기본 구조>는 레비스트로스라는 이름을 세상에 새기는 계기가 되었죠.

메뚝씨 사실 <친족의 기본 구조>가 큰 반향을 일으킬 수 있는 조건은 아니었어요. 아무도 그를 몰랐으니까요. 당시 프랑스에서는 철학이 사상사를 지배했기 때문에 문학을 해도, 사회학을 해도 철학을 공부해야 했어요. 그런데 레비스트로스는 철학적 활동에 있어 어떤 이력도 없었고, 특별히 언론에서 다룬 적도 없었죠. 그렇기 때문에 슈퍼 스타가 될 가능성은 전무했습니다. 하지만 무에서 유의 가능성을 준 게 바로 시몬 드 보부아르였죠.

똥팔씨 사르트르와 퐁티가 창간한 잡지 《현대》*에 보부아르가 <친족의 기본 구조>에 관한 평론을 쓰면서 그렇게 된 거죠.

메뚝씨 네. 그것도 아주 길게 써요. 보부아르는 당시 자신의 저서인 《제2의 성》을 다 썼을 때였어요. 그녀는 자신의 책을 증명할 수 있는 확고한 데이터가 더 있었으면 했죠. 공간학*적으로 증명해줄만 한 인류학적 데이터가 필요했던 것입니다. 마침, 그녀의 친구가 레비스트로스의 글을 소개해줍니다. 인류학 책인데 문장도 좋고 글도 괜찮다고 하니 초고를 읽어 볼 수 있도록 부탁했죠. 그런데 그녀는 레비스트로스의 책을 사르트르의 실존주의 방식으로 해석하고 평론을 쓰게 됩니다.

"프랑스의 사회학은 긴 잠을 자고 있었다. (…) 이것이 사회학의 원본이다."

엄청난 칭찬을 한 거죠. 그 결과 <친족의 기본 구조>는 인류학의 바이블이 되죠. 레비스트로스를 실존주의식으로 이해한 걸 보면 보부아르는 분명 다 안 읽었어요.(웃음) 실존주의를 인류학적으로 증명하고 싶은 욕심에 조급했죠. 왜 이렇게 조급했을까요? 보부아르의 저서인 《제2의 성》도 여성에 대한 공간론이었어요. 역사를 많이 알았던 보부아르는 시간론을 가지고 있었지만 공간적으로 증명된 사회학적인 데이터는 부족했었죠. "어떤 사회의 여성이 몇 퍼센트의 어떤 일을 하고 있는가?"라는 공간론적 데이터가 필요했던 것입니다. 인류학적인 정보를 갖고 싶었던 욕망이 그런 오판을 낳게 했고, 본의 아니게 레비스트로스를 상당히 띄우는 역할을 했던 것이죠. 레비스트로스는 그때부터 뜬 거예요.

똥팔씨   레비스트로스는 그 탄력을 받아 브라질에서 만났던 원주민 4개 부족을 대상으로 모았던 자료를 바탕으로 《슬픈 열대》를 쓰죠. 이 책을 통해 레비스트로스라는 이름을 세상에 확실히 알리는 계기가 됩니다.

메뚝씨   왜냐하면 인류학의 문체와 문법을 완전히 바꿔버렸기 때문이에요. 앞에서도 말했지만, 이전까지 인류학은 보고서 형식으로 글을 썼었거든요. 탐구 보고서 같은 조사 논문 형식이었죠. 그런데 그가 에세이로 쓴 거예요. 그게 엄청 파격이었죠. 또 문체도 화려해서 별의별 상을 다 받아요. 이 책이 인류학을 매력적인 학문으로 만드는 데 기여했다는 거죠. 《슬픈 열대》 정말 재미있어요. '여행기는 이렇게 쓰는 거구나'라는 표본을 볼 수 있습니다. 이건 연구를 위해 썼다기보다는 심심해서 썼어요. 오래된 기억을 붙잡기 위해서 쓴 거죠.

똥팔씨   1937년, 브라질을 여행하면서 남긴 자료를 바탕으로 1955년에 쓴 책이니까 대략 20년 전의 기억을 바탕으로 쓴 책이죠. 이 책의 명성과 함께 1958년 콜레주 드 프랑스 인류학과 정교수로 발탁되기까지 합니다. 대단하죠.

메뚝씨   프랑스 사회에서 성공하려면 누가 알아야 해요. 대중적인 성공과 함께 학계에서도 인정받아야만 어떤 자리에 오를 수 있어요.

똥팔씨   콜레주 드 프랑스는 시민 대학이면서 학계에서는 최고로 명예로운 자리죠. 종신직이라 정원 중 누가 죽어야지만 들어갈 수 있는 자리로서 학문적 권위가 없으면 들어가기 힘들어요. 그리고 자기 연구에 몰입할 수 있는 환경이죠. 시민들을 위한 최소한의 강의만 하면 되고요.

메뚝씨   그런데 그 강의도 싫어했다고 해요. 연간 26시간만 강의하면 되는데 말이죠.

똥팔씨   그래도 대학에 교수로 가는 것보다 훨씬 좋아했다고 해요. 교수로 가면 논문 심사해야 되지, 귀찮은 행정 절차들도 처리해야 하지. 하지만 콜레주 드 프랑스에서는 그럴 필요가 없으니 자유롭죠.

     클로드 레비스트로스

메뚝씨   그것도 그렇지만 콜레주 드 프랑스의 교수는 사회적 지위라는 게 장관급이기 때문에 한마디만 해도 신문 1면에 얼굴 나와요. 그 영향력, 정치적 파워, 사람들의 주목을 받을 수 있는 자리니 그 삶이 얼마나 흥분되겠어요?

똥팔씨   세상 사람들이 자신을 알아주니 좋았겠죠. 여하튼 콜레주 드 프랑스에 있으면서 시민 강좌와 자기 연구를 통해 연구 결과물들을 만들어 냅니다. 그 책이 1962년에 쓴 《야생의 사고》와 1964년부터 1971년까지 쓴 《신화학》 4권이죠. 신화학의 경우 우리나라에선 2권까지만 번역이 됐습니다. 그 후 1974년 프랑스에서 가장 권위 있는 학술 기관인 아카데미 프랑세즈의 회원으로 발탁되어 프랑스어 사전 편찬에 참여하고, 여러 상을 주는 심사 위원 역할도 하게 되죠. 물론 원고 활동도 꾸준히 하죠. 노년에 또 세계 여러 대학으로부터 명예 교수 직함도 많이 받고 여행도 많이 다니죠. 1981년에는 한국에도 왔어요. 일본은 좋아해서 자주 갔고요. 그렇게 노년을 살다가 2009년, 만 100세 나이로 생을 마감합니다.

메뚝씨   우리나라 지성계에서의 레비스트로스는 예나 지금이나 대단한 스타는 아니에요. 이 분의 삶이 가늘고 길기 때문에 책도 가늘고 길죠. 그래서 그런지 매력적이진 않아요. 그래도 레비스트로스가 보여준 삶의 태도는 상당히 존경할 만합니다. 한가지에 몰두하고 끈질기게 쭉 이어가는 거죠. 그의 삶을 대표하는 문장이 있어요.

"가까운 것은 곧 먼 곳이고, 먼 것은 곧 가까운 곳이다."

가까운 것이 오히려 멀리까지 인식할 수 있는 도구가 되고, 먼 것이 인식을 가깝게 하는 도구가 될 수 있다는 이야기죠. 그렇기 때문에 가까운 것과 먼 것의 절충이 필요한 것입니다. 그래야 긴장 상태를 놓지 않을 수 있고 세계를 보편 타당하게 이해할 수 있는 사유 방식을 가질 수 있어요. 이것이 그의 생을 한마디로 요약해줄 수 있는 중요한 핵심 문장입니다.

클로드 레비스트로스

우리 모두 식인종이다

문명과 야만의 분할 지점에 대하여

똥팔씨   오늘 우리가 이야기할 주제는 '문명과 야만의 분할 지점'입니다. 여전히 세계 곳곳에서는 문명이라는 이름으로 폭력적 행위들이 일어나고 있어요. 오늘날, 그 중심에는 미국이 있고요.

메뚝씨   동감입니다. 미국으로 대표되는 기술 진보의 절대주의가 야만을 정복하고 있는 시대라 할 수 있어요. 한창 사드가 이슈였는데, 이것은 문명과 야만이 자행되던 대항해시대의 폭력성과 아주 유사해요. 15세기 스페인과 포르투갈이 라틴아메리카를 침략할 때 총과 성경책을 가지고 갔어요. 지금은 핵무기와 사드죠. 사드는 성경책의 대리물입니다. 즉, 내가 니들 공격하지 않고 방어해줄 테니 내 말 들으라는 거죠. 이건 15세기 제국주의와 완벽히 같은 폭력의 논리입니다. 사드는 미국의 안정망이에요. 서양이 아메리카를 정복했던 논리로 미국이 우리나라를 침범해 오고 있는 거고요. 우리가 침략당했다는 사실을 알아야 합니다. 하지만 침범당하는 것에 익숙해져서 우리는 이게 뭔지도 모르는 거죠. 주권을 빼앗기고 있는 겁니다. 미국 정치에 놀아나고 있는 거죠. 그들은 이것을 대선에 이용해서 우리를 장기 말처럼 오락가락하게 하는 거고요. 이럴 때마다 우리나라는 왜 아직도 이렇게 살아야 하나라는 생각이 들어요. 레비스트로스가 말하고 싶은 게 "서양이 침략했다는 사실, 그 사실을 알고 반성하라."라는 거예요.

뜬금없지만 요요 아시죠? 제가 요요를 굉장히 좋아하는데 이 이야기로 오늘의 주제를 풀어가 보면 될 것 같아요. 요요는 자본으로 절대 환원될 수 없는 놀이입니다. 며칠 전, 요요 세계대회가 있었거든요. 그 대회를 세계에서 실시간으로 시청하는 사람이 300명 살짝 넘었더라고요. 요요를 제일 잘하는 나라가 일본이에요. 일본 내의 대회가 세계대회보다도 더 클 정도죠.

똥팔씨 일본은 그런 마니아 문화가 제대로 뿌리내렸어요. 돈과 상관없이 자신이 좋아하는 것이면 눈치 보지 않고 올인하죠.

메뚝씨 일본의 정치가 그렇게 썩었는데도 나라가 망하지 않는 이유라 생각해요. 일본은 아직도 자본주의에 다 포섭되지 않았다는 거죠. 그런데 우리나라는 자본으로 환원되지 않으면 없는 게 되어 버려요. 어른이 요요하고 있으면 '나이 먹고 뭘 저런 걸 해?'라는 시선으로 보죠. 이 시대에 무용한 것은 딱 한 시점에서만 작용해요. 단발로 끝나기 일쑤죠. 유용하다고 판단되는 것만이 먼 미래와 과거를 연결할 수 있어요. 한마디로 돈 되는 것만 지속되는 세상이죠. 그

클로드 레비스트로스

래서 무용한 것을 급진해야 현실 변화의 가능성을 열 수 있는 거예요. 그 가능성의 중심에 예술이 있고요. 유용한 것만이 전부가 되고 있는 모든 행위들은 제국주의와 자본주의가 공모하여 만들어 낸 이분법적 세계관에서 비롯됩니다. 레비스트로스가 늘 강조하는 게 있어요. 서양은 아메리카 대륙의 토착민들이 살아왔던 시간과 공간을 통째로 삼키면서 그들을 단순히 '그냥 아프리카 원주민'이라고 규정시켜 버렸다는 거예요. 우리도 이런 식의 사리로 판단하는 경우가 무척 많아요. 예를 들면, 유명한 작가의 글은 좋고, 들어 본 적 없는 작가의 글은 형편없을 거라는 편견을 갖고 있어요. 그래서 무명작가의 글은 아예 읽어보려 하지도 않죠. 이런 식으로 통째로 판단해 버립니다. 문명과 야만의 분할 지점은 어떤 고유의 시공간을 지워버리고 통째로 무언가를 판단하려고 할 때 발생하게 되죠.

똥팔씨   저는 문명과 야만의 분할 지점에 과학 기술의 진보가 만들어 놓은 잣대가 작용한다고 생각해요. 과학 기술의 진보는 도구를 가진 자와 못 가진 자로 구분하잖아요. 즉, 도구에 따라 힘을 가진 자가 힘을 가지지 못한 자를 규정하기도 하고 배제하기도 하죠.

메뚜씨   당연히 우리는 상식적 측면에서 그렇게 생각할 수 있어요. 문명이 규정되면 야만이 규정되는 거예요. 하지만 그보다 더 중요한 것은 야만을 규정하는 인간의 수치심이에요. 우리는 알몸의 형태로 있으면 야만이라고 느끼죠. 그런데 정작 옷을 벗고 있는 그들은 수치심을 느끼지 않아요. 또 다른 예로 홈리스가 있어요. 우리는 더러운 그들을 보면 수치심을 느끼지만 그들은 느끼지 않죠. 가장 궁극의 지점은 수치심을 느끼느냐 느끼지 않느냐의 차이에 그 분할 지점이 있습니다. 즉, 수치심을 느끼는 자가 느끼지 않는 자를 규정해버려요. 이게 바로 문명과 야만을 가르는 기준이죠. 서양의 수치심은 성경을 모르는 거였어요. 그런데 성경을 모르는 아메리카 원주민들은 성경에 대한 수치심을 느낄 수가 없죠. 그러면서 서양인들은 원주민들에게 모름에 대한 수치심을 주며 꼬투리를 잡았습니다. 모든 침략 전쟁을 이런 식으로 일으켰고요. 도구의 유무는 인식적인 차원이고, 제가 얘기하는 건 감정적인 차원이에요. 전 인식적 차원보다 감정적 차원이 더 중요하다고 봐요. 우리는 수치심을 느끼는 못하는 사람을 보면 불쾌해 해요. 이것을 바꿔야 합니다. 수치심의 체계가 문명과 야만을 가르는 가장 큰 분할선이에요. 우리가 가지고 있는 수치심을 이용한 거죠. 수치심을 이용해 불편하게 만들고, 그 불편함을 가지고 다른 사람의 꼬투리를 잡습니다. 불편하지 않으면 그냥 지나치고요. 바닥에 쓰레기를 보고 줍지 않는 게 그런 거예요. 그게 불편하면 줍겠죠.

똥팔씨   저도 그냥 길바닥에 쓰레기가 있으면 줍지 않아요. 그런데 놀이터에서 아가들이랑 같이 있을 때는 줍습니다. 아이들이 노는 놀이터에 쓰레기가 있으면 왠지 마음이 불편해지거든요.

클로드 레비스트로스

메뚝씨 그렇죠. 그게 감정이에요. 문명과 야만을 가르는 데 옳고 그름은 중요하지 않아요. 나에게 불쾌함을 주는가, 쾌락을 주는가가 더 중요하죠. 이번에는 레비스트로스를 예로 들어 볼게요. 아마존 지역에 사는 부족들 보면 얼굴에 그림이 있잖아요. 레비스트로스가 부족을 방문했을 때, 그의 얼굴이 말끔하니까 부족들이 왜 얼굴에 그림이 없냐고 물어봤어요. 레비스트로스는 그들 사이에서 야만인이 되는 거죠. 그들에게는 자연과 인간을 가르는 기준이 바로 얼굴에 그림을 그리는 거였어요. 그런데 얼굴에 그림을 그리려면 부족에게 뭔가 해줘야 했습니다. 그래서 레비스트로스는 돈을 주었죠. 하지만 그들은 돈이 뭔지 몰랐어요. 그래도 뭔가 받았다고 생각한 그들은 레비스트로스 얼굴에 그림을 그려주었습니다. 선물을 교환하는 방식이었죠. 이후에도 뭔가를 줘야지만 얼굴에 그림을 그려주었어요. 그런데 재미있는 것은 종이에 그려보라고 하면 그냥 그리더라는 겁니다. 같은 그림이지만 얼굴과 종이에는 분명 차이가 있어요. 즉, 얼굴은 일정한 형식을 갖춘 그들의 중요한 문화가 존재하고 있다는 사실입니다. 우리는 보통 문명은 인간성, 야만은 동물성을 가지고 있다고 착각해요. 그러면서 벌거벗고 다니는 부족을 보면 야만이라고 치부하죠. 그들도 그들만의 독특한 문화를 갖고 있음에도 말입니다. 레비스트로스는 이렇게 말합니다.

"수치심을 느끼게 하는 기본적인 심층의 구조는 보편법칙이다. 이걸 파악하지 않는 이상은 그들을 이해할 수 없다. 그들이 이해되지 않으니까 그들을 야만이라고 부를 수밖에 없다."

똥팔씨   이해되지 않기도 하거니와 지배의 목적을 둔 서양인들은 그들을 이해할 필요도 없었겠죠. 그들은 이해의 확장보다는 지배의 확대가 중요했으니까요. 그런 점에서 문명과 야만의 분할 지점에 수치심이라는 심층 구조가 있고, 그것을 이해하지 않고는 그 분할선을 이해할 수 없다는 레비스트로스의 주장이 설득력 있게 다가옵니다. 중요한 것은 수치심이네요.

메뚝씨   네. 맞습니다. 우리는 레비스트로스를 통해 수치심이 어떻게 작용하는지 판단해야 합니다. 그러기 위해서는 현실에서 수치심이 만들어지는 장소가 어딘지 살펴보는 게 중요해요. 그곳은 크게 집, 학교, 직장이죠. 일반적으로 우리 사회를 유지하는 조직 체계입니다. 그 안에서 수치심의 룰이 만들어지죠. 조직 내에서 더럽다고 하면 더러운 것이 되어 버려요. 그게 왜 더러운지 생각하지 않죠. 부끄러움도 마찬가지예요. 그렇게 수용된 수치심이 가르는 행위가 문명과 야만이 되는 거고요. 그 룰을 바꾸는 것이 중요합니다. 철학의 힘이라는 건 거기까지 들어가야 하는 거죠. 그냥 교양을 읽는 건 쉬워요. 하지만 교양으로써의 철학은 아무런 소용이 없습니다. 그냥 누군가에게 레비스트로스도 모르냐며 자랑 삼는 것 외에는 아무것도 아니죠. 이것이 지식인들이 가진 폭력성입니다. 그런 이들은 인간의 극단, 세계의 궁극을 보지 못해요. 담벼락에 오줌 좀 싸본 사람만이 레비스트로스를 이해할 수 있어요.(웃음) 이것이 우리가 철학을 하는 이유입니다. 우리 생활의 감정과 감각의 체계가 얼마나 편파적으로 이용당하고 있는지 각성해야 해요. 그래야 새로운 삶을 재편하려는 시도가 의미를 가질 수 있게 됩니다. 바꾸지 못하는 현실이 있는데 화려한 수사가 무슨 소용이 있나요? 그 수사는 또 다른 형태의 자본으로 환원될 뿐입니다. 레비스트로스는 몰라도 됩니다. 하지만 우리가 가진 수치심의 체계가 감정 체계로 이용당하며 이분법에 익숙해졌다는 사실은 반드시 알아야 해요. 그래야 우리는 조심할 수 있어요.

똥팔씨   레비스트로스 책 중에 《우리는 모두 식인종이다》라는 책이 있어요. 이 책의 제목이 우리 일상생활에서 보이는 이분법적 감정 체계를 잘 시사해주는 것 같습니다. 책의 내용을 통해 지배당하는 우리의 감정 체계에 대해 좀 더 이야기해 볼까요?

메뚝씨   서문에 보면 대비된 두 개의 관점이 나옵니다. "누구나 자신의 관습에 속하지 않는 것을 야만적이라고 부른다.", "관습이나 신화 혹은 풍습이 이상하고 충격적이며 불쾌해 보이더라도 내재적 맥락에서만 설명될 수 있다." 전자가 가진 관점이 우리가 가지고 있는 이분법이에요. 그와 반대로 레비스트로스가 말하고 싶은 것은 후자죠. 관습이나 신화 혹은 풍습이 충격적이고 불쾌해 보이더라도 내재적 맥락에서 반드시 이해해야 한다는 겁니다.

똥팔씨   그들의 관습에도 그 사회를 유지하는 그들만의 체계가 있다는 거죠.

메뚝씨   그렇죠. 그들은 평화롭게 살고 있었어요. 평화는 문화를 전제로 합니다. 문화가 없으면 전쟁이 일어나요. 문화가 사라진 시대는 폭군의 시대죠. 정글의 동물처럼 살게 되는 거예요. 승자 독식의 논리는 문화가 사라진 시대에 나타납니다. 문화가 사라지면 서로에게 배타적이게 돼요. 그런데 그들은 평화를 유지하고 있잖아요. 그렇다면 내재적으로 그들을 이해해야 하는 부분이 있는 거예요. 분명 식인종은 있었어요. 지금도 브라질 열대 우림에 있는 야노마미족은 식인을 해요. 하지만 함부로 먹지는 않습니다.

똥팔씨   족내 식인이라고 하죠. 그들은 자신과 아주 가까웠던 사람의 시체를 먹는다고 하더라고요. 그 사람의 삶과 의미를 되새기기 위해서요.

메뚝씨   문명의 사회는 배제의 논리를 통해 불편한 것들을 제거한다고 했죠? 하지만 야노마미족은 배제가 아닌 흡수를 통해 무질서와 공포를 해소했던 겁니다. 그런 이유에서 식인이 이루어졌던 거죠. 사실, 우리 관점에서 불편한 것이지 식인도 그들만의 문화라는 거예요. 그런데 알고 보면 우

                                    클로드 레비스트로스

리도 그들과 다르지 않아요. 예를 들면 태반에서 나오는 것을 이용하여 치료제 개발이나 미용 재료로 쓰고 있잖아요.

똥팔씨 레비스트로스가 보기에는 다 거기서 거기라는 거죠. 단지, 변형일 뿐이죠.

메뚝씨 식인을 하는 사람이든 아니든 다 똑같아요. 인간은 구석기부터 똑같은 몸을 가지고 있어요. 인간은 이유 없이 인간을 먹지 않아요. 그 이유는 소멸이라는 절대적인 공포를 다스리기 위해 불편하더라도 식인을 한 것입니다. 그들의 평화를 유지하기 위한 질서인 거죠. 우리의 논리로 이해할 수 없는 불편함일지라도 그들에게는 그것이 진리라는 겁니다. 《우리는 모두 식인종이다》는 레비스트로스가 몽테뉴 400주기를 기념하기 위해 쓴 에세이 논문 단편집이에요. 서문에 이런 말이 나옵니다.

> 계몽시대의 철학이 인류에 존재하는 모든 사회를 비판하며 합리적 사회의 유토피아를 꿈꿔왔다면, 상대주의는 하나의 문화가 권위를 앞세워 다른 문화를 재단하는 절대적 기준을 거부한다. 몽테뉴 이후로, 그의 선례를 따라 많은 철학사가 이런 모순에서 탈출할 출구를 끊임없이 모색해왔다.
>
> 클로드 레비스트로스 《우리는 모두 식인종이다》

자신은 계몽주의가 가진 폭력성을 알기 때문에 과학적 환원주의라고 이야기해도 상관없고, 문화적 상대주의라는 비판을 받아도 괜찮다는 겁니다. 인류에게 평화를 주는 운동이 훨씬 더 중요하다는 거죠. 그래서 레비스트로스는 자신을 구조주의자라고 했던 거예요.

똥팔씨   물론 당대 유통되었던 구조주의자와는 다르다고 말했습니다.

메뚝씨   그렇죠. 구조주의라는 건 뭔가의 진리를 상정했다는 거잖아요. 일단 진리 상정은 욕먹기를 각오한 거예요. 어느 정도 자기 이론에 기반이 형성되었으니 어릴 때부터 가지고 있던 열등감을 씻어 내고자 한 것 같아요. 그 용기가 대단하죠. 그래서 과감하게 얘기할 수 있었던 거예요. 자신은 구조주의자며 상대주의자다. 그런데 상대주의야말로 그들이 말하는 서구 우월주의보다 훨씬 평화적이라는 겁니다.

똥팔씨   그런데 구조주의가 어떻게 상대주의죠? 구조주의는 하나의 진리를 상정한 것이잖아요.

메뚝씨   일단 역사를 부정하잖아요. 시간의 부정이죠. 구조주의는 공간론에 방점을 둔 사상이기 때문에 당신의 문화도 맞고, 나의 문화도 맞다는 논리가 형성될 수 있어요. 시간과 시간 사이에 단절이 존재하기 때문이기도 하죠.

똥팔씨　만약, 레비스트로스의 주장을 따르면 북한의 체제도 나름의 논리가 있다고 해야 하니 인정해주어야겠네요.

메뚝씨　이게 상대주의적 관점의 난센스예요. 그들도 닫힌 체계라서 평화를 유지하고 있잖아요. 그럼 김정은을 무슨 근거로 욕할 것인가가 중요해져요. 이런 난센스에 봉착하기 때문에 구조주의자라고 말하면 문화상대주의자로 욕먹을 각오하는 거죠. 그런데 북한에는 인간의 문화가 없어요. 물론 여기서 그들이란 지배계급들을 말합니다. 그들의 수장 김정은은 인간이 아니에요. 그 지도 세력은 문화가 뭔지 몰라요. 이게 진정한 야만이죠. 문화 자체가 없는 짐승이에요. 문화 부재의 관점에선 그들을 욕할 수 있지만, 문화의 관점에서 보면 욕할 수 없어요.

똥팔씨　《우리는 모두 식인종이다》라는 제목이 말하듯 우리는 모두 시체를 먹든, 주사를 맞든 문화의 한 변형일 뿐 문화를 통해 평화를 유지한다는 거죠. 북한은 빼고요.

메뚝씨　물론 직접 먹는 것과 주사를 맞는 것은 다를 수 있습니다. 하지만 열대 우림에 사는 분들도 식인을 할 때 쾌감을 느끼진 않아요. 불쾌하지만 하는 거예요. 그래야 흐트러진 불안한 무질서를 재편할 수 있거든요. 《우리는 모두 식인종이다》를 통해 레비스트로스가 우리에게 던진 질문은 매우 의미심장합니다.

입을 통해 소화기관으로 타인의 뇌 물질을 받아들이는 것
과 주사기로 혈관을 통해 타인의 뇌 물질을 받아들이는
것 사이에 무슨 근본적인 차이가 있는가? 미신적 풍습과
과학적 지식에 기반을 둔 행위 간의 경계는 생각만큼 명
확하지 않다.

클로드 레비스트로스《우리는 모두 식인종이다》

그들도 그들 나름의 경험적 지식을 축적한 과학적 룰이 있
습니다. 그 룰은 우리의 과학적 개념으로 이해하기 어려
운 룰이지요. 하지만 그들과 우리의 인식 체계는 거의 비
슷합니다. 그래서 《야생의 사고》라는 책을 쓴 겁니다. 그
책에 대해 잠시 이야기해볼게요. 문명 바깥의 야생도 사고
를 하고 있다는 것이 이 책의 중심 내용입니다. 우리는 모
두 식인종이고, 인간에겐 미물이란 단계는 없습니다. 우리
의 이분법으로 야만이라고 생각하고 있던 인간들도 그들
나름의 룰을 가지고 평화를 유지하고 있다는 거죠. 평화
가 유지되려면 문화가 있어야 해요. 그 문화를 함부로 재
단할 수 있는 잣대는 어떤 민족이나 국가에게도 없습니다.
이 세계는 전체와 부분이 서로 긴장 관계에 놓여 있을 때
평화가 유지됩니다. 그런데 전체와 부분이 평화 관계를 유
지하려면 리바이어던* 같은 국가 상징 체계 혹은 문화라
는 상징 체계가 필요합니다. 만약 그게 없으면 전체와 부
분은 흩어지거나 서로 맞서 대립하겠죠. 레비스트로스는
이런 긴장관계가 있다는 사실을 알리고 싶었어요. 그래서

상대주의자라는 비난도 감수하는 거겠죠. 그런데 그가 그런 정도의 비판을 상상하지 못하고 그렇게 말했을까요? 아닙니다. 《현대 프랑스 철학》에 이런 내용이 있어요.

> 구조의 모델은 인식의 모든 차원들, 그리고 심지어 인간 실존의 모든 차원들에 적용될 것이다. 바로 인간 과학 전체 더 나아가 과학 일반 전체와 개별적이고 집단적인 우리 실존 전체가 오직 기호들의 체계들로 이해된 구조들을 통해서만 의미를 갖게 될 것이고 접근 가능하게 될 것이다.
>
> 프레데릭 보름스 《현대 프랑스 철학》

이게 구조주의예요. 구조를 말해야 비로소 의미가 이해된다는 말이죠. 이것은 상대주의가 아닙니다. 너를 무조건 인정하겠다가 아니에요. 너를 알고 싶고 너의 구성된 의미를 찾고 싶다는 거죠. 그러려면 너의 구조를 파악하고 이해해야 하는 과정이 필요한데, 이것이 어떻게 상대주의와 같은 것이냐고 말하는 거겠죠. 그는 진중했고 통째로 삼키려고 하지 않았습니다. 우리는 이런 레비스트로스의 태도를 배워야 해요.

똥팔씨   마지막으로 궁금한 것이 있어요. 구조주의에는 시간보다는 공간이 중요하다고 하셨잖아요. 하나의 체계가 발선해서 구조가 되고 그 구조로부터 여러 파생된 변형들이 계속 만들어지는 거고요. 그런데 그 변형들도 시간이라는 인과적 흐름 안에서 구현되는 것이기 때문에 시간성을 무시할 수 없지 않을까요?

메뚝씨 무시하기 때문에 비판받는 거죠. 구조주의는 실증주의의
진화본이며 과학주의의 또 다른 이름이에요. 그리고 프
랑스 사상계에는 사상적 기준으로서 실증주의가 지배하
고 있어요. 그런 실증주의, 과학주의를 어떻게든 진화시키
는 사람들이 콜레주 드 프랑스 교수가 될 수 있었어요. 레
비스트로스는 그 절정에 있던 사람이었고요. 그 대척점으
로 독일에는 다른 부류가 있어요. 독일은 사회학을 금기시
하는 분위기죠. "나는 생각한다. 고로 존재한다."라는 데
카르트의 명제를 퉁쳐서 주체의 출발점이라고 말해버리면
안 돼요. 내가 이 사회에 던져졌다는 불편한 사실을 인정
하는 의미로서 받아들여야 합니다. 이것이 독일에서 형성
된 현상학이죠. 나를 기립시키는 주체로서의 철학이 중요
합니다. 그리고 사르트르의 실존주의가 있어요. 실존주의
는 현상학의 진화론입니다. 그리고 현상학과 완벽하게 대
척점에 있던 게 구조주의예요. 다시 말하자면 현상학의 진
화인 실존주의와 실증주의의 진화본인 구조주의가 있었
던 것입니다.

똥팔씨 이분법적인 사고를 바탕으로 통째로 집어 삼키려는 몰이
해적 판단이 그 분할 지점의 핵심이 아닌가 생각해 보게
됩니다.

메뚝씨 우리는 모두 야만인이고 우리는 모두 그런 기준에서 식인 종입니다. 《슬픈 열대》에서 말하는 것도 똑같습니다. 열대 지방에 사는 사람들이 슬플까요? 바라보는 우리가 슬플까요? 바라보는 내가 슬픈 겁니다. 그들은 슬프지 않아요. 오히려 아파트에 사는 당신을 보고 그들은 슬퍼할 겁니다. 우리는 모두 야만인이고 우리는 모두 식인종일 수 있습니다.

과학과 철학으로 빚은 인간 이해의 지평

절충의 극단에 대하여

똥팔씨 레비스트로스에 대해 깊은 이야기를 나눠 볼 시간이네요. 메뚝씨의 정의와 함께 그의 사상적 편력을 따라가며 이야기해보겠습니다. 먼저, 오늘의 철수를 뭐라 정의했을지 궁금하네요. 레비스트로스, 어떻게 정의하셨나요?

메뚝씨 "과학과 철학의 총체적 절충주의자"라고 정의했습니다.

똥팔씨 절충주의자요?

메뚝씨 네, 절충주의는 혼합이죠. 혼합은 새로운 물질과 정신의 규칙성을 창조할 수 없기 때문에 철학이 될 수 없어요. 제가 절충적 태도에 대해 날카로운 날을 세우는 이유이기도 합니다. 그리고 절충은 시의적이에요. 필요한 시기가 정해져 있어요. 한국은 지금 레비스트로스가 필요하죠. 그리고 그 시기가 지나면 사르트르가 필요해질 겁니다. 다만, 사르트르는 궁극에서 필요한데 레비스트로스는 궁극에서는 필요하지 않아요. 그의 책에는 문학이 없기 때문이죠. 개별에게 다가갈 수 있는 직접성이 떨어진다는 뜻입니다. 그의 책으로 일반적인 이야기는 할 수 있어도 특수한

클로드 레비스트로스

이야기는 할 수 없어요. 그의 책을 읽고 눈물을 흘릴 수 없을뿐더러 인생을 전환하는 계기로 사용되지 않습니다. 삶이 바뀌질 않죠. 문화 인류학자였던 그는 차트 정리와 보고서에 능숙했기 때문에 인류에 필요한 정보와 지식을 많이 제공했어요. 말의 근거들을 정리해주었죠. 하지만 그는 정체성을 변화시키는 데 있어 능력이 부족했고, 상상력도 부족했어요. 새로운 문법도 창안하지 못했죠. 이런 의미에서 레비스트로스는 현상을 평화롭게 유지할 수 있는 기술로 유용할 뿐 혁명의 도구로는 불충분하죠. 예술이 되긴 어렵습니다. 그래서 총체적인 절충주의자로서 평화를 추구했던 사람인 거예요. 물론 그 평화도 평화를 유지하기 위한 아주 소박한 평화일 뿐입니다. 평화를 만들어 내기 위해서는 더 공격적인 인간이 필요해요. 사르트르와 같은 인간이죠. 평화주의자는 작은 평화를 염원하지만, 약자의 편에 선 거대한 철학자들은 세계의 평화를 만들기 위해 약간의 폭력을 무시합니다. 큰 관점에서 보면 레비스트로스와 같은 평화주의자보단 정치적 극단에 섰던 사르트르 같은 인간이 훨씬 더 큰 평화를 이룰 수 있어요. 인류 전체의 평화를 거시적 관점에서 바라본다면 말이죠.

똥팔씨   저도 소박한 평화주의자라 그런지 절충이나 합의를 상당히 좋아하는 편입니다. 그렇다보니 나의 색깔은 지워지고, 욕먹지 않기 위해 이쪽저쪽의 의견을 반반씩 수용하려 노력하죠. 그래서 먼 시점의 혁명적 계기보다는 시의적인 것에 초점을 둔 합의된 평화를 좋아하게 되는 것 같아요. 레비스트로스가 가진 절충적 한계가 느껴지는데요. 그럼, 그의 사상이 어떤 맥락에서 절충되며 형성되었는지 궁금합니다.

메뚝씨 크게 세 가지 흐름에서 영향을 받아요. 하나는 어렸을 때부터 접했던 마르크스의 사상이고, 두 번째로 정신분석학입니다. 마지막으로 야콥슨에게 영향받은 언어학이죠. 하나씩 살펴볼게요.

보통 마르크스의 이론을 수용할 때 경제결정론 아니면 휴머니즘 중 하나를 데려옵니다. 그런데 레비스트로스는 마르크스로부터 실천 의지를 가져와요. 마르크스를 읽으면 강한 에토스*에 끌릴 수밖에 없거든요. 그래서 사회 참여에 대한 강한 윤리 의식을 마르크스로부터 배우게 된 거죠. 그리고 구조주의는 기본적으로 경험을 중시하기 때문에 유물론적 아이디어를 가져오게 되죠. 관념론을 배격했잖아요. 그래서 이런 말을 하죠. "감각적 데이터만을 가지고는 물리학이 성립되지 않는 것과 마찬가지로 사회과학역시 사회적 현상만으로는 안 된다는 것을 마르크스가 가르쳐주었다." 지식인은 철저하게 물질성을 연구해야 하고, 그 물질성을 바탕으로 사회 참여에 대한 강한 윤리성을 가져야 한다고 마르크스가 알려준 거예요. 하지만 레비스트로스는 마르크스처럼 돌진하진 않았어요. 마르크스 사상이 허무하게 깨질 수 있다고 생각했기 때문이에요. 마르크

클로드 레비스트로스

스의 실천 윤리와 현실적 고려 사이에서 돌진할 수는 없고 후진할 수도 없는 상황에 봉착하게 됩니다. 그래서 그는 콜레주 드 프랑스라는 안전망을 통해 조금 돌더라도 천천히 아주 길게 가죠. 이것이 레비스트로스를 이해하는 가장 큰 키워드예요. 뛰지 않았기 때문에 장수한 것이고, 그래서 인류학이라는 현미경을 통해 사회를 미세하게 볼 수 있었어요.

레비스트로스의 사상에 영향을 끼친 두 번째 큰 흐름은 정신분석학입니다. 에리히 프롬이 사회적 무의식을 말했었죠? 레비스트로스는 상징의 원칙*을 이야기합니다. 토테미즘은 단순히 동물을 믿는 것이 아니에요. 토템이라는 상징에 숨겨진 무의식적 토대가 그 믿음을 강력하게 하는 거죠. 이것이 룰이고 법입니다. 무당의 칼춤이 그 세계의 법이고, 판단 기준인 것처럼 말이죠. 대표적인 예로 인간에게는 근친상간이라는 금기가 있죠. 근친상간은 인간의 보편 윤리로서 무의식적으로 구조화된 침전물이에요. 상징체계를 통해 구조화되어 있다는 것이 그의 주장이죠. 그래서 엄마를 탐하고 싶어도 법률 체계처럼 만들어져 있는 상징이 나를 가로막고 있기 때문에 근친상간은 아주 강력한 금기가 되는 것입니다. 의식적으로 아무리 욕망해도 무의식이 나를 괴롭히죠. 정신분석학에서 빌려 온 근친상간이라는 상징 원리를 통해 구조화된 무의식이 자연과 인간을 구분하는 기준이라고 말합니다.

똥팔씨　　근친상간의 금지가 인간에게만 있는 것이 아니라 원숭이와 같은 다른 동물에도 있다는 사실이 연구자들에 의해 증명됐잖아요. 인간만의 보편적인 금지라고 말할 수 없죠. 그래서 상징의 원칙을 가져 왔다고 하더라고요. 따라서 상징의 원리가 인간의 문화와 동물의 세계를 구분해주는 기준이라고 하는 거죠.

메뚝씨　　그래서 후반부에 신화학을 연구해요. 똥팔씨가 말한 것처럼 인류학을 통해 실제 부족들을 탐구해보니까 근친상간이 허용되는 부족들도 있고, 근친상간이 금지된 동물들도 있더라는 겁니다. 과학적으로 밝혀진 거죠. 그래서 자기가 칼로 삼았던 과학을 버리고 신화로 접근해요. 과학에는 실증적인 데이터는 있지만 상징적인 코드가 없기 때문에 과학은 구조가 아니라고 말합니다. 과학주의와 자신은 차이가 있다고 말하는 게 후기 레비스트로스예요. 그래서 그는 상부구조, 하나의 진리구조를 세우려 한 것입니다. 진리를 상정하려 했으니 얼마나 많은 사람들에게 비판을 받았겠어요? 하지만 평화주의자라는 말이 무색할 정도로 이때는 고집을 엄청 부려요. 왜냐하면 구조란 팻말을 업고 자기가 슈퍼스타가 되었기 때문이죠. 죽을 때까지 그걸 엎지 않아요.

　　　　마지막으로 언어학에 대해 이야기해보겠습니다. 레비스트로스는 야콥슨의 언어학에 많은 빚을 지고 있다고 했죠? 그들은 언어학을 왜 구조라고 불렀을까요? 마르크스

　　　　　　　　　　　클로드 레비스트로스

를 염두에 둔 말이긴 한데요, 앞서 이야기했듯이 상부구조, 하부구조할 때의 그 구조예요. 구조라는 건 인공이란 뜻이죠. 즉, 구조는 반자연이고, 구조주의자는 반인간입니다. 반인간이라는 걸 말하기 위해서 구조라는 말을 쓴 거죠. 모든 세계는 인간이 만들어 낸 구성물로 이루어진 것이지, 자연의 질서가 축적되면서 자연스럽게 발달된 게 아니에요. 문화는 특히 그렇죠.

똥팔씨   인공물을 통해서 인간이 형성된다고 본 거네요. 그래서 반인간학이라고 하는 거고요.

메뚝씨   네, 맞아요. 그게 첫 번째 이유죠. 구조라고 부른 두 번째 이유는 러시아의 형식주의를 쓸 수 없으니까 구조라는 말을 쓴 것 같아요. 원래 형식과 구조는 거의 비슷한 말이에요. 그런데 러시아의 형식주의는 완강하게 자리 잡고 있는 말이기 때문에 경쟁하는 측면에서 구조라는 말을 쓴 거죠. 신사회주의니까요. 그래서 구조란 말을 발명한 거예요. 형식주의와 거리를 두기 위해서요.

똥팔씨   그런데 그 구조라는 말은 언어학에서 가져온 거 아닌가요?

메뚝씨   야콥슨이 러시아 사람이잖아요. 언어학의 구축이란 말에 대비시키기 위해서 구조라는 말을 데려온 거거든요. 형식과 구축이라는 러시아 사상과 차이를 두기 위해 구조라는 말을 만든 거죠. 그런 점에서 구조나 구축, 형식은 다 똑같은 말이에요. 구조주의의 구조가 뭔지 고민하지 마세요. 그냥 토대, 바탕, 원본이란 뜻이라고 보면 됩니다.

똥팔씨 바뀌지 않고 우리를 움직이게 하는 무언가가 있다는 거죠.

메뚝씨 네. 가장 말단의 기초예요.

똥팔씨 구심력이고 우리를 움직이게 하는 동력인 거네요.

메뚝씨 그렇죠. 예를 들면 동력이 가지고 있는 루트 같은 거예요. 도로라고 볼 수 있어요. 고속도로에서는 후진이 안 되잖아요. 그렇게밖에 갈 수가 없어요. 구조라는 게 그런 거예요. 이미 있는 길로밖에 갈 수 없는 것이죠. 그래서 반인간학이에요. 길을 뚫을 수 없습니다. 하지만 구조주의의 반대 진형인 실존주의는 그 길을 뚫을 수 있다고 보는 거고요. 없는 길도 길이라 말하는 거죠. 그래서 그건 인간학입니다.

똥팔씨 저는 레비스트로스의 구조주의도 일리가 있다고 생각합니다. 호명테제를 말한 루이 알튀세르가 이야기했듯이 우리는 호명된 주체로 살아갈 수밖에 없잖아요. 거기서 벗어나기란 쉽지 않죠.

메뚝씨 그렇죠. 이 지점에서 저는 러시아의 구축주의와 형식주의가 모범이라고 생각해요. 우리가 국가를 세울 수는 없어도 인공물인 문화 구조를 세울 수는 있잖아요. 내 삶의 범주 안에서, 새로운 구조를 세우는 일은 가능합니다. 그러면

클로드 레비스트로스

이 구조주의적 결정론이나 알튀세르적 호명테제에서 벗어날 수 있는 거죠. 알튀세르는 거기까지 이야기한 거예요. 우리가 살고 있는 구조 안에서는 불가능한 일이지만 구조를 돌파하는 혁명은 우연히 다가온다고요. 우리는 이미 마음속에 길을 못 낸다고 결정해 버렸어요. 그래서 어떤 길도 만들 수 없다고 포기해버리죠. 사회를 움직이는 국가 같은 시스템 안에서 우리는 이미 결정되어 있을 수밖에 없어요. 생존이 불가능하니까요. 다만 내가 가지고 있는 영토 안에서 구조를 생성할 수 있는 말단의 힘을 쓴다면 우리는 아직 결정되지 않은 인간으로 살 수 있습니다. 여기까지 레비스트로스의 사상이 형성된 배경이라고 할 수 있어요.

똥팔씨   레비스트로스의 사상적 배경을 잠시 정리하면 마르크스의 유물론적 실천 의지, 정신분석학을 통한 상징의 개념, 언어학이 제공한 구조의 의미로 요약할 수 있을 것 같습니다. 그럼 그의 대표 저작을 통해 그가 추구하고자 했던 사상적 흐름들을 살펴볼까요?

메뚜씨   그의 대표 저작으로는 《슬픈 열대》, 《야생의 사고》, 《신화학》 이렇게 세 권이 있죠. 이 책들을 중심으로 이야기해볼게요. 먼저 《슬픈 열대》 서문에 쓰인 글을 보겠습니다.

여행기, 탐험 보고서, 또는 사진첩의 형태로 된 아마존, 티베트, 아프리카 이야기들이 서점을 뒤덮고 있는데 이 책들이 주로 인기만을 염두에 두고 쓰여지고 편집되어 있기 때문에 독자는 그 속에 담긴 증언의 가치를 판단할 길이 없다. 독자의 비판력을 깨워주기는커녕 오히려 다른 종류의 흥미 위주의 책들만 계속 찾게 만들어 많은 분량을 씹지도 않고 통째로 삼키게 해버리는 것이다. (중략) 그런 종류의 강연회에서 무엇을 들을 수 있을 것이며, 그런 책들 속에서 무엇을 읽을 수 있겠는가?

클로드 레비스트로스 《슬픈 열대》

이 시대를 사는 우리에게 굉장히 시사적이죠. 요즘 우리나라 출판의 대세 키워드를 보면 여행과 요리예요. 최근 베스트셀러를 보더라도 여행과 관련된 책들이 많은 부분을 차지하고 있는 게 현실이니까요. 과연 이런 책들이 우리 삶에 어떤 깨달음을 줄까요? 레비스트로스는 단호히 우리에게 말을 건넵니다. 그런 책들은 세계를 통째로 삼켜버리려는 조급함만을 심어준다고 말이죠. 다시 말해, 맹목적인 탐험이 인생에 있어 아무런 도움도 되지 않는다고 말하는 거예요. 우리가 바라는 건 사적인 쾌감의 방식이 아닙니다. 사회를 세밀하게 바라볼 수 있는 비판의 언어죠. 그런 언어는 미묘하기 때문에 한두 가지로 만들어질 수 없어요. 그래서 아주 곱씹은 언어로 무장된 지식인이 비판적 언어와 징후적 독해를 통해 구체적으로 제시해주어야 해

클로드 레비스트로스

요. 그래야 다른 문화에 대한 오해가 생기질 않죠. 그런데 레비스트로스가 보기에 서구 문명은 그렇게 하지 않았다는 거죠. 자기와 다른 문화를 뭉쳐서 야만이라고 규정했다는 거예요. 그 침략성에 분노를 느끼며 쓴 책이 《슬픈 열대》입니다. 서문에서 이야기했듯이 탐험가들은 그들 자신이 문명인임을 확인하기 위해 열대를 야만으로 만들고, 더 나아가 불쌍하고 슬픈 존재로 만들었어요. 그들에게 수치심을 안겨줌으로써 말이죠. TV프로그램을 보다 보면 정글 체험이나 아프리카 기아를 위한 후원 광고를 볼 수 있어요. 이런 프로들을 보면서 나는 저기 아닌 여기 있다는 걸 다행이라 여기죠. 그들을 두 번 죽이면서요. 완전한 폭력이죠. 이게 진정한 야만이에요. 통째로 삼키려는 조급성은 나와 다른 존재를 이해하려고 하기보다는 분리하고 배제하려 합니다.

《야생의 사고》의 핵심은 "야생에도 사고가 있다."예요. 토테미즘과 애니미즘도 그들만의 과학이라는 거죠. 그럼 그들은 과학을 어떻게 구성할까요? 우리는 수학이란 틀로 과학을 구성하지만 그들은 브리꼴라주*라는 형식을 통해 세계를 구성합니다. 즉, 자기가 가지고 있는 어떤 물질성을 조합해서 자기들만의 총체적인 상징물을 만들어 내는 것이죠.

똥팔씨 　토테미즘의 상징 자체도 자연을 이해하기 위한 인간의 언어이자 과학이라고 볼 수 있는 거네요.

메뚝씨	그렇죠. 자연을 번역한 인간의 언어죠. 그것이 다른 말로 과학이라는 거예요. 토테미즘은 과학과 멀지 않습니다. 야생은 이미 사고하고 있는 인공물이고 구조예요. 인간의 모든 건 인공물이기 때문에 문화에 속해요. 레비스트로스는 과거의 인류학자들이 신비한 행위로써 토테미즘을 하나의 환상으로 믿었던 노예였다고 말합니다. 그가 보기에는 토테미즘도 과학인데 말이죠. 그래서 그는 환상의 노예에서 벗어나 토테미즘이 과학임을 증명하려 했어요. 책의 1장도 "구체의 과학"이라는 제목으로 시작하잖아요. 야생의 논리는 비단 감각의 논리이긴 하지만 감각의 논리는 반드시 보편성의 논리에 근접해서 들어간다는 것을 말해줍니다. 할머니, 할아버지들 생각해봐요. 효율성을 높이기 위해 자신의 물질성을 최대한 발휘하면서 어떻게든 사시잖아요. 법칙을 찾아서 일의 요령을 터득합니다. 농부나 스마트폰 두들기는 사람이나 별로 차이가 없습니다. 먼 시점에서 보면 가까운 게 그렇게 보여요. 그래서 망원경으로 볼 것은 망원경으로 봐야 하고 현미경으로 볼 것은 현미경으로 봐야 해요. 현미경으로 봐야하는데 망원경으로 보면 보이겠어요? 산에서 현미경으로 보면 우리 마을이 관찰이 됩니까? 뭐는지 현미경으로 보려고 하는 것이 지나친 과학주의고요. 모든 걸 망원경으로 보려고 하는 것이 지나친 형이상학주의예요. 지나친 형이상학은 종교화될 수 있고, 지나친 과학주의는 파편화될 수 있습니다. 마지막으로 《신화학》을 정리해볼게요. 《신화학》은 총 4권으로

되어 있고요. 우리나라에서는 1, 2권이 번역되어 있습니다. 이 책은 레비스트로스가 20년간 아메리카 대륙의 신화를 모아 통째로 분석한 것이죠.

똥팔씨   직접 아메리카 대륙을 돌아다닌 것은 아니고 도서관을 찾아다니며 자료를 모아 정리했다고 하더라고요.

메뚝씨   레비스트로스는 미지근해서 발로 직접 들어가는 걸 싫어했어요. 20년이라는 긴 세월 동안 한가지에 몰두했다는 것은 대단한 일이지만 그만큼 미지근했다는 것을 반증하기도 합니다. 이 책의 핵심은《야생의 사고》에서와 마찬가지로 신화에도 논리 체계가 있다는 거예요. 예를 들면 먹는 형식도 논리라는 거죠.

똥팔씨   그래서 4권의 신화학에 붙은 부제들이 인상적이에요. 날것과 익힌 것(1권), 꿀에서 재까지(2권), 식사법의 기원(3권), 벌거벗은 인간(4권).

메뚝씨   인간의 생존에 관한 가장 기본적인 도구들에도 논리가 있다고 주장하고 싶었던 거죠. 또한 신화는 스스로도 모르는 사이에 인간의 몸속에 스며든 집단 무의식의 형식이 표현된 것이라고 이야기해요. 결론적으로 레비스트로스가 우리에게 일깨운 가장 큰 지점은 우리 모두는 식인종이고 야만인이라는 거죠. 문명과 야만의 분할 지점은 없다는 거예요. 그리고 먼 것을 보려면 가까운 곳을 보고, 가까운 것을 보려면 먼 곳을 보라는 교훈입니다. 야생의 사고는 길들여지지 않는 사고이기 때문에 오히려 야생의 사고가 있다고 한다면 우리는 그것을 배워야 합니다. 길들여지지 않는 사고라는 게 제가 볼 때는 구조를 생성할 수 있는 힘이고, 결정되지 않은 인간으로 살 수 있는 가능성이기 때문이에요.

똥팔씨   교훈적이네요.

메뚝씨   평화주의자잖아요.

똥팔씨   그가 평화주의자로서의 사명감을 가지고 있었는지는 모르겠지만 그를 통해 우리가 무시하며 그냥 지나쳤던 부분, 우리가 야만이라고 치부했던 부분에도 인간의 삶이 있다는 것을 확인시켜줌으로써 인간 이해의 확장에 충분히 기여했다고 봅니다.

메뚝씨   일단 서구를 견제할 수 있는 이론적 틀을 제공했으니까, 내부자죠. 그런 내부자로서 중요한 사상가라 생각합니다.

레비스트로스로 가는 길

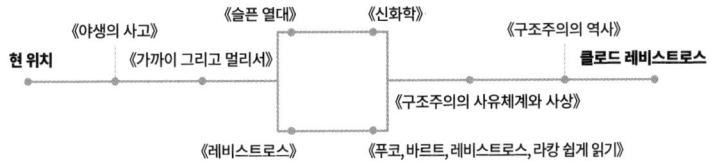

《야생의 사고》　　《슬픈 열대》　　《신화학》

현 위치　　《가까이 그리고 멀리서》　　　　　　《구조주의의 역사》

클로드 레비스트로스

《구조주의의 사유체계와 사상》

《레비스트로스》　　《푸코, 바르트, 레비스트로스, 라캉 쉽게 읽기》

레비스트로스는 무조건 《야생의 사고》를 먼저 읽어보시길 추천합니다. "차가운 사회는 역사적 요인이 사회의 안정과 연속성에 끼치는 영향을, 스스로 만들어 낸 제도를 통해서 거의 자동적으로 제거하려 하고", "뜨거운 사회는 역사적 생성을 내부로 끌어들여서 그것을 발전의 원동력으로 삼는다."라는 문장을 머리에 각인하고 읽으면, 왜 레비스트로스가 서구 문명을 비판적으로 보았는지 가늠할 수 있습니다. 감동적이며 놀라운 인류학 책의 고전으로서 《야생의 사고》는 그야말로 탁월합니다.

두 번째로 추천드릴 책은 프랑스의 지적인 저널리스트 디디에 에리봉이 편집한 회고록 《가까이 그리고 멀리서》가 좋아요. 거의 한 세기를 살아간 대 철학자의 정직한 담화와 지적 진화의 과정이 짧고 강렬하게 배치돼 있습니다. 레비스트로스의 생을 간접적으로 경험할 수 있는 좋은 자료이기도 하죠.

이 두 권의 책을 접하셨다면 레비스트로스라는 인물이 더 궁금할 수도 있고, 그의 전반적인 사상을 이해하고 싶어질 수 있습니다. 이때는 《슬픈 열대》와 《신화학》을 접하면 되는데, 분량이 만만치 않기에 아주 오랜 시간의 독서 계획이 필요합니다. 인류에 대한 보편적 이해를 제 언어로 구성하기엔 좋은 공부예요. 다만 장수한 레비스트로스처럼 질긴 독서 근육의 지구력이 요구됨을 유념하셔야 합니다. 지구력에 자신이 없다고 느끼신다면 에드먼드 리치의 《레비스트로스》와 일본의 대중 사상가 우치다 타츠루가 쓴 《푸코, 바르트, 레비스트로스, 라캉 쉽게 읽기》를 추천드려요. 두 권 모두 레비스트로스 및 프랑스 사상의 맥을 정리할 수 있는 좋은 글들입니다.

여기까지 오셨다면 레비스트로스뿐 아니라 프랑스 구조주의 전반에 대한 호기심이 생길 수 있습니다. 만약 그 호기심이 일상을 괴롭히는 수준까지 오르신다면 김형효 교수의 《구조주의의 사유체계와 사상》을 읽어보세요. 한국에서 구조주의의 심도를 세밀하게 경험할 수 있는 매우 좋은 안내서입니다. 여기까지 오셨는데도 성이 차지 않아 레비스트로스뿐 아니라 프랑스 철학 전반을 총체적으로 이해하고 싶은 분이 계시면 프랑수아 도스의 《구조주의의 역사》를 읽고 싶어지실 겁니다. 네 권짜리 방대한 저작이라 충분한 시간과 여유, 근성과 집중력을 요구할 거예요. 메뚝씨도 여태 정복하지 못했지만, 레비스트로스만큼 살면 언젠가는 도달할 수 있는 정상이라 믿고 있답니다.

금지하는 것을 금지하라

변화를 막는 익숙한 것에 대하여

똥팔씨   안녕하세요. 일지매 똥팔씨입니다.

메뚝씨   다시 일지매 정신을 되새기는 의미로서의 소개인가요?

똥팔씨   좀 더 진화됐어요. 일상생활의 혁명을 지향하는 매력남! 똥팔이의 놀라운 진화를 기대하셔도 좋습니다.(웃음) 자, 오늘 수다의 키워드는 '권태'입니다. 오늘은 다른 밤과 달리 순서를 좀 바꿔볼까 해요. 보통은 철학자의 생애에 대해서 먼저 이야기하는데 오늘은 68혁명과 6월 민주항쟁부터 이야기하겠습니다. 그런 다음 기 드보르의 주저《스펙타클의 사회》를 바탕으로 권태를 해부하고 마지막으로 '국제상황주의'라고 하는 기 드보르가 만든 단체와 관련한 이야기를 해볼게요. 어휴, 복잡하네요. 순서가 이렇게 된 이유가 있겠죠?

메뚝씨   기 드보르 같은 경우 시대적 상황을 알아야 생애를 이야기할 수 있기 때문이고, 현대 철학사에서 68혁명을 빼 놓을 수 없기 때문에 혁명을 먼저 짚고 가야 할 듯해서 구성

을 바꿨어요. 듣다보면 이해하실 거예요.(웃음)

똥팔씨   네. 그럼 1968년 프랑스 5월 혁명부터 들어가 보도록 할게요. 이런 이야기가 있죠. "프랑스가 기침만하면 유럽은 감기에 든다." 1848년 독일혁명이나, 1871년 파리코뮌이 있을 때 항상 프랑스 봉기가 시작이었잖아요? 그러나 68년 5월 혁명은 조금 다른 것 같아요.

메뚝씨   맞아요. 미국의 경제 성장과 아메리카 대륙의 독립 혁명이 먼저였죠.

똥팔씨   68혁명을 설명하기 전에 당시 일어났던 국제적인 사건들이 중요한데요. 가장 먼저 '베트남 민족 해방전선' 전쟁을 시작으로 이야기해 보도록 할게요.

메뚝씨   중요하죠. 베트남 전쟁 이야기를 하면 항상 우리나라 사람들이 희생됐던 안타까운 과거를 이야기하지만, 사실 우리가 침략전쟁에 참여한 것이었죠.

똥팔씨   그 덕분에 경제 성장을 했다고 하잖아요. 외화도 많이 벌고.

메뚝씨   사실은 박정희가 제 실책을 만회하기 위한 하나의 스펙타클적인 반전 카드였어요. 결과는 성공적이었죠. 여론이 박정희에게 유리하게 돌아섰으니까요. 베트남 전쟁은 유신이라는 한국형 독재 시스템을 완성한 보이지 않는 국수주의예요. 인간의 목숨으로 제 권력을 다진 거죠. 사실 베트

            기 드보르

남 전쟁의 진짜 원인은 제2차 세계대전 후 정리되지 못한 제국주의 식민지 문제예요. 세계의 약자들이 주권을 외친 독립 전쟁이었죠. 민중은 승리했고, 그 승리가 세계 변화의 도화선이 되었죠. 미국의 앞잡이였던 한국과는 달리 세계의 민중들은 베트남 전쟁의 승리로 비로소 자신감을 갖게 돼요. 당시의 분위기를 묘파하는 글을 읽어 볼게요.

> 1968년 당시에 역사의 세계정신을 구체화시킨 사람들이 있다면 그들은 베트남의 민중일 것이다. 그들은 1777년에 미국혁명으로부터 독립선언을 물려받았으며, 1917년의 러시아로부터 그 조직 형태를 빌려왔다. 1960년대 동안 외세에 저항했던 베트남 민중들이야말로 전 세계적 운동 전체를 촉진시켰던 것이다. 장기간 맹렬함을 떨쳤던 그들의 독립운동은 산업사회의 내부에 세계체제의 구조를 변혁시키려는 운동을 등장시켰으며, '팍스 아메리카'가 지닌 민주주의적 내용의 환상을 산산이 깨부쉈다. 이와 동시에 베트남 전쟁의 승리는 전 세계에 걸쳐 반제국주의 운동을 고무시켰다. 새로운 사회운동이 전 세계적으로 물결침에 따라 오늘날까지도 이에 영향을 가졌다.
>
> 조지 카치아피카스《신좌파의 상상력》

똥팔씨 당시 유럽의 맑시즘은 하향세였잖아요.

메뚝씨 소련이 급속도로 관료화되었기 때문이죠. 혁명은 제도 자체를 끊임없이 타파하는 과정의 역동성일진데, 스탈린 이후 혁명은 기계처럼 이해되고 있었어요. 좌파의 가능성에 대한 불신이 있었던 겁니다. 그것의 결정적인 계기 중 하나가 한국전쟁이에요. 한국전쟁에서 소련의 모습은 공산주의를 의심하게 했죠. 침략전쟁이었고 제국주의 싸움이었으니까요. 게다가 베트남 전쟁에서 소련은 별로 큰 역할을 하지 않았어요. 소련은 자국에만 관심이 있고, 기득권은 고착되면서 좌파에 대한 비판적 관점이 세계적으로 뜨거워졌죠. 그것이 68혁명이 우파뿐 아니라 좌파까지 겨냥한 이유였죠.

똥팔씨 　소련에 대한 원망뿐 아니라, 베트남 전쟁부터 이어진 반제국주의, 해방운동이 68혁명의 중요한 계기이기도 했죠.

메뚝씨 　제2차 세계대전 후 경제는 성장하지만 사람들의 빈 마음은 달래지지 않았어요. 무기력한 생활이 생활 전반을 지배하게 되었으니, '권태'가 사회적 문제가 된 것은 당연해요. 경제가 좋아진다고 해서 삶의 문제가 해소되지 않는다는 사실을 우리는 프랑스의 60년대를 통해 배워야 해요. 살림살이가 나아진다고 해서 삶의 풍요가 찾아올까요?

똥팔씨 　만족하지 못하겠죠. 하지만 풍요의 요소 중 하나가 되진 않을까요?

메뚝씨 　물론 물질적 기반은 중요하죠. 그러나 기반의 기준 선은 분명해야 한다고 생각해요. 물질적 만족에는 한계가 없다는 선전이 자본주의니까요. 똥팔씨가 보기에 물질적 토대의 기준선은 어디인가요?

똥팔씨 그건 주관적인 문제 아닌가요?

메뚝씨 이런 중차대한 문제를 주관적 선택의 아량으로 넘기는 간편한 사고방식이 체제가 요구하는 룰이에요. 경제적 기반의 기준이 명확해야 노동 이외의 시간에 자유롭게 자신을 완성해 나갈 수 있겠죠. 그 기준이 흐릿하면 경제가 존재의 전부가 될 수 있어요. 합당한 기준선은 의, 식, 주 그리고 교육(앎의 권리)이라고 생각해요. 이 네 가지만 충분하면 나머지는 걱정할 필요가 없는 세상으로의 이동이 애초 공산주의의 혁명 정신이었죠. 반면 경제적 기반이 마련됐는데도 더 벌고 싶다는 충동을 체제가 조정하지 못하면 자본주의적 탐욕에 공산주의 정신은 패배할 수밖에 없어요. 그 분위기가 60년대 프랑스 사회를 지배했죠. 다행히 프랑스 시민들의 지적기반이 두꺼웠기에, 탐욕 쪽으로 전부 돌아서지 않았기에 새로운 사회를 바라는 열망이 다시 시작될 수 있었던 겁니다.

똥팔씨 독일에서 온 '다니엘 콩방디'라는 청년이 변화의 도화선이었죠. 체육부 장관에게 담배 물고 "불 있어요?" 물어보죠.(웃음)

메뚝씨 발랄한 도발이었죠. 물론 심층적인 계기는 베트남 전쟁 이후 젊은이들의 뜨거운 열기와 소련의 관료화였죠.

똥팔씨 이 이후에도 베트남 반전시위에 참여했던 5명의 학생을 강제 체포하는 사건도 계기가 되었죠. 이 사건으로 3월 22일에

랑테르 대학 행정실에서 실질적 혁명이 시작되었다고
해요.

메뚝씨　학생들이 땅 파고 시위하고 게릴라전으로 움직이니까 총
　　　　장이 무서워서 소르본으로 도망가죠.(웃음)

똥팔씨　이내 더 많은 학생들이 소르본 대학으로 집결하죠. 경찰
　　　　은 다소 잔인하게 진압하는데 그 모습을 본 시민들이 시
　　　　위에 참여하게 돼요. 5월 혁명이 본격적으로 시작됩니다.
　　　　수감된 학생들을 풀어주자는 시위가 늘어나면서 해방을
　　　　향한 본능적 욕구인 에로스 효과가 퍼지게 되죠. 모든 파
　　　　리 대학에 폐쇄조치가 이뤄지고, 학생들은 바리케이드를
　　　　치죠.

메뚝씨　역시 혁명하면 바리케이드죠.(웃음) 뜨거운 밤의 시작입
　　　　니다.

똥팔씨　혁명 열기가 거세지자 총리가 와서 설득하려고 했는데, 학
　　　　생들이 원하는 바를 정부는 읽지 못했다고 해요.

메뚝씨　애초에 학생들의 소망은 기득권 세력을 철거시키는 것이
　　　　었는데 혁명이 뜨거워지다보니, 그 청산의 주체까지 노리
　　　　게 되었던 것이죠. 우리가 원하는 것의 실현은 우리 자신
　　　　의 힘으로 하겠다는 의지예요.

똥팔씨　진보정당과 노동조합까지 학생을 지지하면서 혁명에 동참
　　　　하게 됩니다.

　　　　　　　　　　　　　　　　　　　　　　　　기 드보르

메뚝씨 그 전까지 노동자에게 중요한 건 생계였는데, 혁명을 통해 각성하게 된 것이죠. 노동자들이 가세하면서 5월 21일에 최고조인 천만 명이 파리 시내에 모이게 돼요. 난리가 났죠.(웃음) 그러나 혁명의 시간 속에서 시민들은 무질서하지 않았어요. 범죄가 현격히 줄죠. 파리 코뮌도 그랬지만 혁명 시기에 평의회들이 자기 치안을 담당하는 능력은 탁월했어요. 자유로우면서도 평화로웠죠. 사람은 흥분된다고 해서 파괴적인 행위를 하는 건 아니라는 거죠. 때문에 시민들의 자발적인 흥분을 국가가 방해하면 안 돼요.(웃음)

똥팔씨 혁명이 나날이 뜨거워지니 당시 총리였던 조르주 퐁피두는 전략을 바꿔요. 학생을 설득하는 것보다 노동자를 정부 편으로 돌아서게 하는 게 쉬울 것이라 판단하고는, 임금인상과 근무조건 개선을 제시하죠. 노동자들을 지지 기반으로 둔 공산당은 퐁피두의 제안을 받아들이죠. 그러나 협상안에 사인하고 나왔는데 노동자들이 "너희 뭐냐. 우리가 원하는 건 그게 아니야!"라며, 반대해요. 이걸 그르넬 협약이라고 부르더라고요.

메뚝씨 임금 30% 이상 인상, 주간 노동시간 단축, 자유학교 개방, 개혁 등의 파격적인 협상안이었으나, 혁명 주체들은 만족하지 않았죠. 오히려 압도적인 거부 운동으로 공산당은 위기에 처해요.

똥팔씨　보통 노동자 계급은 물질적 분배가 공정해지면 물러나거
나 접잖아요. 그런데 68혁명에선 파업을 철수하지 않았는
데 그 이유가 어디에 있을까요?

메뚝씨　혁명 자체가 흥분됐기 때문이죠. 권태로 힘겨워했던 사람
들이 혁명을 통해 삶의 이유를 찾고 뜨거운 가슴이 주는
활달한 생명력을 배웠으니까요.

똥팔씨　그래서 노동자들의 경우 스스로 회사를 운영할 수 있다는
자신감까지 얻었던 것이군요. 실제로 노조는 사용자와 자
본 없이도 공장을 효율적으로 운영했으니까요. 협동조합
을 만들어 유통까지 고민했다고 하더라고요. 그중 가장 열
성적으로 노동자들이 운영했던 게 '르노 자동차'였죠.

메뚝씨　68혁명 이후 르노는 거의 공기업이 되었죠. 르노의 노동자
들은 지금까지 준공무원이에요.(웃음) 오늘날에도 르노가
파업하면 프랑스 정부는 합의를 안 할 수가 없어요. 혁명
이후 프랑스는 공무원이 거의 50%예요. 기업의 국영화는
독점 자본을 없애는 효과가 있으니까 성장이 더뎌도 경제
가 쉽게 무너지지 않죠. 프랑스 경제가 여태 탄탄한 이유
가 여기에 있어요.

똥팔씨　그르넬 협약 이후 혁명은 식지 않고, 드골 대통령은 외국
으로 도망가 버려요. 정부는 계엄령을 선포해 의회까지 해
산하죠. 최종적으로 국민 투표까지 가요. 선거에서 혁명
세력이 이기면 정부는 물러나고, 정부가 이기면 집회를 종

　기 드보르

결하라고 제안한 거죠. 그런데 정부가 선거에 이기죠. 드골파 정부 쪽 여당이 당선돼요. 차기 대통령으로 퐁피두가 집권까지 하죠. 그 뜨겁던 혁명의 결과가 왜 이렇게 허무하게 끝났을까요?

메뚝씨   기득권 세력이 유포했던 불안이 혁명의 자신감을 눌렀던 거죠. 사람들은 흥분이 가라앉았을 때 냉철해지잖아요. 냉철하면 제 지갑을 열어보죠. '퐁피두라면 월급을 조금 더 올려주지 않을까?' 고민하죠.

똥팔씨   결과적으로 기득권 세력들이 승리한 거네요.

메뚝씨   68혁명은 짧았어요. 5월에 시작됐는데, 6월에 이미 총파업이 종결되죠. 30일에 총 선거가 이뤄지고, 프랑스 드골파가 집권하면서 68혁명은 끝이 납니다. 흥분이 끝났으니까 출근해야죠. 다만 그 기억을 맹렬하게 기록했던 혁명의 중심세력들은 추후에 이름을 떨치고 다시 기득권 세력화되죠. 68혁명은 보수의 기득권뿐 아니라 진보의 기득권 세력까지 키웠습니다. 이 세력들이 오늘날까지 프랑스의 지성계나 예술계를 지배해요. 우리나라 386세대와 유사하죠. 여기에 반대했던 게 상황주의자들입니다. 진보가 관료화되는 시스템에서 훨씬 더 과감하게 비판한 인물이 오늘의 철수, 기 드보르라고 볼 수 있죠. 68혁명은 이렇게 어이없게 끝났습니다.

똥팔씨   68혁명은 멋진 구호로도 유명하죠.

메뚝씨   멋지고 강하며 아름답죠. 기 드보르의 머리에서 나온 것들이 다수인데, 두 유형으로 분류해 봤어요. '금지하는 것을 금지하라', '권위주의를 박살내자', '상상력에 권력을'과 같은 자유를 숭상하는 것들이 첫 번째 유형이에요. 흔히 몽상과 상상은 예술의 영역이고, 현실 세계에는 위험한 것들이라 생각하지만, 그렇지 않다는 주장이죠. 상상력에 권력을 주었을 때 사회의 변화에 대해서 핵심적인 가치들을 창안해낼 수 있어요. 제가 제일 좋아하는 구호입니다. 두 번째 유형은 '혁명을 하면 할수록 더 섹스하고 싶다', '달려라. 동지여', '우리는 맨 마지막 관료의 창자로 맨 마지막 자본가의 목을 매달 것이다', '외쳐라!', '생활의 편리는 민중의 아편이다'와 같은 반자본주의적 선동에 관한 도발적인 구호들이 있죠. 다소 불편하기도 하죠. 안락한 생활은 구태며, 모든 편의는 생명력을 떨어트린다는 것이죠. 자본주의에 적응하면 할수록 우리의 가치는 새로운 것을 태동시키지 못하고, 이상과 현실이 분리될 수밖에 없다는 뜻으로 저는 읽었어요. 이 구호의 의미를 톺아보는 책《신좌파의 상상력》에는 이런 표현이 나와요.

> 부와 권력의 축적과 같은 중산층적 가치를 거부함으로써, 무감각한 일상 및 뿌리 깊은 가부장적 지배 형태와 투쟁함으로써, 전통이나 과학적 합리성에 따르기보다는 해방된 감수성을 통해 일상생활을 재구축하고자 시도함으로써, 일련의 새로운 가치들을 태동시켰다.
>
> 조지 카치아피카스《신좌파의 상상력》

중산층적인 가치를 거부함으로써 우리는 새로운 생활이 가능한 거죠. 우리에게 익숙한 모든 것을 의심해 봐야 한다는 뜻이에요. 내가 좋아하는 것 속에 변화를 막는 핵심적 요소가 들어있어요. 많은 사람이 좋아하는 것을 따르는 행위는 유형화된 선호일 뿐이고, 바타유의 말따나 우리의 세계에 없는 무용한 것들 속에서 해방의 감수성을 찾을 수 있다는 거죠. 그 가능성의 실현이 68혁명이에요. 무용한 것들의 발랄한 상상력의 실현이라고 요약해 볼 수 있겠네요.

똥팔씨   기 드보르의 《스펙타클의 사회》는 그 무용함의 실현을 위한 아름다운 분석이라고 볼 수 있겠네요. 자, 이제 68혁명에 대해선 여기서 접고, '권태'라는 키워드를 집중적으로 살펴보도록 하겠습니다.

참을 수 없는 권태의 무거움

혁명을 가능케하는 권태에 대하여

똥팔씨   오늘의 수다 키워드는 권태입니다. 자, 우리는 일상생활에 언제 권태를 느끼나요? 저는 바로 지금이에요. <두 남자의 철학 수다> 녹음을 날리고 나니 권태가 올라오네요. 무기력해졌어.(웃음) 이 느낌 그대로 가야 할 것 같아요. 권태라는 게 지금 우리가 느끼는 감정과 비슷한 거겠죠?

메뚝씨   거대한 장벽 앞에 있을 때와 같은 느낌이죠. 역량의 부족함을 느낄 때 권태에 빠진다고 얘기하잖아요. 화가 났기보다 삐져 있는 감정이 권태라고 볼 수 있죠. 할 수가 없으니까 삐질 수밖에 없겠죠.

똥팔씨   조금 전에 68혁명을 다룬 이유가 그 안에 내재되어 있던 억압들의 핵심이 권태였기 때문이죠. 쉬운 말로 심심함이죠. 그런데 무작정 심심함이라 하면 혁명과 다소 거리 있는 표현 같아 보이기도 해요.

메뚝씨   68혁명은 무의식적 혁명이었어요. 사회 시스템과 싸운 거죠. 시스템은 보이지 않는 적으로 우리 감정을 지배해요.

                                  기 드보르

그놈은 혁명의 과정을 거치지 않으면 여간해서 보이지 않거든요.

똥팔씨   시스템은 형태를 자꾸 바꾸잖아요.

메뚝씨   예컨대 21세기 가장 탁월한 발명품이라 할 수 있는 스마트폰을 상상해보세요. 잡스 형이 처음 만들었을 땐 획기적인 변환의 촉매제처럼 보였지만 이미 익숙한 일상의 대상이 돼 버렸죠. 자동차의 발명, 컴퓨터와 같은 물질적 발명이 엄청난 변화를 줬지만, 심드렁해지는 데 걸리는 시간은 짧아요.

똥팔씨   옛말에 이런 말이 있잖아요. 심심해야지 뭔가 하고 싶은 것을 찾을 수 있는 동력이 된다.

메뚝씨   중요하죠. 오늘날엔 참을 수 있는 심심함만 있고 참을 수 없는 심심함이 드물어요. 68혁명은 참을 수 없는 심심함까지 사람들에게 추동시켰죠.

똥팔씨   그 참을 수 없는 것을 어떻게 참았냐고 부채질했던 사람이 기 드보르가 아닐까요.

메뚝씨   그렇죠. 개인의 역량으로 힘들다면 혁명의 역량이라도 발휘하자는 거죠. 그러나 68혁명이 온전한 성공이라고 말할 수 없듯, 혁명만으로 개인의 삶이 다 바뀌지 않아요. 사회가 아무리 재밌어도 월드컵은 금방 끝나요.(웃음) 그럼 다음날 어떨까요?

똥팔씨   더 심심해지겠죠. 2002 월드컵 후 일상이 참 심드렁했죠. 큰 사건 다음에 무기력함이 몰려오잖아요. 저도 드라마 광팬이었는데, 드라마 끝나면 무슨 낙으로 살지 고민했거든요.

메뚝씨   관람자로서의 사건은 살만한 인생이라고 말하죠. 그러나 살만한 인생을 제대로 된 삶이라고 말할 수 없어요. 기성세대들은 꾸준히 우리에게 물어요. 살만한데 왜 불만이냐고요. 그러나 우리에겐 살만한 인생이 아니라 제대로 살고 싶다고 말할 권리가 있어요. "일방통행의 인생인 무대에 있어서 제대로 살고 싶다. 불꽃을 다오!" 이런 것이 혁명 정신이에요. 혁명은 권태로운 일상의 굴레를 축복의 섬광으로 바꾸는 극렬한 자극이죠. 하지만 잊지 말아야 할 것은 지구상에 성공한 혁명은 단 한 번도 없었다는 사실입니다. 그만큼 삶은 무겁고도 무서운 과제예요. 이 과제를 지적 자극으로 다소 돌파할 수 있다고 생각해요. 만약 기 드보르의 스펙타클이라는 개념이 없었다면 미디어가 우리를 어떻게 종속하고 있는지 깨닫지 못했겠죠. 언어의 감옥에 갇혀 산다는 하이데거의 개명이 없었다면 우리는 삶의 굴레를 돌파한 주체적 역량의 조건을 알 수 없었을 거예요. 감옥의 폭이 커야 우리 세계가 커지는 것이죠. 세계가 커져야 동조하고, 연대하고, 공명하면서 삶의 과제를 책임질 수 있죠. 일상생활의 언어가 상당히 비좁다고 인정하고 그것을 확장하면서 세계를 이해하고, 세계를 이해하면 나도 이해하는 변화를, 명랑하게 훈련할 이유가 여기에 있죠. 지식은 만만한 것으로 생각하면 안 돼요.

똥팔씨   간단히 정리하면 이렇게 되겠네요. 지식을 우습게 보면 권태 온다.(웃음) 그럼 오늘 주제로 본격적으로 들어가 보도록 할게요. 기 드보르가 현대를 비판하고 풍자했던 키워드는 권태예요. 우리 사회가 권태에 빠져있다는 진단이죠. 이 권태로부터 우리를 탈출시켜야 한다는 주제를 가지고 《스펙타클의 사회》라는 책을 펴냈죠.

메뚝씨   권태는 비단 자본주의에만 있는 것이 아니에요. 어떤 체제가 완성되면 발명되는 것이죠. 완성되면 심심함을 느껴요. 이상이 <권태>라는 소설을 쓴 이유도 식민지 시대가 완성됐다고 보았기 때문이었어요. 더는 독립에 대해서 희망을 품지 못하기에 권태가 삶을 지배했던 것이죠. 현 체제가 완성됐다고 느낄 때 우리는 무기력해집니다.

똥팔씨   당시 독립투사들은 심심하지 않았을 텐데, 이상은 아무것도 안 하니까 심심했던 건가요?

메뚝씨   전망이 사라지면 권태에 빠집니다. 특히 이상은 시의 혁신적 전망이 사라진 시대를 본 거죠. 시에 대한 언어 실험이 종결되었으니 얼마나 권태롭겠어요.

똥팔씨   권태가 없었던 역사적 상황은 없었을까요?

메뚝씨   불확실한 생존의 현장에 떨어졌을 땐 권태가 없어요. 배고 파 죽겠는데 심심할 겨를이 없죠. 그러나 생존 문제가 해소되면 권태는 궁극의 질병으로 출몰해요. 이상은 언어의 밥에 궁핍했는데 다 먹고 나니 일상이 견딜 수 없었던 겁니다. 이상에게 중요한 것은 독립이나 혁명이 아니라 '내 하루'예요. 하루에 대한 권태 의식, 무기력함, 패배 의식, 좌절감, 절망감을 없애기 위해 어떻게 하는 것이 좋을까 직시한 것이죠. 반면 오늘날의 우리는 권태를 바라볼 여유나 역량이 없어요.

똥팔씨   없죠. 눈을 뜨는 순간부터 지루함을 느낄 수 없는 일상 속에서 바쁘게 살잖아요.

메뚝씨   분주한 일상 이후에도 우리는 이상만큼 감각적 역량을 발휘하지 못하고 있어요. 이상만치 삶을 사랑하지 않았다는 것일 수도 있죠. 불나방이 돼 존재를 완전 연소하고 싶은 삶의 능력치가 저조한 까닭일 수도 있어요. 어떤 사회나 이상 같은 사람은 체제를 흔들 수 없어요. 마르크스도 그랬죠. 혁명이 실패하고 나서 지금 이 시대에 아무것도 할 수 없다는 것을 직시했는데 미래를 향한 무궁한 희망을 버리지 않고 절망의 구조를 정확하게 쓰죠. 그 책이 《자본론》입니다. 이는 제 삶을 사랑하는 능력임과 동시에 타인을 사랑하는 능력이기도 하죠. 이 점을 숙고해야 해요. 너무 바쁘기 때문에 권태를 느낄 수 없다는 사실과 더불어 그만큼 하루 일상을 정확하게 아주 세밀한 잣대로 보고

기 드보르

있지 않다는 자각이 있어야 시대의 질병이 추적될 수 있어요.

똥팔씨 우리는 반복되는 일상 속에서 이미 내일을 예상하는 삶을 살고 있잖아요. 이상도 눈을 감으면 내일이 또 올 것이고 오늘과 다르지 않을 거라는 걸 알았기에 아팠던 건 아닐까요?

메뚝씨 사실 내일은 투명할 수가 없어요. 모든 내일이 불투명하죠. 우린 내일이 어떻게 될지 몰라요. 안다고 착각하는 것일 뿐이죠.

똥팔씨 그런데 일상생활에서 그것을 자각하면서 살지 않는다는 거죠.

메뚝씨 그렇죠. 자각을 못 하게 만든다는 거죠. 그 장치가 스펙타클입니다. 기 드보르는 지하철, 쇼핑, 노동의 반복이 불투명한 내일을 투명하게 만드는 허위들이라고 말하죠. 혁명이 쇼핑 시간을 늘리고 노동 시간을 줄이는 수준의 투쟁이 아니라 내 하루의 권태로움을 박살낼 수 있는 자극제여야 한다는 뜻이에요. 그 시간만이 자유의 시간인 까닭이죠. 혁명의 와중에서만 소통 가능한 관점이기에 상황주의자들은 혁명을 준비했어요. 일상 속에선 자본가적 욕망의 지배를 배격하는 소통을 만들어 내기 어렵기 때문이죠. 반복되는 일상의 패턴 속에서 권태는 쉽게 물리칠 수 있는 감정이 아니에요. 사랑이 식으면, 에로스가 죽으면 우린 권태 속으로 빠져들죠. 때문에 현대의 스펙타클은 사랑을 없애고 싶어 해요. 사랑은 자유와 연동되니까 자유의 효과만을 포장하죠. 그게 쇼핑이고, 소비의 자유예요. 그런 자유의 껍질은 사랑과 닿지 않아요. 생산의 자유만이 사랑과 닿습니다. 또 한 번 강조하지만 아이와 함께 하는 시간은 복된 것이죠.(웃음) 아이를 키우면 권태가 출몰한 겨를이 없어요. 아이가 내 삶에서 한 치도 떨어지지 않게 하는 강제가 오히려 자유롭고 생산적인 삶을 살 수 있게 해주는 기회를 제공할 수 있기 때문이죠. 아름다운 구속은 사랑임과 동시에 자유예요.

똥팔씨 　 달리 생각해 보면 우리 시대에 느끼는 권태는 너무 많은 자극 탓인 듯도 해요.

메뚝씨 　 이상은 바보가 되고 싶다고 했어요. 멍해지면 못 느끼니까요. 권태의 괴로움이 커서 감각을 무디게 하고 싶었죠. 너무 많은 자극은 자극 없음과 같아요. 흥분되지 않는 삶을 너무 많은 흥분으로 몰락시키는 기술이죠. 그러나 사랑이 식은 사회에 권태가 출몰한다는 의미는 사회학적 관점이고, 주체적인 관점에서 언제 권태가 출몰하는지 살펴볼 필요가 있어요. 똥팔씨는 언제 권태롭고 심심해요?

똥팔씨 　 저는 제가 심심하다고 느껴본 적이 없어요.

메뚝씨 　 생산 욕망이 없으면 못 느끼죠.(웃음) 그런데 창작 욕망이 있는 사람들에겐 권태는 정신 분열에 가까워요. 만들 게 없으면 미치죠. 체제가 예술가나 창작자를 무서워하는 이유가 여기에 있어요. 그들은 체제가 은폐하고 조작하는 면면을 정확하게 표현하니까요.

똥팔씨   제 생각에는 현대 사회 자체가 ADHD가 아니냐는 생각도 해요. 너무 많고 너무 많이 보여서, 한 곳에 집중하거나 고독하지 못하게 만든다는 거죠.

메뚝씨   노동에만 집중해야 하니까요. 만약 사람들이 노동보다 일상에 집중한다고 생각해보세요. 혁명이 일어나겠죠. 체제는 혁명이 못 일어나게 일상을 분산시켜야만 하죠. ADHD처럼 주의력을 결핍으로 발산되는 과잉 행동을 질병으로 인식시켜야 얌전한 사회가 완성되니까요.

똥팔씨   우리 사회가 병적인데, 어찌 권태롭지 않을 수 있을까요?

메뚝씨   바로 결론 내리면 어떻게 해.(웃음) 손쉬운 방도란 없어요.

똥팔씨   그럼 결론도 났겠다, 빠르게 《스펙타클의 사회》로 들어가 볼까요?

이젠, 레몬 향기를 맡고 싶소

직접성이 없는 '스펙타클의 사회'에 대하여

똥팔씨   본격적으로 《스펙타클의 사회》로 들어가야죠? 우리나라에 번역된 기 드보르의 유일한 책입니다. 이 책으로 스펙타클 사회에서 권태를 어떤 식으로 바라보는지 살펴보죠.

메뚝씨   일단 책이 어렵죠?

똥팔씨   9개의 장과 221개의 테제로 이뤄져 있는데 테제들이 굉장히 짧아요. 저는 이 책 읽으면서 니체 책 읽는 줄 알았어요.(웃음)

메뚝씨   왜 이렇게 복잡하게 썼을까요? 쉽게 썼으면 좋을 텐데.

똥팔씨   상황주의* 운동을 공부하다 보니 문자주의랑 관계 있다던데, 왜 어렵게 아포리즘*으로 썼는지까지는 모르겠네요. 스펙타클을 다뤄서 스펙타클하게 썼나?(웃음)

메뚝씨   여러 가지 이유가 있지만, 첫 번째는 스펙타클 사회를 비판하기가 어렵다는 것이죠. 때문에 스펙타클 사회를 분석하기 위해선 새로운 문체가 필요해요. 왜 문체가 필요할까요?

               기 드보르

똥팔씨   새로운 문체? 까다로워야 멋있으니까?(웃음)

메뚝씨   이렇게 생각하면 돼요. 그림으로 비유합시다. 추상 미술가
         라고 상상해 보세요. 어떤 사람은 선 몇 개로 그리고, 어떤
         사람은 점 하나를 찍겠죠? 그런데 그걸 다했어요. 그렇다
         면 창작자는 무엇을 해야 할까요?

똥팔씨   남들이 안 한 걸 해야겠죠?

메뚝씨   마르크스의 《자본론》이 나오고 100년 후에 《스펙타클의
         사회》가 나왔어요. 자본론은 철저하게 과학적으로 썼기
         때문에, 기 드보르는 반대로 시적으로 쓴 거죠. 이 책을 보
         면 헤겔 문장, 포이어바흐 문장, 마르크스 문장들을 가져
         와서 시적인 형식으로 바꿨어요. 아직 없었던 스타일을 창
         안해 이 까다로운 스펙타클 사회의 진실을 표현하고 싶은
         기 드보르의 욕망입니다.

똥팔씨   이 새로운 글쓰기 형식을 '전용'이라고 하잖아요. 인용
         이 아니라 그대로 갖고 오는 것처럼 하면서 살짝 바꾸는
         거죠.

메뚝씨   스펙타클을 돌파할 힘은 창조적 개성이에요. 이 정도는 읽
         어내야 그리고 쓸 수 있어야 이 사회를 거역할 힘이 생긴다
         는 압박이기도 하죠.

똥팔씨   그 압박은 《자본론》으로도 충분히 어려운데요.(웃음)

메뚝씨 마르크스가 《자본론》을 쓸 시기만 해도 소외는 '대상화'에 가까웠어요. 철학자 게오르크 루카치는 '물화'라고 표현했죠. 그런데 기 드보르는 물화의 시기도 지났다고 봤어요. 현대는 인간을 '환상화'시킨다는 거죠. 물화까지는 세계와 사물의 관계에 있어 직접성이 남아 있잖아요. 고전 자본주의가 인간을 대상과 사물로 소외시켰다면 현대 자본주의는 인간을 추상적인 환상으로 만들어 궁극의 소외를 완성했다는 뜻이죠. 마르크스의 시기만 해도 직접성이 있었어요. 과학이 비판의 힘을 발휘할 수 있었죠. 반면 환상으로 진화된 자본주의를 거역할 힘은 시적 언어밖에 없기 때문에,《스펙타클의 사회》를 아포리즘, 잠언으로 쓴 거예요. 이 책은 압축과 생략을 완벽하고 철저하게 실행해요. 해석이 다의적이어야 하거든요. 하나의 경로만으론 접근할 수 없는 복잡하고도 간접적인 세계가 우리가 사는 지구이기 때문이에요. 스펙타클은 추상화된 간접적인 세계이기 때문에 그 세계를 표현하려면 압축적인 문장이 필요했던 거죠.

똥팔씨 반면 우리 일상은 즉각적이고 명쾌해져야 편하잖아요. 솔직히 기 드보르 책 읽으면서 엄청나게 불편했거든요.

메뚝씨 즉각적이고 명쾌해져야 편한 게 아니라 일상이 단순해 보일 뿐이죠. 삶의 명답이 없듯 명쾌한 일상은 허구예요. 기 드보르는 다의적 해석을 열어, 우리의 조급성을 경계하고 혁명에 성공할 수 있는 방법을 고민했어요. 허구를 전복시킬 진실의 힘을 믿었던 것이죠. 추상적이고, 복잡하고, 간접적인 현대 사회의 진실을 기 드보르는 보여주고 싶었어요. 《스펙타클의 사회》는 치밀하게 읽지 않으면 파악될 수 없는 세계를 표현한 책이기에 곱씹어 읽어보는 게 중요하죠.

똥팔씨   곱씹어 읽어야 하는데 쭉 읽고 나니 막막해져요.(웃음)

메뚝씨   그럼 막막함을 풀어드려야지.(웃음) 1장부터 들어갑시다. 1장에 붙은 제목은 "완성된 분리", 즉 소외를 다뤘죠. "스펙타클은 가상의 긍정이다. 인간의 삶은 단순히 가상을 긍정한다. 삶의 표상이 삶을 대신하는 곳에 스펙타클이 있다."라는 문장으로 시작되죠. 삶이라는 기표, 삶이라는 언어로 규정된 이 세계 자체가 스펙타클이에요. 우리는 환상 이미지 속에 살고 있어요.

똥팔씨   스스로 보는 게 아니라 보여지는 것들 속에 존재가 기입돼 있다는 뜻인가요?

메뚝씨   네. 스펙타클의 사회는 실제를 볼 수 없고 매체를 통과한 환상 이미지만을 볼 수 있는 세계예요. 이미지가 삶을 대신하고 있죠. 때문에 우리는 세계로부터 분리되고 자기 자신으로부터 분리되어 있어요.

똥팔씨   그 분리의 완성이 현재라는 거죠.

메뚝씨 그렇죠. 소외의 최종 단계이며 소외의 완성이죠. 존재가
세계와 완벽하게 분리됐어요. 테제 19번엔 "사변적인 세
계로 퇴행한 것은 모든 사람의 구체적인 삶이다."라고 표
현돼 있어요. 구체적인 삶이 사변적인 세계로 퇴행됐어요.
환상들 속에 구체적 삶이 지워졌다는 거죠. 요즘엔 <인
간극장> 같은 프로를 안 봐요. 왜 인기가 없어졌을 거 같
아요?

똥팔씨 너무 다 보여줘서 그런가요?

메뚝씨 존재와 삶을 응시하게 만들었기 때문이에요. 스펙타클 사
회 속의 사람들은 응시를 바라지 않아요. 특히 여가시간
에 집중하라면 짜증나죠. 스펙타클 사회에 사는 우리는
노동 이후엔 응시하거나 집중하려 하지 않아요. 그런데 잘
생각해보면 우리는 노동에는 지나치게 응시하고 집중합니
다. 생계의 책임 이상으로 노동에 몰입하죠. 만약 노동의
강도만큼 공부하라고 훈련받았다면 이 책이 그렇게 어렵
지 않았을 거예요.

똥팔씨 <인간극장>은 안 보는데 <서민갑부>는 많이 볼 거 같아
요. 서민들이 어떻게 해서 갑부가 되었나? 얼마만큼 버
냐? 이 사람은 어떻게 끈질기게 노력을 하나? 이런 모습들
엔 집중하는 사람들이 많잖아요.

메뚝씨 자기계발 논리로 세상 전부를 해석하는 거죠. 그러나 노동
은 존재의 일부만을 표현할 수 있어요. 노동이 삶의 전체

가 아닌 까닭이죠. 노동 이외의 시간까지 응시해야 삶의 품질이 좋아지는 겁니다. 때문에 구체적 삶을 응시해야 하는데, 이 사회는 그 응시를 감당할 수 없는 것이라 선전해요. 그 선전이 환상 이미지인 스펙타클이죠. "인생은 즐거운 거야."라는 실체 없는 기표는 구체적이지 않아요. 구체성의 소멸은 시간과 공간이 없다는 뜻이죠. 추상과 구체의 분리, 존재와 세계의 분리는 이런 식으로 작동돼요. 자본주의가 세계 속 인간을 소외시키는 것을 넘어 분리까지 간 거죠. 그러나 우리는 그 분리를 알아채지 못하고 있어요. 정신세계가 분산돼 있으니까, 불만을 갖지 못하고 살고 있죠. 테제 21에서 "스펙타클은 사슬에 묶인 현대사의 악몽이다. 이 사회는 오로지 잠들려는 욕구만을 표명한다. 스펙타클은 이러한 수면의 수호자"라고 표현한 이유예요.

똥팔씨   에리히 프롬이 말한 죽음 충동 속에서 사는 것이네요.

메뚝씨   자야 하는 시간에 드라마를 하잖아요. 왜 드라마는 10시에 할까 고민해본 적 있어요?

똥팔씨   자기 전에 보기 딱 좋은 시간이니까요.

메뚝씨   그치만 우린 반드시 12시 전엔 자야 해요. 내일의 노동을 위해 도리 없는 선택지죠. 그래서 드라마는 대화가 아닌 독백이죠. 테제 23번에선 "스펙타클의 근원은 가장 해묵은 사회적 특화, 즉 권력의 특화이다. 스펙타클은 현 질서가 기초하고 있는 끊이지 않은 담론이며, 자신을 찬양하는 독백"이라는 표현이 나오는데, 이 독백이 세계와 존재의 분리를 보지 못하게 막는 것이죠. 세상을 구원할 영화적 영웅들은 반복적으로 나오죠. <어벤져스>도 나오고. 어벤져스 이후엔 뭐가 나올까요?

똥팔씨   슈퍼 어벤져스?(웃음)

메뚝씨   울트라 슈퍼 어벤져스?(웃음) 바흐찐이 말했듯 독백은 대화가 아니며 기존의 관성을 옹호해요. 때문에 현대는 기득권 세력, 특히 자본의 권력이 해방과 자유의 가능성을 관리하는 세계죠. 자본이 대화의 형식을 규정했고 윤리의 표준안을 사람들에게 설득했기 때문이에요. 자본의 최소 원칙인 상품의 유통과 소비의 자유가 윤리의 표준으로 작동해요. 제2장 제목이 "스펙타클로서의 상품"인 이유기도 해요.

똥팔씨   저는 그 부분을 상품까지 환상 이미지화되었다는 뜻으로 읽었어요.

메뚝씨   《자본론》의 1장이 "상품론"이죠. 상품의 마술 같은 환상이 자본주의를 은폐한다는 내용을 수학적 도식을 통해 마르크스가 증명한 이론이에요. 상품은 사용가치와 교환가치가 구분되는데, 사용가치가 목숨을 건 도약*을 통해 교환가치로 환승돼야만 가치라는 등가 형태가 만들어진다는 내용으로 압축할 수 있어요. 가치 일반이 표준화되고, 그 가치는 자본의 잉여가치를 숨겨요. 일반인들은 상품의 환상 때문에 은폐된 자본의 폭력을 알 수 없죠. 상품이 화

기 드보르

폐로 등가되는 환상 규칙이 마르크스가 밝힌 애초의 시도였는데, 현대는 그 속임수의 소재가 화폐가 아니라는 것이 기 드보르의 주장이에요. 기호(약호)로 속인다는 것이죠.

똥팔씨   음, 기호화되었다는 것이 어떤 것인지 감이 안 오네요. 좀 더 예를 들어주세요.

메뚝씨   이런 예는 곤란하지만 퉁쳐서 말해볼게요. 저를 닮은 개그맨 유재석이 있어요. 사실 제가 유재석을 닮은 게 아니라 유재석이 저를 닮았다고 믿고 싶지만.(웃음) 유재석의 오랜 인기 비결은 편안함이잖아요. 그러나 그 호감은 유재석이라는 대상의 약호화된, 즉 광고로 편집된 환상 체계일 뿐, 우리는 유재석의 구체성에 접근할 수 없어요. 알지 못하는데 좋아하는 것이죠. 심지어 알지 못할 때만 좋아하는 경향까지 있어요. 덜 알고 싶은 욕동이죠.

똥팔씨   우리는 유재석의 일상을 알 수 없잖아요.

메뚝씨   알 수도 없으나 알려고도 하지 않아요. 알면 환상이 깨져 좋아할 수 없으니까요. 광고의 이미지가 본질 위에 선 것이죠. 마르크스 때만 해도 서면 광고만 있었지 TV 광고가 없었잖아요.(웃음)

똥팔씨   침대는 가구가 아니라 과학이죠.(웃음)

메뚝씨   약호는 상품의 물질적 본래성까지 지워 가치를 창출하는 환상적인 마법으로 진화했어요. 이미지만 입으면 가치가 되죠.

똥팔씨   사람들은 기호를 보고 상품을 사죠.

메뚝씨   그렇죠. 이게 21세기의 스펙타클적 상품 체계라는 거죠. 화폐만 해도 눈에 보이기 때문에 환상 장치의 잠식을 막을 가능성이 있었어요. 기분 좋게 돈을 세다 보면 돈의 가치를 고민할 수 있고, 주변을 살필 여유가 생기죠. 아빠 봉급날이 가장 행복한 날이었던 때가 있었잖아요.(웃음) 그러나 화폐가 기호로 변신하는 순간 우리는 가치를 가늠할 수 있는 감각을 잃어버렸어요. 기호화된 화폐는 화폐의 작용이 권력 작용이란 사실을 숨기죠. 마치 세계를 지배하는 질서가 없는 것처럼, 우리 현실이 영화의 한 장면처럼 느껴지는 이유예요. 인간이 상품이 되는 소외에서 상품의 가치 기준으로 인간을 평가하는 세계로 진입한 것이죠.

똥팔씨   연봉으로 인간의 가치를 평가하기도 하잖아요.

메뚝씨   그보다 무서운 사실은 그래야 인간이 파악된다는 겁니다. 인간을 파악할 수 있는 기준은 일상생활의 강도가 아니라 연봉이죠. 당신이 몇 평짜리 집에 사느냐, 무슨 차를 타고 다니느냐가 존재를 이해하는 통로의 전부가 되었어요. 구체적 삶이 지워졌기 때문에 이미지만이 실체를 표현할 수 있죠.

똥팔씨   결혼정보회사는 인간을 점수화하기도 하죠.

메뚝씨   똥팔씨 옛날에 하려고 하지 않았나요?(웃음)

                 기 드보르

똥팔씨   안 그랬죠. 내가 아무리 급해도 혼자 살면 혼자 살았지. 내가 그런 곳을 왜 가요.

메뚝씨   지금 결혼정보회사에 가시는 분들 욕하는 거예요?(웃음)

똥팔씨   아니, 그런 뜻이 아니고요. 그분들은 그렇게 선택할 수 있는 거고 나는 내 자존심에 의해서 안 갔다는 뜻이죠.

메뚝씨   그게 자존심이라는 거잖아요. 우리가 물화되지 않으려는 자존심. 루카치가 현대를 진단했을 때만 해도 인간은 사물이 아니라는 자존심이 남았단 말이에요. 그런데 요즘은 오히려 우리 자신이 기호화되려고 노력하고 있어요. 가상 세계에서 좋은 이미지를 입어 스펙타클한 존재가 되고 싶어 하죠. 그러나 환상은 자본의 권력을 대변하기에, 선택된 사람을 제외한 보통 사람들은 스펙타클한 존재가 될 수 없어요. 욕망의 잔여물이 남을 수밖에 없죠. 이것이 권태를 불러요. SNS를 많이 하는 이유가 여기에 있죠. 이런 것들이 자기 정체성을 규정하는 거예요. 공장의 대량생산 시스템의 한 부속물로 전락한 노동자라는 과거의 무기력한 세계에서 누군가가 나를 몰라줄 때 권태에 빠지는 세계로 이동한 거죠.

똥팔씨   이미지가 실체를 대신하고 그 이미지에 접근하지 못하면 권태에 빠진다는 말로 정리할 수 있을 것 같네요. 요 몇 년 사이에도 이미지의 진화는 눈부신 것 같아요. 옛날 광고는 그래도 제품의 특성을 알려줬잖아요. 그런데 요즘은 아파트 광고를 보면 아파트의 실제 기능과는 무관한 이미지만 넘쳐나요.

메뚝씨   집이란 개념과는 관계없는 집을 짓잖아요.(웃음) 우리에게 필요한 공간이 아니라 우리의 이미지를 보충할 공간이죠. 살기 위해 공간이 필요한 것이 아니라 공간이 우리의 존재를 표현하는 전도된 세계가 되었죠. 테제 68번엔 "독립적 인공성의 중첩된 위력은 도처에서 사회생활의 왜곡을 이끈다."라는 표현이 있어요. '독립된 인공성'이란 광고를 뜻하죠. 실체에서 벗어난 광고, 본질에서 독립된 이미지가 왜곡과 전도를 만들어요. 스펙타클 사회엔 구체적 삶이 없어요. 아무리 좋은 상품을 사도 사자마자 다른 게 사고 싶어지죠. 물론 비싼 걸 사면 만족도가 다소 길겠죠. 남이 살 수 없는 것이니까요.

똥팔씨   제가 차를 사서 그럴까요?(웃음) 만족이 오래가는 거 같아요.

메뚝씨   좀 있으면 차 자체에 관심이 없어져요. 세차도 귀찮아질 걸요?

똥팔씨   자동차 마니아들은 다르지 않을까요?

메뚝씨   동호회 활동을 하면 달라지겠죠. 한가지를 응시하면 구체적 요소들이 들어오기에 세계와 분리되지 않은 자신을 구성할 수 있어요. 좋은 장난감이 될 수 있죠. 비싸지만.(웃음)

     기 드보르

그래서 올드카를 아껴서 쓰는 사람도 있어요. 차의 기호가 아니라 차라는 물질에 접근하면 현실적인 감각이 살아날 수 있기 때문이죠. 이 현실 감각을 살리는 방법은 물질의 직접성을 체험하는 훈련을 통해 강화될 수 있어요. 이 훈련법을 통해 시간의 감각체계를 바꿀 수 있을 때, 일상의 혁명은 가능하고, 우리는 전도된 세계를 재차 전복시킬 수 있어요. 그렇다면 혁명의 시간은 어떻게 가능할까요?

똥팔씨　흥분해야죠. 달려라 정봉주!(웃음)

메뚝씨　네. 과거의 시간에 못 박힌 미래는 허구죠. 이를 기 드보르는 '순환적 시간'이라고 표현했어요. 순환적 시간은 역사가 없고, 역사가 없으니 진보도 없죠. 150번 테제에 시간에 관한 명문이 있는데 조금만 읽어볼게요.

> 사이비 순환적 시간은 현대의 경제적 생존의 소비시간이자 중대된 생존의 소비시간으로, 이 시간 속에서 나날의 삶은 계속 결정권을 박탈당하고 더 이상 자연 질서가 아니라, 소외된 노동 속에서 발전된 사이비 자연에 속박되어 있다. 그리하여 이 시간은 자연스럽게 전 산업사회의 생존을 조정했던 고대의 순환적 리듬을 재구축한다. 사이비 순환적 시간은 순환시간의 자연적 잔존물에 의지하며 아울러 그것을 활용하여 새로운 동질적인 조합들, 즉 밤과 낮, 노동과 주말 휴식, 휴가의 정기적 반복을 편제한다.
>
> 기 드보르《스펙타클의 사회》

이젠, 레몬 향기를 맡고 싶소　　　　　319

똥팔씨 　그러니까 '순환적 시간'은 누군가 만들어놓은 규칙에 구속 당한 거네요. 정해진 시간에 출근하면서도 그 이유를 모르고, 정해진 시간에 TV를 보면서 왜 그 시간에 드라마가 하는지 모르는 것처럼 말이죠. 휴가도 정해진 시간에 가니까 힘들죠.(웃음)

메뚝씨 　'순환적 시간'은 시간에 대한 자기 결정권이 박탈된 시간이에요. 밤과 낮, 노동과 주말, 휴식과 휴가의 정해진 규칙만이 계속 반복된다는 거죠.

똥팔씨 　제 생활만 보더라도 거기서 벗어나기가 힘들어요. 어떤 시도 정도만 가능할 뿐인 듯해요.

메뚝씨 　시도만으론 박탈된 시간을 찾아올 수 없어요. 그러나 시도 말고 다른 방도가 있는 것도 아니죠. 스펙타클이란 괴물과 싸워 이기기는 어려워요. 당연한 거예요. 그러나 할 수 없다고 포기할 수 있는 문제 또한 아니죠.

똥팔씨 　공간을 바꾸는 게 도움이 될까요? 한가한 시골에 가면 다소 나아질 것도 같은데.

메뚝씨 　《스펙타클의 사회》 제7장에서 공간에 대해 다룹니다. 한적한 곳에 간나고 해서 문제가 해소되는 건 아니라고 충고하죠. 토지의 가치가 획일화되어 있기 때문이에요. 시골에 사는 사람들도 땅 값이 오르길 바라죠. 물론 빈틈은 있어요. 절대 땅 값이 오를 수 없는 곳으로 가면 돼요. 각종 편의 시설이 없는 곳에서는 공간과 직접 소통할 수 있겠죠. 그러나 그것 또한 쉽지 않습니다. 아이들은 학교에 보내야 하고, 장도 봐야 하며, 병원도 가야 하니까요. 스펙타클의 사회에서 해방되기란 실로 엄청난 도전이죠. 기 드보르는 《스펙타클의 사회》 마지막 테제에 대책을 하나 내어 놓긴 했어요. 일단 읽어볼게요.

> 전도된 진리의 물질적 토대로부터의 해방- 이것이야말로 우리 시대의 자기해방을 구성하는 것이다. 이 같은 "세계 속에 진리를 설비하는 역사적 사명"은 고립된 개인이나 혹은 조작대상이 되고 있는 원자화된 대중, 그 어느 쪽에 의해서도 달성될 수 없다. 그것은 오히려 과거와 마찬가지로 지금도, 실현된 민주주의 탈소외적 형태, 즉 평의회 안으로 모든 권력을 가져옴으로써 모든 계급의 해체를 초래할 수 있는 계급에 의해서만 달성될 수 있다. 이 평의회 안에서 실천이론은 자신을 통제하고 자신의 행동을 감독하게 된다. 이것은 오로지 개개인들이 "보편적 역사에 직접 연결되어" 있는 곳에서만, 다시 말해 대화가 자신의 상황을 승리로 이끌기 위해서 무장하는 곳에서만 가능하다.
>
> 기 드보르 《스펙타클의 사회》

요컨대 스펙타클 사회에서 벗어나기 위해선 완벽히 평등해야 한다는 겁니다. 그것만이 대안이에요. 평등이 모든 가치 위에 서야 한다는 주장이죠.

똥팔씨   가라타니 고진의 결론과 비슷하네요?

이젠, 레몬 향기를 맡고 싶소

메뚝씨 맞아요. 그러나 고진이 경제적 유통 과정의 개혁에 집중했다면, 드보르는 실천 전략이 달랐어요. 예술 실험으로 사람들을 다른 감각체계로 유도해 스펙타클의 세계를 파괴하고자 했죠. 예술은 감각을 열어 평등을 사회 구성체의 가장 탁월한 가치로 만들 수 있어요. 예술로 욕망을 표현하는 기쁨을 누리면 타인의 자유가 숭고한 것을 깨닫게 되죠. 예술은 추상 작업이긴 하지만 직접적인 세계를 표현하는 활동이에요. 모든 예술의 아이디어는 감각으로부터 시작되니까요. 감각은 물질과 닿는 능력의 개선입니다. 이것부터 해결하는 것이 스펙타클 사회를 벗어날 시도죠.

똥팔씨 물질에 집중하여 예술적 욕망을 키워야겠네요.

메뚝씨 물, 불, 흙, 공기와 같은 직접적인 물질과의 대화가 좋겠죠.

기 드보르

철학은 가방끈 길이를 요구하지 않습니다

철학의 현장성에 대하여

똥팔씨   이번엔 거꾸로 기획된 순서에 따라 기 드보르 생애와 함
께 상황주의를 설명해보도록 할게요. 기 드보르의 정보
가 많지 않아요. 자서전이 있긴 한데 번역본이 없으니 외
국어 문맹인 저희로서는 접근하기가 쉽지 않았어요. 국내
에 발표된 논문을 통해서 기 드보르를 조사하게 됐는데,
그거라도 없었으면 생애에 대해선 할 말이 없었을 거 같아
요.(웃음) 그럼 오늘의 철수를 소개해 보도록 할게요. 기
드보르는 1931년 프랑스 파리에서 태어나고, 1994년 권총
자살로 생을 마감합니다. 자본주의에 대한 회의가 그의
삶을 죽음으로 몰고 가지 않았을까 생각을 해 봤어요.

메뚝씨   그럴 수 있었죠. 1996년 판 《스펙타클의 사회》 속에 번역
된 <어느 상황주의의 죽음>에는 그 원인을 두 가지로 들
죠. 하나는 68혁명의 지도자로서 자신이 신화로 등극하는
데에 대한 거부감이고, 두 번째는 혁명이 실패했다는 좌
절감이에요. 말년에 기 드보르는 체제를 보충하는 데 자
신이 쓰였다는 좌절감이 컸을 거예요.

똥팔씨   과감한 인격이기에 죽음을 단행한 건 아닐까요. 기 드보르는 정기교육을 받지 않았기 때문에 제가 아는 철학자 중에 가방끈이 가장 짧은 철학자고, 그만큼 가장 강렬한 철학자예요.

메뚝씨   저는 가방끈이 너무 길어요. 잘라버리고 싶어요.(웃음) 아까운 시간을 학교에 낭비해서 도전에 둔감한 사람이 돼 버렸죠. 기 드보르는 학위가 없었기에 도전하는 삶에 거부감이 없었죠.

똥팔씨   가방끈은 짧았지만, 철저한 이론가였죠.

메뚝씨   학위에 대한 편견을 깨는 데 유용한 인물이죠. 기 드보르는 재야인사들과의 교류를 통해 이론을 다듬어요. 그가 교류한 인물들은 크게 세 부류가 있는데 첫 번째는 실존주의자들이고, 두 번째는 초현실주의파 부류고, 마지막으로 공산주의 세력이 있어요.

똥팔씨   50년대 들어오면서 미국과 소련을 위시한 냉전의 시작이 좌파들의 다양한 집단 구성의 기폭제였던 것 같아요.

메뚝씨   냉전에 가장 스펙타클한 전쟁이 우리나라에 있었죠. 6개월이면 끝날 전쟁을 3년이나 했어요. 냉전 효과로 미국이 얻은 것은 중동의 석유였고, 소련은 남하정책을 통한 토지였죠. 영토 확장과 자본 독재를 위해서 환상적인 전쟁이 필요했는데, 그게 한국 전쟁이었다고 볼 수 있어요. 인간

탐욕의 최전선이기도 하죠. 대립이라는 스펙타클을 통해 한 국가를 분열의 극한까지 몰아 넣은 나쁜 전쟁의 대표적 표본이죠.

똥팔씨 한국 전쟁 후 인간을 색깔로 구분하는 이분법이 지금까지 우리 사회를 지배하고 있죠. 당시 프랑스에서도 같은 상황 이었잖아요. 기 드보르 같은 경우는 이 이분법을 넘어선 제3세력에 대한 상상력이 얘기되었다고 하더라고요.

메뚝씨 좌파인 기 드보르가 제3의 길을 모색하게 된 결정적인 계기가 스탈린 심복인 지다노프의 1947년 연설이에요. 냉전적 인식을 강화시키는 연설이었죠. 이 연설로 프랑스의 공산주의 지지자들은 강한 배신을 느꼈어요. 특히 예술가들의 실망이 컸죠. 당대 예술가들은 정치에 민감했고, 예술의 목적이 사회참여와 다르지 않다고 보았기에 소련의 제국주의적 노선에 적극적으로 반대의사를 표명했던 것이죠. 지금은 그런 예술가를 찾기 어려워요.

똥팔씨 하지만 오늘날의 예술가들도 투쟁 현장에서 많이 찾아볼 수 있잖아요.

메뚝씨 물론 몇몇 예술가들이 사회 변화를 위한 현장 속에 있죠. 그러나 다수의 예술가들은 아니에요. 더 안타까운 현실은 구태의 문화를 바꾸거나, 놀라운 형식을 창안해 일상을 혁신적으로 만들어 내는 예술가들의 업보를 사회참여라고 보지 않는다는 데 있어요. '아름다움'이란 질문을 가속하지 못하고 있죠. 아름다움의 진전은 일상생활의 정치예요. 감각의 정치죠. 아름다움의 형식이 바뀌면 우리가 보는 세상의 질서가 바뀌기 때문이죠. 때문에 현실 정치 참여와 동시에 해야 하는 일이에요.

똥팔씨　그래서 당시의 예술가들이 소련에 대한 회의감이 컸겠군요. 소련이 관료화되고 있었으니까요.

메뚝씨　20살이 된 기 드보르는 다다이즘*의 후발주인 문자주의자들과 초현실주의자들에게 영향을 받아요. 형식의 해체와 형식 실험을 통해서 새로운 구상을 만들고, 기존 질서를 불편하게 만드는 아방가르드만이 관료화를 막고 일상을 영원한 변화 속에 열정적으로 놓을 수 있다고 보았죠. 우리 일상을 계속 낯설게 하는 운동이 기 드보르가 생각하는 혁명이었어요. 때문에 대중의 일상에 가장 가까운 영화를 만들죠. 문자주의가 갖고 있었던 정적 이미지를 동적으로 만든 게 기 드보르의 영화들인 거예요.

똥팔씨　그래서 1950년대 기 드보르는 좌파들이 모인 집단 속에서 살았군요. 이 시절에 이시도르 이수를 만나면서 사상의 영향을 받았다고 하더라고요.

메뚝씨　이수에게는 시적인 예술을 배워요. 문자를 다루는 기술이죠. 문자는 시각 예술임과 동시에 이론으로 가는 가교예요. 예술과 이론을 접목하고 싶었던 거죠. 젊은 기 드보르에겐 모든 사람들이 제 삶의 주인으로 살게 하기 위한 자

　기 드보르

극이 예술에 있다고 보았고, 그 예술을 이론으로 다듬을
수 있다고 생각했어요. 그것을 대학에서 배운 것이 아니라
직접 현장에서 배웠다는 겁니다.

똥팔씨 　하지만 기 드보르는 예술 운동과 문자주의 형식만으로
는 혁명에 한계가 있다고 생각했죠. 《포틀래치》라는 저널
을 만들어 새로운 단체를 형성하고 독자적인 활동을 시작
하죠.

메뚝씨 　바타유의 영향이었어요. 이른바 소비 경제학(철학 듣는
밤 1권 참조)이죠. 그러나 기 드보르는 바타유보다 사르트
르의 과감한 행동력을 좋아했어요.

똥팔씨 　수동적인 일상을 능동적인 삶으로 재편할 수 있는 개념이
필요한 이유였군요.

메뚝씨 　아방가르드 실험만으론 부족하다고 본 거예요. 실존주의
같은 새로운 계몽도 분명 필요하다고 느낀 거죠. 때문에
게릴라 활동이라는 독특한 연대도 하고, 잡지도 만들죠.
실험만으론 사회 운동이 엘리트들의 유희로 끝날 위험이
있으니까요. 실제로 초현실주의와 다다이스트*들의 예술
활동이 대중의 일상생활과 분리돼 그들만의 명품 유희로
전락하는 행티를 보았거든요. 이 예술가적 엘리트주의를
없애려면 더 많은 사람을 설득시켜야 한다고 보았죠.

똥팔씨   기 드보르가 좋아하던 이시도르 이수가 종교에 가까운 신비주의*에 빠진 것이 결정적 원인이었던 것 같아요.

메뚝씨   신비주의는 당시에 유행이었어요. 일본이 유럽에 자극을 주면서 동양적인 신비주의가 유행했고, 좌파들이 일본좌파들과 적극적으로 교류했죠. 신비주의가 종교적인 이상주의로 가게 되고, 그 이상주의가 대중과 이격시키는 엘리트주의적 형태로 이행하게 된 것이죠.

똥팔씨   이수하고 결별하게 된 계기 중 하나가 찰리 채플린 영화 때문이라고 하더라고요.

메뚝씨   찰리 채플린이 프랑스에 왔었어요. 노동자의 소외를 대변하는 영화를 다룬 놈이 방송국을 접수해 자본가적 욕망을 실현하려고 했었죠. 마음에 안 들겠죠?

똥팔씨   그래서 기 드보르가 채플린에게 폭탄을 던졌군요.

메뚝씨   맞아요. 폭탄을 던지면서 혼란 상태를 만들죠. 좌파들이 모인 곳에서 "너는 좌파가 아니야!"라고 폭탄을 던진 거죠. 기 드보르가 이 사건으로 조명을 받게 돼요. 실제로 찰리 채플린은 위대한 영화감독이라고 생각하지만 예술가라고 보긴 어려워요. 그에 관한 다양한 해석이 있는데, 영화 제작사를 차려 노동자를 위해 활동을 했다는 얘기도 있지만, 기 드보르는 그렇게 보지 않았죠. 이 사건을 계기로 찰리 채플린이 영화보다 연애를 활발히 하죠.(웃음)

똥팔씨   60년대에 들어와 기 드보르는 이수하고 결별하면서 인간을 위한 혁명을 꿈꾸기 시작해요. 특히 도시의 공간을 개선하고자 했다고 해요.

메뚝씨   자본주의적 도시는 바깥을 차단한 구조이기 때문이죠. 도시 외부를 풍경으로 만들어야 스펙타클이 작동될 수 있으니까요. 기 드보르가 새로운 도시 계획을 실천한 것은 외부를 허용하고 내부의 결속을 느낄 수 있는 공간이 일상의 혁명을 추동할 수 있다고 믿었기 때문이에요. 공간의 중요성을 인식했던 거죠. 철학자 앙리 르페브르의 영향이었어요. 그는 일상의 혁명을 위한 공간의 재구성을 이론의 중심에 둔 인물이죠. 발터 벤야민의 아케이드 프로젝트*랑 비슷하죠. 그런데 이 공간 운동들은 러시아에서 아이디어를 얻은 거예요. 러시아 혁명기에 활발히 진행되었던 구축주의 운동이 그 뿌리죠. 혁명은 새로움의 활화산이에요. 많은 현대 철학자들은 러시아 혁명의 새로운 진전으로 자신의 이론을 만들었어요.

똥팔씨   우리는 흔히 새로운 철학이나 예술의 뿌리는 유럽이 원조라고 알고 있잖아요.

메뚝씨   편견이죠. 혁명이 아름다운 이유는 역사를 뛰어 넘을 수 있는 강력한 생산력이고 태풍이기 때문이에요. 혁명은 전통을 이길 수 있는 반전이죠. 이 반전만이 모두의 자유를 허락한 해방을 만들 수 있다고 러시아 사람들은 믿었고, 그 열정을 유럽에서 차용한 겁니다.

똥팔씨   그렇다면 기 드보르의 공간 기획은 어떤 면이 특별할까요?

메뚝씨   기 드보르는 도시의 거리를 바꾸자고 했어요. 이른바 사건의 지도를 구축하려고 했죠. 13인 이하의 소수인원이 모여 돌발 사건을 만들고 지도를 그리는 겁니다. 매번 우연한 만남을 기록하면서 도시계획을 새로 짜는 거죠. 그 지표들은 사건이 되고 사건은 건조한 도시에 인간의 감성을 입힐 수 있죠. 이를 표류의 도시계획이라 불렀어요. 지금 생각해도 훌륭한 아이디어죠?(웃음)

똥팔씨   우리나라에도 둘레길이 많잖아요. 거리에 포토존이나 이벤트도 많고요.(웃음) 이건 사건이 아닌가요?

메뚝씨   관에 의해 일방적으로 만든 사건에 우리가 개입할 수 없죠. 기 드보르의 표류 도시 계획은 의도와 계획이 아닌 돌발로 만들어진 우연의 사건들로 엮인 거리를 뜻해요.

똥팔씨   그 사건을 일컬어 상황이라 부를 수 있겠네요. 상황을 만들기 위한 거리 계획이라 봐도 될까요?

메뚝씨   뉴(new) 상황이죠. 상황을 바꾸는 행위가 표류예요. 우발적이고, 불편하고, 낯선 것으로 주변의 상황을 바꿔 안정을 포기하고 권태를 몰아내는 거죠. 일상을 흥분의 생활로 재편하고픈 욕망의 사회적 실천이에요. 스펙타클보다 유쾌한 삶의 방식을 구성하기 위한 실험이죠. 끝나지 않는

    기 드보르

실험입니다. 생의 마지막까지 추진돼야 할 흥분제로써의 실험이죠.

자본주의는 스펙타클로 실제 사건들을 무기력하게 만들려고 해요. 때문에 실험을 지속하는 근성은 쉽지 않죠. 새로운 사건이 발생하면 자본주의는 그것을 상품으로 치환하고 작가를 명품으로 만들어 대중들과의 교류를 차단해요. 때문에 자본주의에선 시도는 어렵지 않지만 지속이 까다로워요. 지속을 통해서 예민해져야 하는데 스펙타클적인 자극은 우리의 감성을 무디게 만들어 형태만 베끼려는 습관을 만들게 하죠. 때문에 스펙타클의 사회는 관료화의 전 단계예요. 인간이 기계처럼 오류 없는 완성된 프로그램이 되는 세계로의 전 단계죠. 요컨대 스펙타클의 사회는 체제가 주인이고 인간은 부속인 세상으로 가는 초입이에요. 기 드보르가 평의회를 고집하여 대의 민주주의를 끝까지 거부했던 이유기도 하죠. 그 평의회를 완성하기 위해선 혁명이 필요하니까요.

똥팔씨   혁명만이 중요한건 아닌 듯해요. 그 어떤 혁명도 급속히 식어버리는 경향이 있으니까요.

메뚝씨   실제로 기 드보르도 그것을 직감하고, 혁명을 기다리면서 실력을 키우죠.

똥팔씨   다시 생으로 넘어갈게요. 1957년에 바우하우스*에서 활동하던 요른이 기 드보르에게 '국제상황주의'라는 단체를 만들자는 편지를 씁니다. 이 단체가 기 드보르의 명성을 알리는 신호탄이죠.

메뚝씨 국제상황주의의 초기 구성을 이해하기 위해선 두 가지 편지가 중요한데, 하나는 똥팔씨가 말한 요른의 편지고 나머지 하나는 《일상생활의 혁명》으로 유명한 라울 바네겜의 편지예요. 일상생활 속 혁명의 중요성을 깨달은 바네겜은 앙리 르페브르에게 편지를 보내고, 그 편지를 본 르페브르가 같은 생각을 하는 기 드보르를 만나게 주선하죠. 교수 자격 없는 재야의 이론가 두 명이 편지를 계기로 의기투합해요. 이 둘의 급진적인 만남과 준비가 68혁명의 숨은 동력이었죠. 그러나 그들은 68혁명 이후에 결별해요. 바네겜은 혁명은 지속될 수 있다고 생각했는데, 기 드보르는 실패한 혁명가에게 윤리적 정직성은 단체를 해체하는 것이라고 생각했기 때문이죠. 기 드보르는 절충이 없었어요. 극단이 아니면 선택 자체를 유예했죠.

똥팔씨 야전 출신들이잖아요.(웃음) 그러면서 1957년에 '국제상황주의'를 창당하죠. 기 드보르는 요른과 함께 8개국에서 예술 활동에 집중해요. 그런데 특이한 점은 8개국을 묶을 중앙 조직이 없었다고 하더리고요.

메뚝씨 기 드보르가 평의회를 지키고자 했기 때문이죠. 그러나 평의회는 그에게 가장 아픈 상처를 주기도 했어요. 국제상황주의는 분산된 조직이었기에 각자의 결정권이 있었고 우두머리가 없었어요. 느슨한 연합체를 추진했기에 결속력이 약했죠. 조직이 커지자 그 틈을 타고 패권주의가 득세하게 되고, 중요한 결정 사항들이 합의되지 않는 이상한 정치 체제로 변질되기 시작하죠. 직접 민주주의를 실천하고픈 기 드보르의 욕망은 실패했어요. 국제상황주의는 주도권을 잡기 위한 정치 조직으로 변질되기 시작하죠. 이에 기 드보르는 자치권의 부여가 정치에 있어 얼마나 낭만적이고 유치할 수 있는지 깨닫죠. 이내 각 조직의 자치권을 축소하고 조직을 강성하게 다시 디자인해요. 다가올 혁명을 예감했던 거죠.

똥팔씨   50년대 후반부터 국제적으로 제3세계 운동들이 뜨거워졌잖아요. 그러면서 혁명의 불길을 예감하고, 예술보다 정치가 더 시급한 문제라는 판단이 섰던 것 같아요.

메뚝씨   물론 그런 판단도 있었겠지만 저는 한가지 더 중요한 이유가 있으리라 짐작해요. 기 드보르는 순수주의자를 경멸했어요. 예술의 궁극 지점은 예술의 종말에 있어야 하거든요. 누구나 예술가가 되면 예술이 필요 없잖아요. 그런데 순수 예술가는 예술에만 집착하는 경향이 있어요. 예술의 지속이 다가올 혁명보다 중요하다고 생각한 순수주의자들의 반란이 국제상황주의 내부에 있었고, 기 드보르는 그들을 제명시켜 버려요. 프롤레타리아의 독재를 차용한 거죠. 혁명의 준비를 위해선 독재가 필연이라는 사실을 깨닫고, 혁명을 준비하기 위해 순수주의를 제거했어요. 예술

이 정치의 토대가 아니라 정치가 예술의 토대라는 인식이
있었던 겁니다.

똥팔씨 그래서 '사회주의 아니면 야만'과 같은 단체와 교류했었군
요. 기 드보르는 60년대에 들어와서 정치활동에 깊숙이
참여해요. 노동자들과 관계를 맺기도 했으나 그들이 분배
에만 초점을 맞추는 것에 실망했어요.

메뚝씨 당시 노조 자치 정치 운동인 생디칼리즘이 쇠퇴하고 노조
운동이 노동자들의 이윤 추구에만 집중했던 탓이죠.

똥팔씨 그래서 학생들에게서 희망을 보죠. 1966년에 스트라스부
르 대학에 침입하면서 학생들과 이론을 다듬고 저술 활동
을 시작해요.

메뚝씨 라울 바네겜과 함께 학생들과 공명하면서 《청춘이란 지침
서》를 냈죠. 청춘의 열정을 세울 자치권의 세부를 구체적
으로 정리한 책이에요. 다가올 혁명을 위한 지침서이기도
하죠. 또 하나 중요한 사건은 당시 기 드보르가 영국으로
초청돼서 전시회를 연 것이에요. 이 전시회에서 사람들이
"상황주의가 무엇입니까?"라고 물어보니까 "그런 좆같은
질문에 대답하려고 내가 온 게 아니다."라고 말하고 나가
버리죠.(웃음) 정체성이 규정됐을 때 미학적 전진은 퇴행
되고 일상의 혁명은 다시 스펙타클화되는 권태 사회로 돌
아간다는 게 기 드보르 아이디어였어요. 다시 한번 강조하
지만 기 드보르에게 절충은 없었어요.

기 드보르

똥팔씨   드디어 68년 혁명의 불씨가 보이기 시작해요. 낭테르 대학
        에서 봉기가 일어나죠. 국제상황주의는 혁명에 이론적 단
        초를 제공하게 돼요.

메뚝씨   대개 68혁명은 우발적인 혁명이라 알고 있죠. 그러나 기
        드보르는 혁명을 예감하고 준비했어요. 학생들이 봉기의
        중심에 설 것임을 알았고, 이를 위해 어떤 요구가 중심에
        서야 하는지 계산하고 있었죠. 국제상황주의가 유포한 팸
        플릿들의 굉장한 매력은 준비된 결과였죠.

똥팔씨   기 드보르의 전략이나 정치적 운동들이 68혁명의 도화선
        이 됐다는 결론을 위해 여기까지 왔네요.(웃음) 이 혁명의
        지침을 위해 가시적 이론서가 필요했기에 출판된 책이 67년
        에 발간한《스펙타클의 사회》겠죠.

메뚝씨   그렇죠. 혁명 지침서죠. 이 책은 혁명과 함께 빵! 뜹니다.

똥팔씨   혁명의 기운으로 기 드보르는 평의회를 중심으로 새로운
        공동체를 구성하려고 했죠. 하지만, 혁명의 급속한 쇠락과
        함께 이 운동은 실패했고, 국제상황주의도 와해되죠. 혁
        명은 없고 혁명이 위대했다는 팻말만 남게 된 것을 본 기
        드보르는 자신의 열정이 68혁명과 함께 사라졌다고 생각
        하고는, 72년에 단체를 해산시켜 버립니다.

메뚝씨   자진 해산이죠. 기 드보르는 실패한 혁명에 책임을 짊어지
        고 세상에 나오지 않아요. 밥 먹을 게 없어질 때까지 은둔

합니다. 20년 동안 아무것도 안 하다가 후원자가 죽고 난 다음에 세상에 나오죠. 나와서 전집의 재판을 허락하죠. 그러나 기 드보르의 부활은 그가 극렬하게 비판했던 예술의 명품화에 기여하고, 기득권에게 이용당하죠. 체제와 맞선 거센 혁명 이론가는 좌절해요. 신화를 거부하기 위해 애초 상황주의운동은 책표지를 사포로 만들고, 전시회장을 개판으로 만드는 활동을 했고, 그림을 자로 재서 팔고 그랬잖아요. 그런데 상황주의가 해체된 이후부터 상황주의는 명품의 예술 운동으로 칭송받아 신화로 등극해요. 말을 해도 오해받고, 말을 안 해도 오해받으니 아예 말을 안 하고 은둔했는데, 살 수 없는 상황까지 가니까 출간을 허락했고, 안타깝게도 책은 대박이 나요. 그러면서 사람들은 기 드보르를 영웅처럼 회자하죠. 그는 자신이 혁명의 영웅으로 칭송받는 것을 부끄러워했어요. 스스로는 실패한 혁명가라고 생각했던 겁니다. 마지막으로 권총으로 자기 머리를 겨냥해 당기면서 혁명은 끝난 게 아니라는 사실을 일깨우고자 했죠. 진실로 멋있는 사람입니다.

똥팔씨　　정말 멋있네요. 조금이라도 같은 시대에 살아서 영광이에요.

메뚝씨　　영웅으로 만들면 안 된다니까요.(ㅠㅠ) 물론 마지막 남은 아방가르드*니까 안타깝죠.

똥팔씨　　자서전도 번역되었으면 좋겠네요. 읽어보고 싶어요.

메뚝씨   기 드보르의 묘비명은 이렇게 쓰여 있어요.

> 생애 내내 나는 파란만장한 시대, 극단적인 사회적 분열,
> 그리고 거대한 파괴만을 보았다. 아무런 박사학위도 갖지
> 않았기 때문에 나는 지성적이거나 예술적이라고 통했던
> 서클들에 발을 들여놓는 것을 철저히 회피했다.
>
> 기 드보르 《스펙타클의 사회》에서 재인용

철저히 기득권이 되지 않기 위해서 노력했다는 말이겠죠.
내 이득을 위한 예술이 아닌 사회 전체를 고민하는 과격
한 혁명가의 품격이 느껴져요. 제 묘비명에 뭐라고 쓸까
요? 벌써 걱정입니다.

기 드보르로 가는 길

현 위치 ——— 《스펙타클의 사회》 ——— <기 드보르의 상황주의운동> ——— 기 드보르

기 드보르의 책은 단 한 권 밖에 없어요.《스펙타클의 사회》죠. 1996년 판과 2014년 판이 있는데, 두 권 다 번역이 괜찮습니다. 96년 판은 한자어의 묘미와 문체를 살려 의역한 것이고 14년 판은 가독성을 높이기 위한 번역의 노력이 느껴져요. 두 권을 교차로 읽는 것을 추천해요.

책은 단 한 권이지만 기 드보르로 가는 여정은 쉽지 않습니다. 심호흡이 깊게 필요하죠. 그의 문장은 태양 같아서 화려하고 뜨겁기 때문에, 여유로운 마음으론 자신의 무지에 좌절하는 계기가 될 수 있어요. 압축된 문장들과 화려한 문체에 적응하기 위해선 소리 내서 읽어보셨으면 좋겠어요. 메뚝씨는 10번 정도 소리 내 읽으니 겨우 따라갈 수 있었습니다.

더 깊은 이해를 위해서 도리 없이 논문들을 기웃할 수밖에 없겠죠. 호남대 이영빈 교수의 <기 드보르의 상황주의운동>이란 논문이 그의 생을 간접적으로 조망하는 데 유용해요. 인터넷에 진중권 교수의 상황주의에 관한 기사도 올라와 있으니 검색해 읽어보시는 것도 좋습니다. 읽다 보면 더 읽고 싶은 허기가 느껴지실 텐데 저 또한 방법이 없네요. 어서 빨리 기 드보르의 전집과 자서전이 출간되기를 기대하는 수밖에 없겠죠. 여러분들의 요구가 뜨거우면 저희가 어떻게든 번역해보겠습니다. 우리에겐 든든한 외국 떨거지가 있거든요(이 부분은 <두 남자의 철학 수다> 퐁티편을 들어보시면 이해가 됩니다).

용어해설

루트비히 비트겐슈타인

* **괄호 닫기**

  현상학의 노에시스(Noesis)와 유사한 개념으로 세계를 정확하게 인식하기 위
  해 억견(doxa)을 버리고 사유 그 자체에 집중하는 철학적 지향을 말한다.

* **놀이 이론(Game theory)**

  놀이를 종의 번영에 기여하는 행위로 보는 이론으로, 고전적 놀이 이론에는 아
  이의 놀이가 성공적인 유전자의 계승, 모방, 연습 또는 에너지를 방출한다는 의
  견이 있었으나 현대적 놀이 이론에서는 소통, 인지발달, 각성, 조절 등 정신분석
  적 관점의 이론을 받아들이는 경향이 강하다.

* **변인통제(Control Variable)**

  실험에서 일부 변인은 유지시키고 일부 변인은 변화시킴으로써 실험 결과를
  도출하는데, 이때 유지시켜야 할 변인을 가리켜 변인통제, 또는 통제변인이라
  고 한다(참고로 변화시키는 변인을 가리켜 조작변인이라고 한다).

* **베르테르 효과(Werther effect)**

  1774년 괴테의 《젊은 베르테르의 슬픔》에서 주인공 베르테르가 자살하자 당
  시 그 책을 읽은 유럽 청년들이 베르테르를 모방하여 자살한 사건에서 기반
  한 용어. 유명인이나 자신이 선망하던 사람이 자살할 경우 상대와 자신을 동일
  시하여 자살을 시도하는 현상으로, 모방자살(Copycat Suicide), 자살전염
  (Suicide Contagion) 또는 세기말 풍경이라고도 한다. 특히 미디어를 통해
  전염된 사례가 많다.

* **세기말 풍경**

  베르테르 효과로 모방 자살이 연이어 나타나는 절망적인 상황을 가리켜 '세기
  말 풍경'이라고 부른다.

* **유아론(Solipsism, 唯我論)**

"오직 나뿐이다"라는 뜻으로, 자기 자신만 의식을 가지고 있을 뿐 그 외의 것은 존재하지 않고 내 의식의 소산에 불과하다는 지나친 주관주의적 경향이다.

* **유형론(Typology)**

'러셀의 역설'이라고도 불리는 러셀의 유형론은, 1901년에 버트런드 러셀이 집합론의 모순을 설명하기 위해 만든 개념이다. 러셀은 집합론의 모순을 피하고자 원소와 집합에 계층을 대입한 유형론을 주장했다.

* **위버멘쉬(Übermensch, Overman)**

니체가 주장한 궁극의 인간이다. 흔히 초인으로 번역되고 반대말은 말인이다. 위버멘쉬는 인간을 규정하는 한계를 극복하며 삶을 긍정하는 최초의 인간으로 삶의 마지막까지 제 과업에 충실하다.

* **주관주의(Subjectivism)**

주체의 능동성은 인정하나 대상세계의 객관적 존재를 부정하는 경향이다. 지식이나 가치는 실재하는 것에 바탕을 두고 나올 수 없으며, 상대적이라는 입장을 취한다. 상대주의와 일부 유사한 개념이다.

* **진리 함수(Truth-function)**

실질적 함수가 아닌 문장을 이해하는 데 필요한 보조수단으로서의 논리적 관계를 말한다. 비트겐슈타인은 진리 함수를 진리 조작의 결과라는 의미로 사용하고 있다.

장 프랑수아 리오타르

* ## 교조주의(Dogmatism)

  주관주의의 일종으로, 현실 문제를 설명하는 데 과학적 관점을 살피지 않고 신앙 또는 신조에 입각한 원리 원칙만을 고집하는 억견의 한 형태다.

* ## 구조주의(Structuralism)

  언어, 행위, 인식들을 구조적으로 정의하려는 태도. 그러나 이는 절대적 구조라는 지나친 환원주의를 탄생시킬 수 있다는 입장에서 후기구조주의, 포스트모더니즘, 해체주의가 발생했다.

* ## 도마주(Dommage)

  토르와 마찬가지로 사전적으로는 '손해 또는 손실'을 가리키지만, 재산, 소유권, 인격 등 손실을 증빙할 수 있는 수단이 있는, 법적 계쟁의 대상이 될 수 있는 손해를 뜻한다.

* ## 서늘한 용기

  어떤 거대 서사나 이념 없이도 일상을 과감하게 선택할 수 있는 용기를 뜻한다. 포스트 모던 시대에 사표로 지녀야 할 덕목으로 메뚝씨가 리오타르의 사상을 정리하면서 발명한 개념

* ## 신회의주의

  전통적 회의주의와 달리 신회의주의는 지적 독점의 반대 운동이 아니라 상대주의를 받침하는 미래의 전망이나 새로운 운동의 혁신을 믿지 않는 지적 경향으로 세계의 변화보다 사적인 쾌락에 만족하는 지적 태만을 보충하는 알리바이로 쓰인다.

* **실존주의(Existentialism)**

  인간의 본질과 실존을 구분하여 타자와 대치할 수 없는 '실존'이 존재함으로써 인간은 개별적인 자유를 갖고 있다는 사상. 사르트르는 실존주의자를 신의 존재를 인정하고 신이 인간의 본질을 결정한다는 '유신론적 실존주의자' 그리고 인간의 본질은 스스로 결정한다는 '무신론적 실존주의자'로 구분해 설명했다.

* **억견(Doxa)**

  그리스어인 dóxa에서 유래한 것으로, 논거가 결여된 판단을 뜻한다.

* **전체주의(Totalitarianism)**

  개인은 사회나 집단, 국가에 속함으로써 존재의 가치가 있다는 주장으로, 개인의 권력보다 집단의 권력이 더 강하게 작용하는 사상 및 체제를 일컫는다.

* **차가운 열정**

  서늘한 용기와 유사한 개념으로 포스트 모던 시대에 요구되는 철학적 파토스(열정)를 표현한 용어

* **토르(Tort)**

  사전적으로 '고의 또는 과실로 인한 불법 행위', '손해 또는 손실'을 뜻한다. 단, 자신이 본 손해를 보상받기 위한 증거를 제시할 수단이 없는 상황에서 쓰인다.

* **현상학(Phenomenology)**

  독일 철학자 에드문트 후설이 창시한 철학운동으로, "사상 그 자체로 돌아가라"를 모토로 삼고 있다. 현상학은 어떤 사물을 바라볼 때 선입견 없이 현상 자체를 직관적으로 봄으로써 그 사물의 본질을 파악하는 철학적 사유 방법을 택한다.

자크 라캉

* **생톰(Sinthome)**

  라캉이 순수 욕망을 설명하고자 만든 개념으로, 주이상스로 가기위해 나타나는 성스러운 증상이라는 뜻이다.

* **주이상스(Jouissance)**

  실재계로 접근하는 경로로, 사회가 통제할 수 없는 무의식의 자유를 뜻한다. 쾌락, 희열, 향유, 향락 등 다양하게 번역된다.

* **코기토(Cogito)**

  데카르트의 "나는 생각한다, 고로 나는 존재한다(cogito, ergo sum)"에서 cogito만 따온 말로, '사유하는 나', 즉 인식하는 주체를 가리키는 말이다.

* **테제(These)**

  헤겔이 주창한 철학 용어로, 본래는 '하나의 계기'를 뜻하며 증명돼야 할 주장의 명제를 의미했으나 마르크스주의를 거치며 혁명운동의 방향·형태·슬로건을 뜻하게 되었다.

* **프래그머티즘(Pragmatism)**

  현대 분석 철학과 기호 논리학의 선구자인 찰스 샌더스 퍼스가 처음으로 만든 용어이자 현대미국의 대표적 철학으로, 말 그대로 '실용주의'를 뜻한다. 관념이나 사상을 행위와 관련지어 파악함으로써 행위가 어떤 결과를 초래하느냐에 따라 관념의 의미를 밝히는 것이다.

* **프래그머티즘 민주주의**

  프래그머티즘적 경향을 민주주의의 이론적 틀로 생각하는 현대인들의 정치 의식

* **호명테제**

  루이 알튀세르가 제창한 개념. 개인은 집단 공동체 사회에 호명되어야 비로소
  주체성을 가지게 된다는 이론으로, 개인의 존재 양식이 실은 지배계급과 연관
  돼 있다는 지배구조의 메커니즘을 설명하기 위한 개념이다.

이반 일리치

* **스콜라 철학(Philosophia Scholastica)**

  르네상스 시대 이후 가톨릭교회를 중심으로 형성한 독자적 사상에서 만들어진
  것으로, 학교를 뜻하는 스콜라(Schola)에서 유래되었다. 신앙 외에도 정치, 경
  제, 문화 등 각종 현실적 문제에도 관여하여 스콜라주의(Scholasticism)라고
  도 불린다. 이는 근대 철학이 발달하는 기반 역할을 하기도 했다.

* **카르텔(Cartel)**

  협정, 연합, 담합과 같은 단어로 대치할 수 있다. 즉, 공동의 이익을 위해 협정을
  맺는 것을 가리킨다. 기업 간의 경쟁을 완화시키거나 경제적 협력 도모를 위한
  형태로 나타나는 경우가 가장 흔하다.

* **탈학교운동**

  기존의 공교육 체계 중심이었던 학교에서 벗어난 교육을 주장하는 운동. 대안
  학교, 혁신학교, 홈스쿨링이 그 예로, 일리치는 학교라는 기관에 의존하는 삶의
  방식을 지양할 것을 주장했다.

* **프롤레타리아(Proletariat)**

  정치적·사회적·문화적으로 권력도 의무도 소유하지 못한 무산계급 또는 노동계
  급을 뜻한다. 자본주의에서는 오로지 살기 위한 노동만을 하는 빈곤층을 가리키
  는 용어로도 쓰인다. 마르크스는 이들이 혁명의 주체가 되어야 한다고 주장했다.

모리스 블랑쇼

* **자유주의(Liberalism)**

  자유를 뜻하는 라틴어 'liber'에서 유래한 말로, 개인의 자유를 최상의 가치로 삼는 철학이자 이데올로기다. 정부 간섭의 최소화를 주장한다. 그러나 책 속의 자유주의는 시장의 자유를 뜻하는 신자유주의와는 다른 개념이다.

* **코뮤니즘(Communism)**

  공공 재산을 의미하는 라틴어 'Commune'에서 유래한 용어로, 사유 재산이 없는 제도, 즉 공산주의를 뜻한다. 근대에 들어서는 '사유 재산 없는 체제'보다 '마르크스—레닌주의'적 공동체를 가리키는 용어로 쓰인다.

* **회의주의(Scepticism)**

  인간의 감각과 인식은 주관적이므로 진리를 추구하기 위해서는 끊임없이 의심해야 한다는 철학 사상. 회의주의는 크게 방법적 회의주의와 절대적 회의주의 두 가지로 구분되는데, 방법적 회의주의는 회의주의를 과거의 관념이나 학설을 회의하는 수단이 되고 절대적 회의주의는 보편 타당한 진리를 회의하는 수단이 된다.

클로드 레비스트로스

* **《현대》(Les Temps Modernes)**

  장 폴 사르트르와 메를로 퐁티가 창간한 진보적 성향의 프랑스 월간지

* **공간학(Proxemics)**

  인간이 공간을 사용하는 방식과 그 공간에 있는 인구 밀도가 인간들의 행동과 의사소통, 사회와의 상호작용에 어떤 영향을 미치는지를 연구하는 학문. 사람들

사이의 물리적 거리라는 비언어와 공간이 미치는 영향을 주로 연구한다. 문화학자 에드워드 홀은 인간을 이해하는 데 사람들 사이의 물리적 거리가 중요한 비언어적 요소라 보았다.

* **구조적인 상부구조 이론**

사회의 구조가 상부구조에 영향과 상호 연관된다는 이론으로 상부구조와 하부구조의 지나친 구분을 견제한다.

* **리바이어던(Leviathan)**

철학자 토마스 홉스의 대표저작으로 국가와 공동체를 구성하는 데 있어 막강한 권력의 쓸모를 인정하는 정치 철학적 개념으로 쓰인다.

* **문화적 상대주의(Cultural Relativism)**

타 문화를 인식하는 데 있어 제 문화를 기준으로 판단하는 것이 아닌, 타 문화 나름의 문화적 가치를 갖고 있다는 것을 인정하는 태도

* **부르바키 학파**

20세기 프랑스를 중심으로 활동한 수학자 단체가 사용한 가명으로, 니콜라 부르바키(Nicolas Bourbaki)라고도 한다. 이들의 저술은 최대한의 엄밀성과 일반성을 추구한 것으로 유명하다. 이 단체에 속한 수학자들은 앙리 카르탕, 클로드 슈발레, 장 쿨롱, 로랑 슈바르츠 등이있다.

* **브리꼴라주(Bricolage)**

《야생의 사고》에서 부족시회가 세계를 구성하는 형식을 설명하고자 창안한 용어. 사전적으로 '자질구레한 수작업, 목공일, 수공예' 등을 뜻한다. 이러한 작업에 능한 부족사회의 제작자를 브리콜뢰르(bricoleur)라고 하며 반대 개념으로는 논리적이고 정확한 설계로 기계를 제작하는 현대의 엔지니어가 있다.

* **상부구조(Überbau)**

하부구조 위에 성립되는 법제적, 정치적, 사회적 의식 형태를 가리킨다. 전통 철학에선 상부구조를 사회 변화의 원인으로 보았으나 마르크스는 하부구조가 상부구조의 원인이라 주장했다.

* **에토스(Ethos)**

그리스어로 성격과 관습을 의미하며 도덕적이고 이성적인 요소를 가리킨다. 감정적 요소는 파토스(Pathos), 과학적이고 이성적 사고능력은 로고스(logos)라고 한다. 에토스, 파토스, 로고스는 각각 윤리학, 수사학, 논리학으로 발전했다.

* **하부구조(Unterbau)**

마르크스가 말한 "여러 생산 관계의 총체"를 가리키는 말로, 사회를 움직이는 현실적 경제적 바탕을 뜻한다.

기 드보르

* **다다이스트(Dadaist)**

다다이즘을 신봉하고 구현한 예술가. 변기 하나가 덩그러니 있는, 작품명 〈샘〉의 마르셀 뒤샹이 대표적 다다이스트로 꼽힌다. 조선 최초의 다다이스트로는 1920년대 일제강점기 경성(서울)에서 활동한 고한용(高漢容)이 있다.

* **다다이즘(Dadaism)**

스위스 취리히에서 시작된 다다이즘은 제1차 세계대전을 겪은 예술가들이 외적 폭력에 맞서 기존 예술에 대한 존엄성에 반기를 든 예술 운동이다. 프로타주, 콜라주 등의 독특한 작품 형식을 썼다. '다다'는 말 모양 장난감을 가리키는 말로, 어린이의 순수한 모습을 닮고 싶은 욕망과 충동을 암시한다.

* **목숨을 건 도약**

일본의 사상가 가라타니 고진이 주로 사용하는 개념으로, 상품이 존재하려면
반드시 교환을 필요로 하는 유통 과정으로 변환돼야 한다는 주장이다. 이는 상
품의 내재적 특징을 거부하고 시장의 일반 원칙에 순응하는 일종의 제 정체성
을 잃는 도약이 필요하다는 개념이다(《철학 듣는 밤 1》 "가라타니 고진" 편을
참조).

* **바우하우스(Bauhaus)**

1919년부터 1933년까지 독일에서 설립·운영된 학교로, 미술과 공예, 사진,
건축 등과 관련된 종합적인 내용을 교육하였다. '바우하우스'는 독일어로 '건
축의 집'을 의미한다. 1933년 나치스에 의해 강제로 폐쇄되기 전까지 14년간
운영되었다. 바우하우스 양식은 현대식 건축과 디자인에 큰 영향을 주었다.

* **상황주의(Situationism)**

1957년 유럽의 소규모 예술가, 지식인 집단이었던 레트리스트 인터내셔널과
이미지니스트 바우하우스 운동이 통합되어 '상황주의자 인터내셔널'을 설립
했다. 일상을 비일상화하여 새로운 개인과 새로운 사회를 만듦으로써 자본주
의를 극복하자는 이념을 갖고 있다. 프랑스 68혁명 당시 큰 활동을 하였으며,
1970년대의 펑키 문화에 영향을 미쳤다.

* **신비주의(Mysticism)**

그리스어로 '눈 또는 입을 닫는 것'이라는 의미인 'myein'에서 유래한 용어로,
신과의 직접적인 체험, 즉 합일 체험을 핵심으로 여기는 종교사상

* **아방가르드(Avant Garde)**

전후 20세기 초 프랑스와 독일을 중심으로 예술계에 휘몰아친 혁신적 예술 경
향을 가리키는 말. 전위주의(Avant-gardism)라고도 하고 진보적 예술 운동
을 설명하는 개념으로 널리 쓰인다.

* **아케이드 프로젝트(Arcades Project, The Passagenwerk)**

발터 벤야민이 약 13년간 집필했으나 끝내 출간하지 못한 원고. 사후 테오도어 아도르노와 롤프 티데만의 도움으로 1982년에 출간된다.

* **아포리즘(Aphorism)**

체험으로 얻은 진리를 간결하게 압축해서 나타낸 글. 금언·격언·경구·잠언 등을 말한다.